P. 310

Félibien

ENTRETIENS
SVR LES VIES
ET
SVR LES OVVRAGES
DES PLVS
EXCELLENS PEINTRES
ANCIENS ET MODERNES.

Institutionis Parisiensis Oratorii D. Jesu

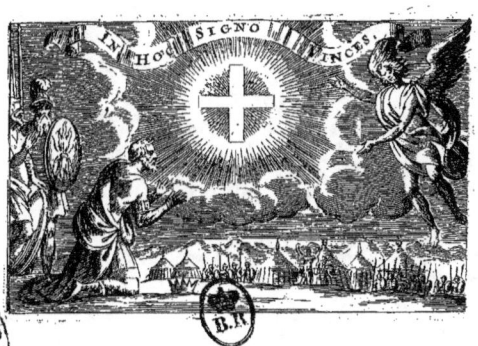

A PARIS,
Chez PIERRE LE PETIT, Imprimeur & Libraire ordinaire
du Roy, ruë S. Iacques, à la Croix d'Or.
M. DC. LXVI.
Avec Privilege de Sa Majesté.

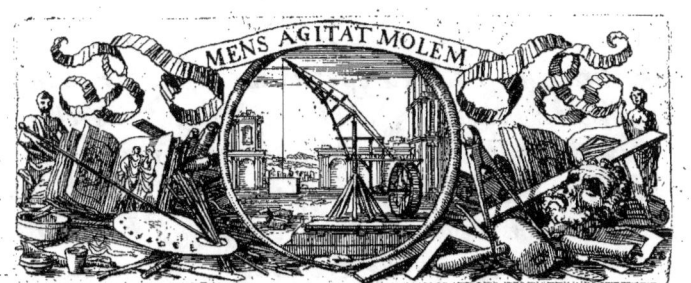

A MONSEIGNEVR
COLBERT,
CHEVALIER BARON DE SEIGNELAY, Et autres lieux, Commandeur & Grand Treforier des Ordres de Sa Majesté, Conseiller ordinaire en tous ses Conseils, du Conseil Royal, Controlleur General des Finances, Surintendant & Ordonnateur General des Bastimens, Arts & Manufactures de France.

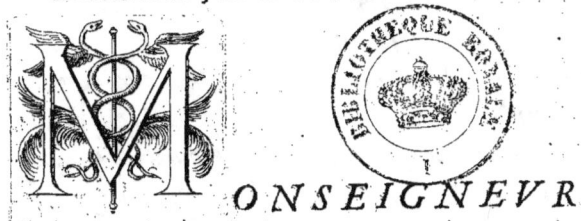

ONSEIGNEVR,

Comme il n'y a que Dieu qui connoisse le prix des Rois, il n'appartient qu'aux Rois à bien connoistre ce que valent les autres hommes. Aussi l'on

ã ij

EPISTRE.

peut dire que Sa Majesté ayant resolu de rendre ses peuples heureux, a bien veu que vous estiez Celuy dont Elle pouvoit se servir pour l'accomplissement d'vn si grand dessein. C'est par les lumieres de son esprit si clairvoyant qu'Elle a découvert les rares qualitez que le Ciel vous a données, si propres à executer ses ordres. Ses yeux ont penetré jusques dans vostre cabinet où ils vous ont vû attaché à regler des affaires tres-épineuses & tres-importantes ; & ç'a esté vostre maniere de vivre si occupée & si laborieuse, ou plûtost cette beauté d'Ame qu'Elle a reconnuë en vous, qui l'a persuadée que vous estiez ce fidelle serviteur dont elle avoit besoin. Elle a jugé avec raison qu'elle pouvoit attendre vne fidelité inviolable d'vn homme que le plaisir, l'ambition, & l'amour des richesses ne sont point capables de corrompre, ny mesme de détourner des moindres choses qui regardent son service.

En effet à qui le Roy pouvoit-il mieux confier les emplois qu'il vous a donnez, qu'à Celuy qui s'y applique avec tant d'assiduité, & qui s'y conduit avec tant de prudence ? Qui prend luy-même connoissance de toutes choses ; Qui travaille jour & nuit pour ne pas remettre à d'autres des affaires si importantes ; Qui n'a d'interest que celuy du Roy & de l'Estat ; Qui considere tous les

EPISTRE.

sujets de S. M. comme enfans d'vn mesme pere; Qui ne connoist pour parens & pour amis que ceux qui sont les plus affectionnez au service de son Prince; Qui s'est acquis vne entiere confiance dans tous les esprits par la sincerité de ses paroles; Et de qui enfin tous les gens de merite doivent estre assurez qu'il n'aura jamais pour eux que des loüanges dans la bouche, pour leur procurer auprés de S. M. des honneurs & des liberalitez?

Ne soyez pas surpris, MONSEIGNEVR, si je parle si hardiment de ce que toute la terre remarque en vous. On regarde les personnes constituées en la dignité où vous estes, avec respect; mais on les regarde comme des Astres dont on observe le cours, les qualitez, & les diverses influences. On mesure toutes leurs démarches, on les considere avec attention, & ils ne font point de pas qu'on ne croye estre vtiles ou préjudiciables à ceux qui sont au dessous d'eux.

Quand on considerera bien quelles sont vos occupations, & quelle est cette administration toute desinteressée, on aura lieu d'attendre de vous beaucoup de grandes choses. On ne doit pas craindre qu'vn homme qui a les mains si pures dans le maniement des Finances, souffre desormais que les peuples soient foulez par les exactions cruelles de ceux qui ne pensent qu'à s'enrichir aux dépens

ã iij

EPISTRE.

du public. On doit esperer plûtost que nous reverrons dans peu de temps nos provinces rétablies & nos campagnes cultivées, puis que mesme vous portez vos soins au de là du royaume, travaillant comme vous faites à l'établissement & à la seureté d'vn commerce nouveau qui doit augmenter nostre abondance des biens & des richesses des païs étrangers.

Il semble que les biens & les richesses que la France produit elle-mesme, & qui la font considerer par dessus tous les autres royaumes, ne soient pas capables de satisfaire au desir que vous avez de la rendre heureuse. Vous voulez que toutes les parties du monde contribuent à son abondance, & viennent comme tributaires du plus grand Roy de la terre, répandre à ses pieds ce qu'elles ont de plus rare & de plus précieux. Vous voulez que l'on voye nos villes opulentes & nos champs chargez de moissons; & que nos mers & nos rivieres couvertes de vaisseaux apportent jusques dans nos ports toutes les richesses des Indes.

Certes y a-t-il rien qui soit plus digne d'vne eternelle loüange, que de se servir comme vous faites de la faveur du Roy, non pas pour augmenter vostre fortune, mais pour accroistre la gloire de S. M. & le bien de ses sujets? Il y a grande apparence que Celuy qui porte ses soins jusqu'aux

EPISTRE.

extremitez du Monde pour la grandeur de son Prince & les interests de son païs, en conserve encore de plus grands pour le dedans de l'Estat, où vous travaillez si heureusement à toutes les choses necessaires & avantageuses aux peuples.

Aussi c'est par vos continuels travaux, MONSEIGNEUR, qu'en donnant des marques de vostre zele à nostre grand Roy, vous donnez en mesme-temps des témoignages de vostre affection pour le bien public, & de vostre grande capacité en toutes choses. C'est par là que vous immortaliserez vostre Nom, ou plûtost c'est par tant de bienfaits que vous éleverez vous-mesme dans les cœurs des peuples un monument d'eternelle durée, & mille fois plus glorieux que tous ceux que l'Art pourroit inventer.

Mais vos soins ne s'arrestent pas seulement à pourvoir à tous les besoins du Royaume, vous les étendez encore plus loin ; Car dans le desir que vous avez de voir cette Monarchie florissante, vous ne vous contentez pas de travailler pour l'honneur du siecle present, vous songez encore aux siecles à venir. Vous établissez des Academies pour les plus beaux Arts, afin que la France surpassant comme elle fait les autres Nations en grandeur de courage, ne manque pas aussi d'excellens ouvriers pour representer les actions

EPISTRE.

de noſtre Auguſte Monarque, pour immortaliſer tous les grands hommes qui ont l'honneur de ſervir ſous luy, & pour ſe voir un jour embellie de travaux qui ſoient dignes d'un ſi grand Empire.

Ceux qui viendront aprés nous, qui joüiront des biens dont S. M. nous enrichit, & qui ſe feront rendus ſçavans par les connoiſſances que vous nous procurez dans les Sciences & dans les Arts, ne parleront-ils pas de ſon regne comme d'un regne tout-à-fait heureux? Et quelle Idée ne ſe formeront-ils point de voſtre vertu & de voſtre merite, quand ils ſçauront l'eſtime que vous avez euë pour la vertu & pour le merite des autres?

Combien toutes les Maiſons royales ont-elles changé de face depuis que vous en avez la direction: & combien ces beaux lieux ſont-ils ornez d'ouvrages magnifiques, & convenables à la dignité du Prince qui les habite? Il y a eu des temps où l'on ne connoiſſoit ces Maiſons que par leurs ruines & par le mauvais eſtat où elles eſtoient. Mais aujourd'huy nous voyons le ſoin que vous prenez à les rétablir, & nous conſiderons avec une joye meſlée d'admiration, comme de toutes parts les plus excellens hommes contribuent à l'embelliſſement de ces ſuperbes édifices.

Voyoit-on avant vous des Surintendans des Baſtimens ſe donner la peine d'examiner juſques

aux

EPISTRE.

aux moindres desseins de tous les ouvrages qu'on fait pour le Roy ? Prenoient-ils comme vous vne entiere connoissance des plus petites choses ? Vous ne dédaignez pas de vous trouver mesme souvent parmy les ouvriers. Vous ordonnez de leurs travaux ; Vous leur communiquez vos lumieres, & par vostre vigilance & vostre activité, vous leur servez d'exemple à travailler avec plus de zele & de diligence pour la satisfaction du Roy. Aussi quand on pense à toutes les belles choses qui ont esté faites depuis que vous en avez la conduite, on croiroit presque que tout cela se fait par enchantement, puis que nous voyons tout d'vn coup des Maisons basties & ornées, des Parcs accomplis, & des Iardins que la Nature regarde comme des productions où elle croit n'avoir point de part.

Cependant, MONSEIGNEVR, si vous faites paroistre tant de magnificence dans les Palais du Roy, on ne voit rien de superbe dans vostre Maison. Vous estes le premier qui dans vos bastimens donnez à tous les sujets de S. M. vn exemple de moderation, & qui dans toutes vos actions leur estes vn exemple de modestie. Mais cette grande moderation & cette extrême modestie, sont des vertus qui jettent vn éclat beaucoup plus brillant que tout ce pompeux appareil, ce luxe & ces dépenses excessives, par lesquelles tant d'autres Ministres ont prétendu se signaler.

EPISTRE.

Mais ce qui n'est pas vn moindre sujet d'admiration & que nous devons considerer comme vn gage & vne asseurance du bonheur de tout le Royaume, est qu'au lieu de vous voir sans cesse environné de ces gens ambitieux qui prétendent toûjours enrichir les Princes en ruinant l'Estat, vous ne donnez vne favorable audience qu'à ceux qui trouvent des moyens d'enrichir l'Estat aux dépens du Roy. Car nous voyons que S. M. a fait elle-même les premieres dépenses de toutes les entreprises où vous avez creu que le peuple aura moyen de profiter, soit par le commerce, soit dans les Manufactures que vous avez établies en divers endroits du Royaume.

Vn temps si heureux me fait prendre la liberté de mettre au jour, & sous la protection de vostre Nom, vn Ouvrage que j'ay medité il y a longtemps. Il est vray que je ne pouvois me resoudre à l'exposer au public, parce que les Arts ne me sembloient pas alors assez estimez pour en faire connoistre le merite & l'excellence. Mais aujourd'huy que le Roy leur fait vn si bon accueüil ; qu'ils ont l'honneur de vostre appuy, & que vos faveurs rappellent les Muses qui estoient bannies, & donnent vne nouvelle vigueur aux Sciences & aux Arts, je n'ay plus de répugnance à faire paroistre ce que j'ay écrit pour honorer la Peinture, l'vne

EPISTRE.

de ces filles toutes divines qui ne fait la cour qu'aux Vertus, & qui, à l'envy de la Poësie & de l'Eloquence, travaille à immortaliser les grands hommes.

L'honneur que S. M. m'a fait d'agréer mes Ouvrages, & de me charger d'un employ ou j'auray sujet de traiter de ces somptueux Bastimens & de ces riches Manufactures dont vous avez pris la conduite. Cet honneur, dis-je, que vous m'avez procuré m'est d'autant plus avantageux, qu'il me donnera lieu de faire connoistre à tout le monde les grandes choses que vous faites, & de vous témoigner avec combien de respect je suis,

MONSEIGNEUR,

Voftre tres-humble & tres-
obeïssant serviteur,
FELIBIEN.

PREFACE.

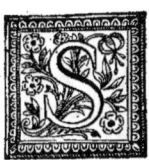I je n'avois pour exemple plusieurs grands hommes qui ont écrit des Sciences & des Arts, dont ils n'ont jamais fait profession, j'aurois lieu de craindre qu'on trouvast à redire de ce qu'aujourd'huy j'entreprens de parler d'vn Art si éloigné des occupations que j'ay euës. Mais puis qu'en cela je ne fais qu'imiter les personnes les plus doctes, on ne s'étonnera pas si j'écris de la Peinture, principalement quand on sçaura que de tout temps j'ay eu vne si forte inclination pour ce bel Art, qu'il n'y a guere de parties qui en dépendent dont je n'aye voulu avoir vne connoissance exacte, & mesme où je n'aye quelquefois passé des préceptes à l'execution.

Il est vray que j'ay eu cet avantage de connoistre les plus excellens Peintres de nos jours, & qu'ayant demeuré quelques années en Italie, ce fut là que je m'efforçay d'acquerir autant qu'il me fut possible encore plus de lumiere de cet Art que celle que j'en avois déja.

PREFACE.

Aussi quand je pense à ces Bastimens antiques, à ces Statuës & à ces Tableaux dont je faisois mon plus grand divertissement pendant le sejour que j'ay fait à Rome, je trouve encore un plaisir extrême à repasser dans ma memoire les images de tant de rares & excellentes choses.

J'avois l'honneur d'estre employé auprés de feu Monsieur le Marquis de Fontenay Ambassadeur extraordinaire pour le Roy prés d'Innocent X. & qui dans sa premiere Ambassade prés d'Urbain VIII. avoit déja laissé dans l'Italie une haute estime de cette grande capacité, de cette sagesse & de cette probité qui rendent par tout sa memoire si recommandable. Et c'estoit dans le temps où les troubles de Naples donnoient matiere à ce digne Ministre de faire valoir toutes ses belles qualitez en travaillant aux affaires les plus importantes qui fussent alors dans l'Europe.

Comme pendant tout le temps de son Ambassade il se passa plusieurs choses tres-considerables qui m'obligeoient d'estre presque toûjours auprés de luy, je n'avois que peu d'heures pour me délasser. J'employois neanmoins le peu de temps qui me restoit, ou à visiter les personnes les plus versées dans les Sciences & dans les Arts, ou à voir les Eglises & les Palais.

PREFACE.

Entre les Peintres qui paroissoient dans Rome avec davantage de reputation, je puis remarquer icy comme les plus celebres, le Chevalier Lanfranc, le Sieur Pietre de Cortone, & le fameux M. Poussin que je nomme le dernier comme le plus jeune des trois. Ie pris grand soin de les connoistre, & particulierement M. Poussin, avec lequel je fis vne amitié tres-étroite. Tout le monde sçait quel a esté son merite, & pour moy je ne croy pas qu'il y ait eu de Peintre qui ait possedé vne plus haute Idée de la perfection de la Peinture, ny qui ait mieux sceu que luy tout ce qui peut rendre vn Ouvrage accompli. Que si nous en voyons de puissantes marques dans ceux que nous avons de sa main, il en donnoit encore de plus fortes preuves par ses discours; & je suis obligé de confesser que ce fut dans son entretien que j'appris alors à connoistre ce qu'il y a de plus beau dans les Ouvrages des excellens Maistres, & mesme ce qu'ils ont observé pour les rendre plus parfaits.

Bien qu'il affectast d'estre fort retiré quand il travailloit, afin de n'estre pas obligé de donner entrée chez luy à plusieurs personnes qui l'auroient interrompu par leurs visites trop frequentes, je vivois neanmoins de telle sorte avec luy, que j'avois toûjours la liberté de le voir peindre. Et c'estoit pour lors que joignant la

PREFACE.

pratique aux enseignemens, il me faisoit remarquer en travaillant, & par vne sensible démonstration, la verité des choses qu'il m'apprenoit par ses discours.

Ie voyois avec beaucoup de plaisir de quelle sorte il se conduisoit pour representer sur vne toile ces grands & nobles sujets dont il avoit formé les ordonnances dans son esprit; l'observois exactement de quelle maniere il desseignoit ses figures, & en prononçoit tous les traits, s'il m'est permis d'vser de ce mot, avec vne netteté qui faisoit bien voir celle de ses pensées; je considerois avec vn soin tout particulier, comment il mesloit les couleurs ensemble pour donner cette diminution de teintes necessaire à arondir les corps, à faire paroistre les jours & les ombres, & à produire ces divers degrez d'éloignement qui font fuïr ou avancer toutes les parties d'vn Tableau, ce qu'il a sceu executer avec tant d'art & de beauté.

Ie commençay chez luy quelques petits Ouvrages pour tâcher de mettre en pratique ses doctes leçons, mais les affaires qui m'occupoient incessamment, ne me donnerent pas le temps d'achever seulement la premiere chose que j'entrepris de faire. C'est pourquoy quelque forte passion que j'aye euë pour vne science si noble, je n'ay jamais pû m'y attacher autant que je
l'eusse

PREFACE.

l'eusse souhaité. Toutefois le peu d'experience que j'en ay acquise n'a pas laissé de me faire comprendre, que quelque theorie qu'on ait de la Peinture, on est incapable de rien executer de parfait sans vne grande pratique, & c'est en travaillant que je me suis bien apperceu qu'il se rencontre mille difficultez dans l'execution d'vn Ouvrage que tous les préceptes ne sçauroient apprendre à surmonter.

Car on ne peut bien dire comment il faut donner plus de force, plus de majesté, & plus de grace aux figures; tout cela dépend de l'excellence du genie du Peintre. On ne peut encore déterminer vne mesure asseurée pour les diverses teintes des couleurs, & pour les effets differens de leurs mélanges. C'est par vne longue experience, vne grande pratique & vn raisonnement solide que toutes ces choses s'apprennent. S'il y a vn moyen pour faire davantage paroistre les parties d'vn Tableau, pour leur donner plus de force, plus de beauté & plus de grace ; c'est vn moyen qui ne consiste pas en des regles qu'on puisse enseigner, mais qui se découvre par la lumiere de la raison, & où quelquefois il faut se conduire contre les regles ordinaires de l'Art. Et de cela on ne doit point s'en estonner, puis que dans la Nature il se rencontre mille differentes beautez qui ne

PREFACE.

font rares & furprenantes, que parce qu'elles font extraordinaires & bien fouvent contre l'ordre naturel.

Qu'on ne s'imagine donc pas qu'en cet Art, non plus qu'en plufieurs autres, toutes les regles en foient auffi certaines comme dans la Geometrie, où l'on peut toûjours travailler avec feureté; ny qu'vn excellent Tableau doive eftre cenfuré de tout le monde, lors que dans vne petite partie il femble qu'on n'ait pas obfervé vn je ne fçay quoy d'Optique, principalement quand ce defaut n'eft pas confiderable, & que l'on a negligé ces moindres chofes pour s'attacher à de plus importantes.

Ie fçay bien qu'vn excellent Peintre n'eft pas loüable fi dans fes Ouvrages il y laiffe des fautes fi groffieres, que tout le monde les apperçoive d'abord, & je fçay bien encore que la perfpective eft fi neceffaire à cet Art, que l'on peut dire qu'elle eft mefme de fon effence; Cependant cette partie n'entre pas en comparaifon avec tant d'autres qu'vn Peintre doit fçavoir, & qui font d'vne étude bien plus longue & plus penible, puis que fe conduifant en celle-là par le moyen de la regle & du compas, la pratique n'en eft pas moins facile que les regles en font aifées à comprendre, n'y ayant guere d'efprits, pour peu intelligens qu'ils foient, qui ne

PREFACE.

puiſſent s'y rendre ſçavans en tres-peu de temps.

Des gens neanmoins qui n'ont de connoiſ-ſance qu'en cela, ne laiſſent pas quelquefois de blâmer hautement vn excellent Tableau, & de vouloir diminuer de l'eſtime du Peintre, par-ce qu'il aura omis ou negligé quelque choſe qui n'ira pas chercher le point de veuë. Et comme ces Cenſeurs ont facilement appris la Perſpective, mais qu'ils ignorent les parties les plus difficiles de la Peinture, ils ſe récrient ſur ce petit defaut, comme s'ils eſtoient les Iuges ſouverains des plus beaux Ouvrages; bien qu'à dire vray, il ſe trouve beaucoup de telles gens qui ſont fort peu capables d'en con-noiſtre tout l'art & toute la perfection.

Pour moy j'ay appris des plus grands Maiſtres, & je l'ay meſme reconnu par les differens tra-vaux que j'ay veus, qu'il n'y a jamais eu de Peintre qui ait poſſedé au dernier degré d'ex-cellence toutes les parties de ſon Art. Quelques-vns ſont Ingenieux dans l'invention, d'autres deſſeignent avec force, les vns ſont ſçavans dans les expreſſions, & les autres peignent avec beaucoup de grace & de beauté; Mais il y en a peu qui ayent tous ces avantages à la fois, & ſi quelqu'vn a eſté aſſez heureux pour les re-cevoir du Ciel, il y a toûjours quelque partie dans laquelle il eſt inferieur à vn autre.

PREFACE.

L'on doit donc confiderer ce qui eſt de plus excellent dans les Tableaux, & ne pas méprifer les moins parfaits; Il eſt vray qu'il s'en trouve où l'on rencontre diverſes beautez jointes enſemble, & comme ceux-là ſurpaſſent de beaucoup tous les autres, j'ay pris plaiſir à les voir ſouvent, j'en ay obſervé les diverſes manieres, & je me ſuis étudié à en connoiſtre l'excellence.

Pour m'inſtruire encore mieux j'ay leu tous les livres qui ont traité de cet Art; je m'en ſuis entretenu avec M. Pouſſin, & avec d'autres des plus ſçavans Peintres. Et lors que j'allois voir dans Rome ces anciens baſtimens pour en remarquer l'artifice, ou que je viſitois ces Vignes & ces Palais remplis de tant de rares Statuës & de riches Tableaux, je prenois vn ſoin particulier de ne rien laiſſer échaper à mes yeux de tout ce qui meritoit d'eſtre conſideré.

Cette grande eſtime que j'avois pour ces beaux Arts, fit qu'eſtant de retour en France j'employay les heures de mon loiſir à mettre par écrit ce que j'en avois appris, & à ranger ſous quelque ordre les obſervations que j'en avois faites, & c'eſt ſur ces remarques que j'ay établi les principaux fondemens de cet Ouvrage. Mais ayant jugé que pour mieux donner

PREFACE.

connoissance de la Peinture aux Gens de lettres aussi-bien qu'à ceux qui veulent en faire profession, il faloit parler des Peintres & de leurs Tableaux, j'ay crû devoir faire des entretiens familiers dans lesquels on pust apprendre ce qui regarde les vies de ceux qui ont esté les plus celebres, & où en rapportant quelques-vns de leurs Ouvrages j'eusse lieu de faire remarquer tout ce qui appartient à l'excellence de cet Art.

Comme l'Architecture & la Peinture ont beaucoup d'vnion l'vne avec l'autre, parce qu'elles ont toutes deux pour fondement le dessein, & pour objet la belle proportion, il m'a semblé que je pouvois d'abord dire quelque chose des bâtimens qui sont les dépositaires des beaux Tableaux. Estant mesme necessaire de ne pas ignorer quel est l'Art de bien bastir, dont la beauté contribuë si fort au plaisir de la veuë. Toutefois comme mon principal but n'a pas esté de traiter à fond cette matiere, je n'entre pas dans le détail, je me contente de former vne idée generale de son excellence, & de découvrir en quoy consiste la science d'vn Architecte. Aprés avoir fait voir qu'elle tire ses principes de la raison dont les lumieres doivent estre l'vnique guide & les seuls instrumens de celuy qui travaille à de grandes entreprises, je tâche de monstrer qu'vn veritable Architecte n'agit pas

PREFACE.

simplement sur des exemples, & ne se conduit pas seulement par des regles que d'autres ayent pû inventer, mais qu'il se forme luy-mesme vn modelle parfait qui n'est point composé d'vn amas confus de diverses pieces prises de plusieurs autres Ouvrages, comme l'on en voit assez, son principal dessein estant toûjours de ne rien faire qui ne convienne à son sujet.

Ce discours qui comprend ce que c'est que la proportion & la grace, donne entrée à vn autre où je parle des qualitez necessaires à vn sçavant Peintre ; ensuite dequoy je commence à rapporter ce qui regarde les Vies & les Ouvrages de ceux qui ont excellé dans cette profession.

I'ay pris pour titre de mon livre celuy d'Entretiens, parce qu'en effet l'on ne peut mieux faire pour s'instruire dans cet Art, que d'en parler souvent avec les personnes qui s'y connoissent. Et j'ay sceu de quelques-vns des plus grands Maistres, qu'ils n'ont point trouvé de moyen plus vtile pour profiter de leurs études, que de s'en entretenir avec les plus sçavans, & de méditer sans cesse sur les plus beaux Ouvrages, dont ils gardoient vne idée dans leur esprit sur laquelle ils tâchoient de former ensuite la beauté de leurs conceptions.

Encore que le Dialogue ait esté en vsage

PREFACE.

parmy les plus sçavans hommes de l'antiquité, je sçay bien neanmoins qu'il ne plaist pas à tout le monde, parce qu'il est souvent rempli de plusieurs discours qui s'éloignent du principal sujet, & où l'Auteur en pensant mieux marquer le caractere de la conversation, ne laisse pas d'ennuyer le Lecteur qui ne cherche qu'à s'instruire promtement de ce qu'on promet de luy enseigner. Mais je sçay bien aussi que quand on veut retrancher les choses inutiles & se renfermer dans son sujet, cette maniere d'écrire est tres-propre pour traiter des Arts & des Sciences, & l'on en voit des meilleurs Escrivains de ce temps qui ne sont pas moins agreables que remplis de beaucoup d'érudition. Le Dialogue de M. Sarazin qu'il n'a fait qu'à l'imitation de celuy de la lecture des vieux Romans de M. Chapelain, comme il l'a dit luy-mesme, fait bien voir que nostre langue peut, comme les autres, souffrir ces sortes d'Ouvrages, quand ils sont traitez par des personnes aussi sçavantes que ces Messieurs, dont le dernier en a fait plusieurs qui peuvent servir de modelle en ce genre d'écrire. Mais quoy qu'il soit bien difficile de les égaler, on ne peut manquer toutefois de les suivre. Et c'est pourquoy je n'en ay pas fait difficulté, ayant tâché autant que j'ay pû de ne faire point trop d'interruptions par des demandes

PREFACE.

& des repliques, qui est la seule chose à mon avis qui ennuye le plus, & qui peut avoir rendu les Dialogues moins agreables à quelques-vns.

Toutefois comme les gousts sont differens en toutes sortes de choses, je ne sçay pas si mon dessein sera approuvé de tout le monde, mais pour qu'il en soit mieux receu j'ay meslé parmy les préceptes de l'Art d'autres discours divertissans, afin que les gens de lettres ne se lassent pas, & que les Peintres ne croyent pas aussi que j'affecte trop de vouloir donner de continuelles leçons.

Ie ne doute pas que quelques-vns ne m'accusent d'écrire beaucoup de choses des Peintres Anciens, que Pline & d'autres Auteurs ont rapportées avant moy; & que pour ce qui regarde les Modernes, je ne fais que suivre ce que Vasari, Borghini, Ridolfi, le Cavalier Baglion, & quelques autres en ont écrit assez amplement. C'est dont je demeure d'accord, & je ne prétens pas aussi parler de Peintres inconnus, & dont l'on n'ait jamais rien dit, mais il y en a plusieurs que ces Ecrivains ont bien voulu comprendre parmy les autres, desquels je n'ay pas jugé à propos de grossir mon Ouvrage, parce qu'il n'y a rien ny en leur vie, ny dans leurs Tableaux qui soit digne de remarque.

Comme je n'ay pû connoistre les Peintres

PREFACE.

les plus eſtimez que par ceux qui ont eu ſoin d'en faire la vie, je me ſuis ſervy de leurs memoires. Mais mon deſſein eſtant de faire voir en noſtre langue ce qu'on a écrit d'eux en Latin & en Italien, j'ay tâché de ne rapporter que ce qu'il y avoit de plus conſiderable, & qui pouvoit davantage inſtruire & divertir tout le monde.

C'eſt pour cela que je n'ay point parlé de quantité de Peintres dont nous ne voyons plus rien; que je n'ay pas voulu écrire vne infinité de petites hiſtoires & de contes aſſez fades, dont Vaſari a rempli ſes livres, & que j'ay laiſſé tous ces grands catalogues de Tableaux qui groſſiſſent les volumes de ces Auteurs Italiens. Mais en échange j'ay pris ſoin de marquer quelque actions & quelques évenemens particuliers auſquels les Peintres dont je parle ont eu part ou qui leur ont donné ſujet de faire quelques Ouvrages.

Ie ne défere pas auſſi toûjours au jugement de ces Ecrivains, car je prétends eſtre dans vn païs de liberté où l'on peut dire ſon ſentiment ſur toutes ſortes de Tableaux, & rendre témoignage à la verité en toutes choſes. Il me ſemble meſme qu'on ne peut bien faire connoiſtre la capacité d'vn Ouvrier ny la beauté de ſon travail, ſi l'on ne remarque ce qu'il y a de

PREFACE.

bon & de mauvais. Et lors qu'on en reprend quelque partie, c'eſt comme vne preuve que l'on a de l'eſtime pour les autres.

Vaſari ayant écrit dans vn temps où beaucoup de Peintres dont il parle eſtoient encore vivans, il a plus penſé à les loüer qu'à faire connoiſtre leur veritable merite, affectant toûjours d'élever ceux de ſon païs pardeſſus les Eſtrangers, ſuivant l'inclination naturelle des Vltra-montains.

Pour moy quand je viendray à faire mention de nos derniers Peintres François, je n'oublieray pas ceux qui ont merité quelque eſtime. Comme l'on n'a pas lieu de croire que l'intereſt ny l'envie me faſſent rien dire qui ſoit deſavantageux aux vns plûtoſt qu'aux autres, on peut croire que ſi j'en fais quelque jugement, ce ſera ſans deſſein de nuire à leur memoire : mais plûtoſt avec intention d'eſtre vtile à ceux qui étudient d'après eux, leſquels doivent toûjours conſiderer exactement ce qui eſt digne d'eſtre imité, & ne ſe pas laiſſer ſurprendre par des choſes qui ne meritent pas d'eſtime.

J'auray pourtant cet avantage de parler avec éloge d'vn * Peintre François qui a eſté l'honneur & la gloire de noſtre nation, & qu'on peut dire avoir enlevé toute la ſcience de la Peinture, comme d'entre les bras de la Grece &

* M. Pouſſin.

PREFACE.

de l'Italie pour l'apporter en France, où les plus hautes Sciences & les plus beaux Arts semblent s'estre aujourd'huy retirez. Ses Tableaux dont le cabinet du Roy est enrichi, & tant d'autres qui sont répandus en divers endroits de l'Europe, serviront de témoins irreprochables aux choses que j'avanceray en parlant de ce grand homme.

J'avoüe que l'estime que nostre grand Monarque a pour les Ouvrages de ce fameux Peintre, & pour ceux de tous les Maistres les plus sçavans, est vne des choses qui a le plus contribué à me faire écrire sur cette matiere, que j'aurois peut-estre laissée à traiter à quelque autre. Mais voyant comme S. M. prend soin de faire fleurir en France tous les beaux Arts, & particulierement celuy de la Peinture; Il m'a semblé que j'estois obligé d'exposer en public ce que j'en avois remarqué, puis que le Roy luy-mesme n'omet rien de tout ce qui peut contribuer à le faire paroistre avec honneur, à l'exemple de tous les plus grands Princes qui ont esté, dont plusieurs ne se sont pas contentez d'admirer vne science si élevée, mais encore ont voulu avoir part au plaisir qu'il y a de produire de si beaux Ouvrages.

J'écris donc pour contribuer de ma part aux nobles desirs de S. M. qui travaille incessam-

PREFACE.

ment pour la gloire de ſon Eſtat. I'écris pour l'honneur de cet Art, qui paroiſt aujourd'huy en France avec vn nouveau luſtre. I'écris pour la ſatisfaction des honneſtes gens, qui ſont bien aiſe de s'en inſtruire; Et j'écris pour moy-meſme qui prens plaiſir dans l'entretien de tant de choſes agreables & divertiſſantes. Peut-eſtre qu'il y aura auſſi des Peintres à qui ces diſcours ne feront pas deſagreables. Et quoy que les plus ſçavans ayent moins beſoin d'eſtre inſtruits que les autres, j'eſpere neanmoins que ce feront eux qui conſidereront plus volontiers ce que je rapporteray, & qui me ſçauront bon gré d'avoir fait voir en noſtre langue des choſes qui peuvent contribuer à faire connoiſtre le merite & l'excellence de leur profeſſion.

ENTRETIENS

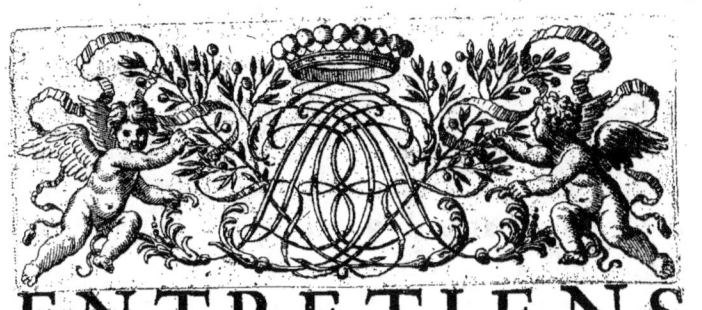

ENTRETIENS
SVR LES VIES
ET
SVR LES OVVRAGES
DES PLVS EXCELLENS PEINTRES
ANCIENS ET MODERNES.

PREMIER ENTRETIEN.

COMME le Roy voulut il y a quelque temps que les plus sçavans Architectes de son Royaume examinassent vn modelle qu'on a fait de tout le Louvre, afin d'avoir leur avis sur ce qui reste à bastir pour le devant de ce superbe édifice. Pymandre qui de tous mes Amis est celuy qui a le plus de curiosité pour ces beaux ouvrages, m'engagea d'aller voir avec luy le deſſein de ce magnifique Palais.

Nous trouvaſmes dans la chambre où eſtoit ce modelle pluſieurs perſonnes dont nous priſmes grand plaiſir d'entendre les differens jugemens qu'ils en faiſoient.

Cet amy qui a le ſens bon & le gouſt aſſez delicat en toutes choſes, obſervoit exactement ceux qui ſembloient avoir plus de connoiſſance de cet Art. Et de vray l'amour qu'il a pour l'Architecture fait qu'il en remarque fort bien toutes les beautez, & qu'il parle avec beaucoup de jugement de la diſtribution d'vn baſtiment & des ornemens qui ſervent à l'embellir.

Cependant n'eſtant n'y l'vn n'y l'autre de profeſſion à donner nos avis, nous conſideraſmes ſans rien dire le modelle de cet édifice admirable, qui ſera vn jour l'vne des merveilles du monde. Aprés quoy nous deſcendiſmes dans la grande ſale du Louvre, ou nous demeuraſmes quelque-temps à nous entretenir de ce que nous avions entendu dire à des gens qui pretendoient eſtre fort ſçavans dans l'art de baſtir.

Pymandre ne pouvoit aſſez admirer les divers ſentimens des hommes, & comme quoy ils ſont ſi ſouvent de differens avis en toutes choſes. En combien de figures, me diſoit-il, ce modelle nous auroit-il paru n'agueres, si ceux qui l'examinoient avec tant de soin avoient pû luy donner la forme que chacun luy souhaitoit? Au lieu d'vn dessein nous en eussions veu vne douzaine; Et si ces douze là avoient esté exposez au jugement de quelques autres personnes, je ne doute pas qu'ils n'eussent esté multipliez encore de la mesme sorte ; parce que chacun trouve toûjours à redire aux choses qu'il voit, ou pluſtoſt desirant d'avoir part à leur production tasche au moins de mettre ses pensées au jour quand il n'y peut travailler en effet.

C'est pourtant, luy dis-je, au milieu de toutes ces differentes pensées que se trouve engagé celuy qui a l'intendance de tous ces bastimens. Ne vous semble-t-il pas qu'vn Prince ou Celuy qui commande sous ses ordres, doit avoir des lumieres d'autant plus grandes qu'il est comme le seul juge de tant de desseins qu'on luy presente, qui ayant tous des beautez differentes sont capables de tenir l'esprit en suspend dans l'incertitude du choix qu'il en doit faire.

C'est, me dit Pymandre, ce qui me faisoit tantost penser quelle doit estre la science d'vn Architecte qui entreprend vn si grand ouvrage ; quelle est la force d'esprit de celuy qui doit donner le mouvement à vne si haute entreprise, & quelle est la grandeur d'ame du Roy qui aprés avoir estably la paix dans son Royaume, travaille encore avec tant de soin à en augmenter la gloire.

Pour moy je vous avoüe que dans le plaisir que j'ay de voir former tant de nobles desseins, je ressens vne secrette douleur quand je pense que des travaux de si grande estenduë m'ostent en quelque sorte l'esperance de les voir dans leur perfection ; & j'envie à la posterité la joye qu'elle aura de contempler ces grandes choses achevées, que nous ne voyons presentement qu'en idée.

Pourquoy, luy repartis-je, voulez-vous que nous ne les voyons pas achevées ? Ne sçavez-vous pas qu'il n'y a pas six ans que l'on commence à travailler de nouveau à l'achevement du Louvre, & cependant considerez combien l'ouvrage est avancé ? Et quand il arriveroit que ny vous ny moy ne verrions pas de nos yeux l'accomplissement de ces beaux édifices, laissons-nous de le voir déja des yeux de l'ame dans la connoissance que nous avons que la France est gouvernée par vn Roy qui s'applique si fort à la rendre florissante.

Ie demeure d'accord, dit Pymandre, qu'on

ne doit pas simplement regarder la grandeur d'vn Estat au moment qu'on le considere : mais d'ailleurs vous sçavez aussi qu'il n'arrive pas toûjours que l'on mette entierement à execution tous les desseins qu'on se propose de faire, parce qu'on les forme souvent trop grands & trop difficiles.

Cela pourroit arriver, luy repartis-je, à vn Prince qui n'auroit pas cette jeunesse, cette grandeur de courage & cette fermeté inébranlable de nostre Auguste Monarque; mais toutes ces belles qualitez qu'il possede souverainement, nous doivent persuader qu'on verra dans peu d'années tous ces beaux travaux entierement accomplies.

Toutefois, repliqua Pymandre, à considerer les choses selon le cours ordinaire, nous voyons que les hommes font souvent des projets que le temps ou les affaires ne permettent pas d'executer.

On peut répondre à cela, luy dis-je, qu'il est toûjours digne d'vn Roy & de tous les grands hommes, de concevoir des desseins extraordinaires. Leur gloire ne consiste pas seulement dans la fin qu'ils ont envisagée d'abord, mais elle éclate dans la volonté qu'ils ont de s'immortaliser par les difficultez de ce qu'ils entreprennent, & par ces hautes pensées qui les font paroistre d'vn esprit élevé au dessus des autres hommes.

On sçait bien qu'vn Roy ne bastit pas luy-mesme son palais, & comme on ne luy pourroit imputer les defauts qui se trouveroient dans l'ordre de l'Architecture, de mesme il n'est pas responsable de l'ouvrage quand il ne s'avance pas autant qu'il le souhaite. Que si cet ouvrage est promtement achevé & que l'execution en soit belle, on estimera ce Prince là bien-heureux d'avoir vécu dans vn temps où il aura trouvé des ouvriers capables de mettre au jour ses grands desseins, & les ouvriers auront part à l'honneur de ces beaux travaux & à la bonne fortune d'vn regne si glorieux.

Mais quand leur science & leur art ne pourroit pas atteindre à la grandeur de leurs conceptions ny répondre entierement à ce qu'on attendoit d'eux, croyez-vous que la gloire d'vn Roy en diminuast pour cela? Non certes, car en quelque estat que soient ces grands ouvrages, ils ne laissent pas de faire connoistre son nom à la posterité.

Les Pyramides d'Egypte n'ont rien de considerable que leur grandeur prodigieuse, cependant la memoire des Rois qui les ont fait bastir ne s'est pas renduë moins celebre par ces sortes de monumens, que celle des Grecs & des Romains par la structure magnifique de leurs temples & de leurs palais. Les restes de l'ancienne Persepolis que l'on voit encore aujourd'huy, impriment dans l'ame de ceux qui les regardent vne haute idée de la puissance des Rois de Perse, bien que dans ces ruines on n'y voye aucun vestige de cette beauté qui a paru dans celles d'Athenes & de Corinthe.

De sorte que si ces grands ouvrages des Perses & des Egyptiens, quoy que brutes & mal polis, sont des marques eternelles de la grandeur de leurs Monarques; Ne m'avoüierez-vous pas que quand vn Roy, considerable par sa puissance & par la force de son esprit, prend luy-mesme le soin des affaires de son Royaume, alors tout ce qu'il fait faire est beaucoup plus parfait, parce qu'on y remarque vn caractere de la dignité de sa personne & de la grandeur de son ame. Comme il est le premier mobile qui donne le mouvement à toutes choses, il ne choisit que des personnes capables & intelligentes pour executer ses volontez ; de maniere qu'il voit avec plaisir des hommes vigilans, des Ministres incomparables qui ramassent, pour ainsi dire, toutes ses lumieres pour s'en éclairer eux-mesmes; qui sçavent agir fidellement sous ses ordres, & qui travaillent avec vn amour & vn zele plein d'ardeur à laisser de toutes parts des marques de sa Majesté & de sa puissance. Il regarde avec joye ces beaux genies des Sciences & des Arts, qui secondant ses nobles desirs s'employent à faire paroistre la grandeur de l'Estat, & à immortaliser celuy qui le gouverne.

Ainsi pendant que les Rois d'Egypte, les Grecs & les Romains ont esté comme les maistres des autres Nations, on voyoit chez eux les plus sçavans hommes de la terre contribuer à la gloire de leur gouvernement.

Combien de temps avons nous esté en France sans connoistre l'excellence de la Peinture, ny la veritable façon de bien bastir. Il n'y a pas deux cens ans que nous commençons d'en discerner les beautez & de bien juger de la raison qui a porté les anciens maistres à en former vn Art si excellent.

Ce n'est pas que nos premiers Rois n'ayent fait vne infinité d'édifices, qui marquent encore assez aujourd'huy leur puissance & la grandeur de cet Estat; mais cependant comme ils manquoient d'hommes qui peussent
executer

executer dignement leurs intentions, vous voyez bien que dans ces grands ouvrages qui paroiffent principalement par nos Eglifes, il n'y a que le zele des Princes, la devotion des peuples, & la grandeur des baftimens qui foient dignes d'admiration. S'il y euft eu alors des ouvriers plus fçavans dans l'Architecture, ces ouvrages auroient efté des ouvrages magnifiques & beaux, qui marqueroient avec autant de luftre & d'éclat la grandeur de nos Rois, que ces reftes de la Grece & de l'Italie font connoiftre quelle à efté celle de leur Empire & de leurs Republiques.

Car ce n'a efté qu'vn peu avant François premier que les Architectes & les Peintres de France ont comme ouvert les yeux pour reconnoiftre combien leur fcience eftoit inferieure à celle des Anciens Grecs & Romains. Mais auffi vous m'avoüerez que depuis cent ans l'on a commencé de faire icy des Travaux qui donnent fujet d'efperer qu'vn jour nous ne cederons en rien à toutes ces anciennes Monarchies, auffi-bien en ce qui regarde les Arts, comme en toute autre chofe.

On peut mefme dire que dés à prefent nous voyons paroiftre ce jour fortuné, puifque c'eft dans le deffein de faire connoiftre à la

B

ENTRETIENS SVR LES VIES
posterité la grandeur de son regne, que le Roy embellit ses maisons & remplit son royaume de toutes sortes de grands hommes, par les bienfaits dont il comble les gens de sçavoir.

Car dites moy, je vous prie, peut-on mieux traiter les Sciences que de vouloir connoistre comme il fait toutes les personnes de lettres & de merite, non seulement qui sont dans toutes ses Provinces, mais encore dans les pays estrangers, afin de leur faire part de ses faveurs ? Peut-on prendre plus de soin des beaux Arts que d'établir comme il a fait vne Academie de Peinture & de Sculture ? Il la loge auprés de son Auguste personne; il la comble d'honneurs & de privileges pour relever l'estime qu'on en doit avoir; Et pour la rendre d'autant plus celebre à l'avenir il y entretient des Professeurs qui enseignent la jeunesse, il y propose des prix de temps en temps pour donner de l'émulation aux étudians; il en choisit mesme tous les ans quelques-vns qu'il envoye en Italie afin de se perfectionner davantage dans cet Art.

Ces riches Manufactures de tapisseries où l'on travaille tous les jours, sont-elles pas des marques évidentes & avantageuses des soins que ce grand Monarque se donne luy-mesme pour la gloire de l'Estat & pour le bien de ses peuples.

C'est vne chose digne d'admiration de voir de quelle maniere il sçait bien juger de toutes les belles choses. Cependant il ne s'assure pas toûjours sur ses propres connoissances, mais il fait examiner par les plus sçavans hommes les desseins de tous les ouvrages qu'il fait faire, afin qu'il ne manque rien à leur perfection. Et vous voyez quelle circonspection l'on apporte dans ce qui reste à finir au Louvre, & à ne rien faire, je ne dis pas qui ne soit aussi excellent que ce qui est déja fait, mais qui ne surpasse de beaucoup tout ce que nous en voyons.

Peut-on, me dit Pymandre, ajoûter quelque chose à son premier dessein, & ne suffit-il pas de l'achever aussi-bien qu'il est commencé? Car si l'on augmente ou qu'on diminuë les ordres & la disposition de ce grand édifice, ne paroistra-t-il pas composé de plusieurs parties differentes, comme nous en voyons déja dans la grande Gallerie & dans le costé des Tuilleries.

Ceux-là se trompent fort, repartis-je, qui croyent que les Tuilleries & le Louvre ont esté bastis pour vn mesme dessein; je ne sçay pas si vous sçavez bien vous-mesme que ce sont deux differens Palais. Quand le Roy Henry second fit commencer le Louvre, on ne pensoit alors ny à la grande Gallerie ny aux Tuilleries. Ce fut la Reine Catherine de Medicis qui fit bâtir les Tuilleries pour en faire sa demeure, & depuis Hery le Grand les joignit au Louvre par le moyen de cette Gallerie.

Vous pouvez bien croire que si alors on eust formé vn dessein du Louvre aussi grand qu'il est à present, l'on auroit pris d'autres mesures pour la distribution d'vn bastiment tel que celuy-là. Les Architectes qui travailloient en ce temps-là estoient sans doute assez intelligens pour connoistre ce qui appartient à la composition & à l'ordonnance d'vn si grand ouvrage. Mais comme chacun d'eux avoit vn dessein particulier, *Celuy qui conduisoit le Louvre fit le sien selon la grandeur que l'on en avoit déterminée alors. * Et celuy qui a basti les Tuilleries chercha de satisfaire aux volontez de la Reine Catherine, qui vouloit avoir vn Palais particulier & separé de celuy du Roy.

Cependant ces excellens hommes ont admirablement reussi dans ce qu'ils ont fait ; & s'il s'est trouvé ensuite que pour joindre ces deux maisons on n'a pas gardé vne égale symetrie dans cette grande Gallerie, c'est par ce qu'elle a esté faite à plusieurs fois. D'abord elle n'alloit

Le Sieur de Clagny.

Philbert de l'Orme.

que depuis le Louvre jufques aux murailles de la ville qui eſtoient derriere S. Thomas. C'eſt pourquoy la partie qui eſt la plus proche des Tuilleries & qui a eſté faite la derniere, eſt d'vn ordre plus grand & plus magnifique. Car ceux qui furent employez à ce travail, voyant qu'on vouloit joindre tous ces baſtimens, crurent qu'ils en devoient faire les parties plus puiſſantes pour eſtre mieux proportionnées au tout, puiſque c'eſt en effet ce qui donne d'avantage de nobleſſe & de majeſté aux grands Palais.

A preſent qu'il eſt queſtion de finir le Louvre & d'en faire le devant, vous voyez bien que c'eſt vn ouvrage où les plus ſçavans hommes d'aujourd'huy peuvent dignement travailler. Car comme il faut en quelque façon s'aſſujetir au premier baſtiment pour ne rien faire qui ſorte des meſures qu'on y a gardées, & que d'ailleurs on peut auſſi former quelque choſe qui en ſoit different; c'eſt dans cette rencontre qu'vn excellent Architecte pourra faire paroiſtre ſa ſcience & ſon jugement.

Celuy qui eſt obligé non ſeulement de produire vn ouvrage nouveau, mais encore de ſuivre ce qu'vn autre a déja fait, celuy-là ſans doute acquiert vne reputation d'autant plus grande qu'il reüssit mieux dans cet assemblage de differentes parties. Vous souvient-il combien nous admirions dernierement le devant d'vn * bastiment qui est proche de la Place Royalle; parce que *l'Architecte non seulement a conservé ce qu'il y avoit de beau dans l'ancien portail, mais a joint avec tant d'art & d'industrie ses pensées à celles du *Maistre qui avoit travaillé devant luy, qu'il semble que l'ancienne sculture soit comme vn précieux joyau qu'il ait richement enchassé dans ce qu'il a fait de neuf. De sorte qu'en voyant cet ouvrage on ne sçait lequel estimer le plus, ou l'art dont il s'est servi pour conserver, comme il a fait, ce qu'il y avoit de beau dans le vieux portail, ou la science avec laquelle il a rebasti le devant de cet Hostel. Ainsi jugez quel avantage c'est à vn grand homme de trouver vne occasion aussi favorable qu'est celle de travailler au Louvre, puis qu'il aura lieu d'en surpasser le premier dessein par la grandeur & la beauté de ses pensées, & de donner vn nouveau lustre à ce qui est déja fait.

Pour moy quand je pense quel doit estre vn Architecte, je ne m'estonne plus des difficultez que l'on a d'en rencontrer beaucoup d'assez excellens pour des entreprises aussi importan-

L'ancien Hostel de Carnavalet.
Monsieur Mansart.
Le Sieur Goujon.

tes. C'eſt ce qui me donne de l'eſtime & de la veneration pour ceux qui portent dignemēt ce nom. Car de grace dites-moy combien peu en voyons-nous qui entrent dans ces hautes meditations & dans ces profonds raiſonnemens, par leſquels les Anciens ont ſi heureuſement trouvé l'art de bien baſtir. Croyez-vous qu'il y en ait beaucoup de ceux qui s'en meſlent aujourd'huy qui ſçachent pourquoy l'on a inventé tous ces ordres differens, ces diviſions ſi juſtes, & ces ornemens qui embelliſſent l'architecture. Ceux qui ont trouvé la beauté des baſtimens n'en ont pas cherché la raiſon en meſurant ſeulement les ouvrages de leurs prédeceſſeurs, comme font aujourd'huy la pluſpart de ceux qui les veulent imiter. Ils ont premierement recherché cette raiſon dans toutes les choſes que la nature leur fourniſſoit de plus regulier ; Mais enſuite ils ont élevé leur eſprit plus haut pour découvrir la cauſe de ce qu'il y a de plus parfait. Ils ont veu que les choſes ne ſont excellentes que quand elles ſont vtiles. Qu'elles ne peuvent eſtre vtiles que par le rapport qu'elles ont entre-elles. C'eſt ce qui leur a fait connoiſtre qu'il y en a qui ne ſont capables de ſervir vtilement, qu'autant qu'elles ſont plus ou moins ſolides. Ainſi ils ont fait differens ordres de baſtimens ſelon leurs differens beſoins ; ils ont donné plus de force aux vns & moins aux autres : Mais ils ont connu en meſme-temps que ce qui ſert à la ſolidité ſert auſſi à la beauté. Que quand les parties qui doivent porter davantage ſont plus fortes que celles qui portent le moins, alors les vnes & les autres contribuent par cette bien-ſeance ſi vtile à former la beauté.

Or il eſt certain que tout ce que les Anciens ont arreſté pour la diſtribution des parties d'vne maiſon, tant de celles qui ſont neceſſaires pour la commodité des appartemens, que de celles qui regardent la decoration, ils en ont trouvé les regles dans ce rapport que les choſes doivent avoir les vnes avec les autres. Ils ont connu que la beauté ne paroiſt que par la convenance des parties ; Et aprés avoir bien compris de quelle ſorte on peut proportion-ner toutes ces differentes parties pour rendre viſible cette beauté ; Ils en ont eſtabli des ma-ximes generales pour ſervir à ceux qui veu-lent ſe conduire ſelon leurs principes.

Mais comme ce n'eſt pas aſſez à vn Peintre qui veut paſſer pour habile homme de ſçavoir toutes les proportions d'vn corps, mais qu'il doit avoir vne notion generale de toutes les choſes

choses qui regardent son art; De mesme il ne suffit pas à vn Architecte de ne pas ignorer toutes les differentes façons de bastir, les ordres des Anciens & les mesures qu'ils ont gardées; Il en doit sçavoir toutes les raisons, puisque ces differentes manieres, ces ordres & ces mesures n'estant tirées que de la raison, elles doivent changer autant de fois que la raison le veut.

Il faut outre cela que celuy qui entreprend de grands ouvrages soit doüé d'vne infinité de belles connoissances, s'il pretend meriter par là l'estime & l'admiration de tout le monde. C'est pourquoy Pythius qui bastit à Pryenne ce temple fameux de Minerve, vouloit qu'vn Architecte eust de tous les arts vne science aussi parfaite que ceux mesme qui ne font profession que d'vn seul art.

Il est certain, dit Pymandre, que dans ces sortes de travaux, comme dans tous les autres, on y connoist toûjours le genie de l'Autheur: Et l'on voit bien mesme s'il a excellé en quelque partie, ou s'il y en a d'autres qu'il ait entierement ignorées.

Vn Architecte, luy repartis-je, qui veut rendre vn bastiment parfait, doit ce me semble avoir deux principales fins dans tout son ouvrage. La premiere est d'achever cet ouvrage selon l'intention de celuy qui fait bastir ; & l'autre de l'accomplir dans cette beauté & cette perfection que luy enseigne la raison & les regles de son art. Or il est vray qu'il ne peut parvenir à cette perfection & à cette beauté, s'il ne garde vn ordre & vne disposition dans ce qui concerne la quantité & la qualité des parties qui doivent composer tout son ouvrage.

Et parce qu'on n'en doit jamais entreprendre aucun, qu'on ne veüille le finir dans son tout, aussi-bien que dans chacune de ses parties ; Il est donc important, outre l'ordre qu'il faut tenir dans la distribution des parties, qu'il y ait encore entre elles vne correspondance de mesures qui ait vn tel rapport avec le tout, qu'en proposant la mesure d'vne seule partie, on sçache la grandeur du tout ; & qu'en connoissant la grandeur du tout, on puisse juger aussi de la grandeur de chacune de ses parties. Cette correspondance de mesures est ce qu'on appelle Symetrie.

Et comme les bastimens doivent estre non seulement vtiles, mais conserver vne noblesse qui les rende recommandables ; Il faut prendre garde d'vn costé à trouver dans la distribution des appartemens toutes ses commoditez ; & de l'autre à faire paroistre dans l'Architeɛture & dans les ornemens qui l'enrichiſſent, vne beauté & vne bienſeance proportionnée à leur grandeur & à leur vſage.

C'eſt pourquoy ce n'eſt pas aſſez d'avoir vne meſure commune qui ſerve de regle pour la grandeur des parties; il faut encore trouver vn ordre pour bien arranger les choſes qui ſont compoſées de pluſieurs parties, pour les comparer les vnes aux autres, & pour les mettre chacune dans leur place. Ce qui ſe fait par la conſideration qu'on apporte à les bien diſpoſer, non pas comme grandeurs & quantitez du plan de l'ouvrage: mais comme membres de l'elevation de l'édifice. Et c'eſt cette belle diſpoſition que les Grecs nomment Eurithmie.

Or comme les choſes que l'on conſidere de prés & qui ſont élevées paroiſſent à nos yeux tout d'vne autre maniere, que celles qui ſont éloignées de nous, & que l'on void ou baſſes ou moins exhauſſées; Et que les objets qui ſont dans vn lieu renfermé font encore vn autre effet à la veuë que ceux qui ſont à découvert; C'eſt dans ces differens aſpects & dans ces diverſes ſituations qu'vn ſçavant Architecte doit employer ſes lumieres & ſes connoiſſances pour bien conduire ce qu'il veut expoſer en public.

Pour cela aprés avoir disposé ses grandeurs & ses diminutions selon les lieux & les bastimens qu'il entreprend de faire ; il cherche d'abord à concevoir vne noble Idée de son dessein, & lors qu'il la possede il establit vne mesure qui luy sert de loy & de raison, par laquelle il ordonne avec seureté des changemens de toutes les choses qui entrent dans la composition de ce qu'il veut bastir.

Quand il a vne fois déterminé ses mesures, & choisi les ordres qu'il veut suivre, il travaille à la proportion des parties & aux ornemens qu'elles sont capables de recevoir : & ainsi par la force de son imagination, par la conduite de son jugement, & par les regles de son art, il donne à tout son ouvrage, cette vnion & cet accord qui le rendent agreable.

Mais cela ne se fait pas en vn moment, & par vne saillie ou vne promptitude d'esprit, comme beaucoup d'autres productions dont vne partie de la beauté & de la grace dépend seulement de la vivacité de l'imagination qui les enfante, & de la diligence avec laquelle ils sont executez. Car comme les idées des choses sont pures & simples, il est necessaire lors qu'vn Architecte pretend de les vnir à la matiere, qu'il épure aussi cette matiere pour la rendre capable de cette vnion, ce qu'il ne peut faire qu'avec beaucoup de raisonnemens, & en reformant plusieurs fois son dessein. Il doit mesme examiner toutes les parties interieures & faire comme l'anatomie de tout le corps de son ouvrage, avant que de travailler à sa décoration exterieure, imitant en cela les plus excellens Peintres qui, pour mieux vestir leurs figures, les desseignent toutes nuës auparavant, & marquent jusqu'aux nerfs, aux muscles & aux moindres apparences, afin d'estre assurez que sous les vestemens qu'ils font ensuite il y a vn corps caché.

Le corps de l'homme à mon avis luy peut encore servir d'vn parfait modelle pour observer comme quoy toutes les parties interieures en sont disposées avec vn si bel ordre & vne si sage dispensation, qu'elles ont toutes vn rapport & vne communication les vnes avec les autres selon la necessité de leurs fonctions: car il n'y a point de partie noble, ny mesme d'os, de veines, ny de fibres qui ne soient placez avec raison.

Et comme les organes du corps ont rapport à l'ame qui les fait mouvoir, il faut aussi que toutes les parties d'vne maison ayent relation avec le maistre qui la doit habiter: car si l'on ne recherche les choses que pour l'vsage des sens, ce sont eux qu'il faut tascher de satisfaire lors qu'on entreprend de bastir. Ainsi les lieux qui sont destinez pour y manger doivent estre disposez d'vne maniere propre pour cela ; ceux qui sont reservez pour la musique ne sont pas bien bastis s'ils ne le sont de telle sorte que les voix y soient entenduës facilement ; La structure des Eglises & des lieux d'oraison, doit par elle-mesme élever nos yeux & nos cœurs au Ciel. Mais parce que de tous les sens il n'y en a point qui prenne tant d'interest dans les ouvrages de l'Art que la veuë, il faut faire en sorte qu'elle soit satisfaite dans tout ce qu'elle peut découvrir.

Ce n'est donc pas encore assez de déterminer les mesures des colomnes & de tous les autres membres de l'Architecture selon la grandeur de l'édifice. Il faut qu'il y ait vne proportion de ces mesmes mesures avec l'œil de celuy qui les void, c'est à dire que de l'endroit où ce mesme œil sera placé, il puisse découvrir toutes les beautez & les graces qui doivent paroistre dans vn bastiment. C'est ce qui fait que l'on trouve tant de differentes mesures dans les ordres antiques ; parce qu'encore que chaque ordre semble avoir vne mesure arrestée &

qui luy soit propre, toutefois ces mesures changent selon la situation des lieux & selon que les choses sont differemment disposées, comme je vous ay déja dit.

C'estoit dans ces rencontres que les Anciens employoient toutes les connoissances & les lumieres qu'ils avoient receuës de la Geometrie & de l'Optique, afin de plaire à la veuë & empescher que l'œil ne rencontrast quelque chose qui pust l'offenser. Et c'est par cette science & par cette conduite qu'vn Architecte se rend celebre & s'éleve au dessus des autres.

Encore que les proportions engendrent la beauté, on ne peut pas dire neanmoins que les hommes ayent sceu la proportion des choses avant que d'en avoir connu la beauté. Au contraire ç'a esté sur la beauté des corps qu'on a observé les proportions. Car de mesme que dans la musique on a trouvé la consonance des voix & des tons par la remarque qu'on a faite de ceux qui estoient agreables à l'oreille; aussi dans l'Architecture en considerant la disposition des parties on a connu d'où procedoit cette beauté qui plaist si fort à la veuë.

C'est de ces observations que les plus intelligens ont fait vn art & des regles pour servir à ceux qui d'eux-mesmes ne peuvent pas penetrer dans ces premieres raisons de beauté, qui ne se laissent voir qu'aux esprits les plus subtils. Car il est certain que la beauté n'est pas apperceuë de tout le monde; qu'on ne la découvre qu'avec bien du temps, & qu'on ne la represente pas sans beaucoup de difficultez.

Mais si nous ne pouvons jamais bien exprimer les Idées des choses comme nous les concevons, parce que la plus grande partie des especes s'en perd avant que nous puissions les representer; Il ne faut pas douter que celuy qui invente & qui produit ses pensées, ne doive luy-mesme les executer, puis qu'il est bien difficile que ceux qui voudroient travailler aprés luy peussent connoistre ses intentions & suivre les mouvemens de son esprit.

Car s'il a beaucoup de peine luy-mesme à mettre au jour ses conceptions, & si ce qu'il fait approche si peu de l'excellence de ce qu'il a imaginé, comment ceux qui pretendroient de l'imiter ne diminueroient-ils point encore de la grandeur & de la beauté de son dessein? Vous sçavez bien qu'encore qu'on eust le *L'Eglise du Val de Grace.* plan & les élevations de ce temple si somptueux que la Reine mere du Roy fait bastir, & qui sera à jamais vne marque de sa pieté & de sa magnificence; & que l'Inventeur de ce grand ouvrage

ET SVR LES OVVRAGES DES PEINTRES 25
ouvrage l'euſt fait commencer luy-meſme, & l'euſt élevé de neuf à douze pieds de haut au deſſus du rais de chauſſée de l'Egliſe; toutefois comme l'eſprit qui l'avoit produit n'a pas eſté le meſme qui l'a achevé, on voit bien la difference qu'il y a entre ce baſtiment & vne * Chapelle que le meſme Architecte fit faire ſur le meſme deſſein il y a prés de vingt ans : Car bien que le diametre de la coupe de celle-cy n'ait gueres que la troiſiéme partie du diametre de la coupe de celuy-là; neanmoins toutes les perſonnes intelligentes regardent ce petit modelle comme vn chef-d'œuvre où il n'y a rien qui s'éloigne de l'idée de l'Architecte.   *La Chapelle de Freſne.

On voit bien encore la difference qu'il y a entre l'Egliſe des Ieſuites du fauxbourg Saint-Germain, & leur grande Egliſe de S. Loüis de la ruë Saint-Antoine, dont on oſta la conduite à celuy qui d'abord en avoit fait le deſſein, & qui l'avoit commencée; mais parce qu'il n'eſtoit qu'vn ſimple Frere, on la donna à vn Pere, qui pour avoir leu quelques livres d'Architecture, preſumoit beaucoup de ſon ſçavoir, lequel entreprit ce baſtiment, changea tout le deſſein du Frere, & mit l'ouvrage en l'eſtat où vous le voyez aujourd'huy : ce

D

Frere neanmoins fit enfuite l'Eglife du fauxbourg S. Germain, & je laiffe aux fçavans à juger laquelle des deux leur plaift davantage. Et s'il n'eft pas vray qu'vn mefme deffein peut eftre executé differemment felon les perfonnes qui y travaillent.

Vous voyez donc bien que ceux qui ne font que copier les ouvrages des autres, & qui n'entrent point dans les fecrets de la fcience & de l'art, ne font point affurez de bien reüffir dans ce qu'ils entreprennent, & ne font paffablement bien qu'autant qu'ils font exacts à imiter avec juftesse ce qu'ils prennent pour modele.

Quant à ceux qui n'ont nulle lumiere d'efprit, qui s'éloignent des regles des Anciens, & qui croyent qu'il fuffit de fuivre les mefures des ordres qu'ils ont pratiquez, & quelque reffemblance dans les ornemens, vous ne devez pas douter qu'ils ne foient fujets à faire de fort mauvais ouvrages. Car s'ils gardent quelque proportion en certaines parties, on voit bien-toft aprés qu'il n'y a ny fymetrie ny difpofition dans les chofes principales.

Nous voyons des baftimens qui ne font qu'vn amas confus de corps avancez & d'arriere-corps, cependant leurs Auteurs les croyent merveilleux quand ils les ont representez avec autant de testes qu'vne Hydre, & autant de bras que Briarée. Ils pensent avoir mis vne agreable varieté dans leur composition, lors que toutes les parties en sont irregulieres & dissemblables ; qu'il y a plus d'ordres differens que les Grecs & les Romains n'en ont jamais pratiqué ; que les ornemens couvrent toute l'étoffe ; que la couverture contient quasi la moitié de l'edifice, & qu'il y paroist vne infinité d'angles & d'inégalitez.

C'est sur cela qu'vn de mes amis tres-sçavant dans les Mathematiques regardant il y a quelque temps vn bastiment fait de la sorte, me disoit assez plaisamment, qu'il eust volontiers souhaité vn lieu dans l'air d'où il eust pû voir toutes ces nouvelles manieres de couvertures où il appercevoit plus de differentes sections de lignes qu'il n'y en a dans Euclide, & où il semble que ces Architectes aient entrepris de faire voir vne infinité de figures dont l'on ne s'est jamais avisé.

Aussi faut-il demeurer d'accord, que si la plufpart de ceux qui travaillent aujourd'huy & qui veulent passer pour Architectes, recherchent sur la figure du corps humain leurs mesures & leurs proportions ainsi que Vitruve le leur enseigne; ce n'est pas assurément des belles statuës antiques dont ils se servent pour modelle. On croira plûtost qu'ils prennent pour exemple ces figures de Calot, où en representant vne infinité de postures, il a fait pour se divertir des hommes qui ont le dos & les épaules plus hautes que la teste, les bras rompus ou tournez de diverses manieres, les jambes de longueurs differentes, & les coiffures plus amples que le reste des habits; puisque dans leurs bastimens comme dans les grotesques de ce graveur on voit que tous les membres en sont estropiez, & qu'ils sont plûtost vne image de la disproportion & de l'irregularité, qu'vne imitation de la belle symetrie & de la juste convenance qu'on doit chercher sur le corps d'vn homme bien proportionné, & qu'on doit suivre encore à cette heure dans tous les edifices, comme les Anciens faisoient autrefois.

Ie sçay bien que ce n'est pas d'aujourd'huy qu'il y a des esprits tenebreux qui ne peuvent juger de la beauté des choses, & des hommes remplis d'eux-mesmes, qui n'ont pas assez de modestie pour vouloir déferer aux avis des personnes doctes. Vitruve se plaignoit de son temps de ce qu'il y avoit des gens qui faisoient des choses tout-à-fait barbares & ridicules, croyant paroistre plus habiles que les Maistres en s'éloignant de leur maniere, & en méprisant leurs preceptes. Mais il seroit à souhaiter que de telles personnes comprissent bien que ces grands Hommes n'ayant point eu d'autre regle que la raison mesme, ils ne pourroient mieux faire que de les imiter, s'ils n'ont pas assez de lumiere pour se conduire eux-mesmes. Ou plûtost je desirerois qu'ils sceussent que la premiere estude des Ouvriers doit estre d'apprendre à connoistre cette regle infaillible qui est la maîtresse des sciences & des arts, & la regle sur laquelle toutes les autres se mesurent.

Cependant quoy que l'Architecture ne consiste pas en vains caprices & en imaginations fantastiques, mais en solides raisonnemens & veritables demonstrations; vous voyez neanmoins comme la pluspart du monde se laisse pluftost surprendre aux pensées bizarres d'vn homme imaginatif, qu'à la raisonnable conduite d'vn homme sçavant; puisque la seule qualité de Pere & vne reputation mal fondée fit que l'Eglise de S. Louis ne fut pas achevée par ce * Frere qui en avoit donné le premier dessein, & qui par ses autres œuvres a fait

* Frere Martel Ange.

voir combien il eſtoit plus habile & plus judicieux que le Pere qu'on luy préfera.

Cela montre bien en effet, dit Pymandre, que pour juger de la ſcience des hommes il faut comparer leurs Ouvrages les vns aux autres; & que quand on fait des entrepriſes de grande importance, on ne doit point avoir de conſideration pour vne perſonne plûtoſt que pour vne autre; mais préferer à tous celuy qui a le plus de merite & de capacité; Auſſi je ne doute pas qu'on n'apporte toute ſorte de ſoin dans ce qu'on entreprendra au Louvre, & que pour cela on ne faſſe choix des plus excellens hommes.

Celuy, repris-je, qui pour faire l'Embleſme d'vn Architecte a repreſenté la Figure d'vn Homme qui n'a point de mains, mais qui a de bons yeux & de grandes oreilles, n'a pas à mon ſens tout-à-fait bien exprimé ſa penſée. Car vn ſçavant Architecte doit ſans doute avoir des mains pour travailler & pour tracer ſes deſſeins; mais cet Embleſme convient mieux à vn Prince qui fait baſtir, ou à vn Sur-Intendant & Ordonnateur des baſtimens, leſquels n'eſtant point en eſtat de travailler eux-meſmes, n'ont beſoin que de bons yeux pour juger de ce que l'on fait, & d'oreilles pour recevoir les

ET SVR LES OVVRAGES DES PEINTRES. 31
avis de toutes les perſonnes capables de donner de bons conſeils.

 Car il eſt certain que comme la gloire d'vn Roy paroiſt dans les choſes qui reſtent de luy à la poſterité: De meſme l'honneur de celuy qui eſt prépoſé à la conduite des baſtimens d'vn grand Prince, conſiſte dans la belle execution des choſes qu'il fait faire; & il ſuffit d'vne riche piece pour ſervir d'eternel monument à la haute eſtime qu'on doit avoir d'vn ſage Monarque, & à la grandeur d'vn Eſtat.

 Mais c'eſt aux Rois & à leurs Miniſtres à faire eux-meſmes vn choix judicieux de ce qui peut davantage eterniſer leur memoire. Plutarque louë Alexandre de ce qu'il aimoit la Peinture & la Sculture dont il vouloit connoiſtre les beautez, non pas pour travailler ainſi qu'vn Peintre & vn Sculteur, mais pour ſçavoir bien juger de toutes choſes comme vn grand Prince doit faire.

 Car comme les hommes ſont facilement ébloüis par les inventions nouvelles & extraordinaires des Ouvriers, ils ont beſoin de quelque eſtude pour conduire leur jugement, & diſcerner ſi les choſes ſont faites avec raiſon & avec ordre. Ce que l'on rapporte d'vn fameux Architecte de Macedoine me paroiſt vn exemple admirable & plein d'inſtruction pour faire comprendre que ce beau feu qui échauffe l'eſprit des ſçavans hommes, leur donne auſſi quelquefois des penſées plus brillantes que judicieuſes; & qu'en pluſieurs rencontres les Princes ont beſoin de toutes les lumieres de leur eſprit & de toute la force de leur jugement pour connoiſtre tant de vaines idées, & de deſſeins capricieux que toutes ſortes de perſonnes leur propoſent, & dont le faux éclat ſurprend aſſez ſouvent ceux-meſme qui ont quelque intelligence dans les Arts.

Dinocrates eſt cet Architecte dont je veux parler, lequel ſe confiant dans ſon grand ſçavoir, & dans la force de ſon imagination, partit de Macedoine pour ſe rendre à l'armée d'Alexandre. Et parce qu'il deſiroit particulierement d'eſtre connû de ce Conquerant, il prit de tous ſes amis des lettres de recommandation pour les principaux Seigneurs de la Cour, afin d'y avoir par leur moyen vne entrée plus favorable. En effet ils le receurent agreablement. Mais aprés les avoir priez de le preſenter au Roy, voyant qu'ils le faiſoient toûjours attendre & le remettoient de jour en jour, il crut qu'ils ſe mocquoient de luy. De ſorte que penſant en luy-meſme par quel moyen il pourroit

ET SVR LES OVVRAGES DES PEINTRES. 33
roit approcher de ce Monarque, il n'en trouva point d'autre que de se mettre dans vn estat si extraordinaire, que chacun eust la curiosité de le voir. Dinocrate estoit d'vne taille avantageuse & d'vn regard agreable: Et l'on voyoit dans son port & dans sa maniere d'agir beaucoup de majesté & de grace tout ensemble. Ces avantages de la nature luy donnerent la hardiesse de quitter ses vestemens, de se frotter tout le corps avec de l'huile; & aprés s'estre couvert d'vne peau de Lion, couronné de feüilles de peuplier, & pris vne massuë dans sa main, il alla en cet estat se presenter au Roy qui alors estoit dans son trône où il rendoit la justice.

La nouveauté de cette action surprit tout le peuple, qui le voyant vestu de la sorte, se tourna aussi-tost pour le considerer. Alexandre l'ayant aussi apperceu, commanda qu'on luy fist place & qu'on le laissast approcher; Et quand il fut assez prés, il luy demanda qui il estoit. Ie suis Dinocrate, répondit-il, Macedonien & Architecte, qui apporte icy des pensées dignes de ta grandeur. I'ay imaginé vn dessein qui n'aura jamais rien d'égal, c'est de faire ta Statuë du mont Athos; ce Colosse tiendra dans sa main droite vne ville toute entiere; & dans sa main gauche vn vase qui aprés

E

avoir receu les eaux de toutes les rivieres qui coulent de cette montagne, les versera dans la mer.

Alexandre qui avoit esté surpris d'abord en voyant vn homme vestu comme estoit Dinocrate, prit plaisir de l'entendre parler d'vne entreprise si extraordinaire. Mais en mesme temps il demanda s'il y avoit sur cette montagne des plaines fertiles qui pûssent fournir les grains necessaires pour la nourriture de ceux qui habiteroient cette ville qu'il pretendoit de bastir; & ayant appris que c'estoit vn lieu desert & sterile, où l'on ne pourroit tirer d'autre secours que par la mer. J'admire, dit-il, l'invention d'vn si grand dessein, mais je considere que ceux qui voudroient habiter ce lieu-là ne le pourroient faire sans estre blasmez de peu de jugement, puisque tout ainsi qu'vn enfant qui vient de naistre, a besoin d'vne nourrice pour l'élever; De mesme vne ville sans terre & sans fruits ne peut se maintenir, & des peuples qui ne recevroient aucun secours pour vivre, n'y demeureroient pas long-temps. C'est pourquoy si j'estime la rareté d'vne telle pensée, je trouve beaucoup à redire dans le choix d'vn lieu si mal propre pour vn tel dessein.

Voilà comme vn Prince & ses Ministres doi-

ET SVR LES OVVRAGES DES PEINTRES. 35
vent examiner les propofitions qu'on leur fait; & ne fe laiffant pas furprendre à de vaines promeffes & à de fauffes apparences, confiderer exactement ce qui eft de plus convenable à faire, & de plus glorieux à leur reputation. Auffi n'y a-t-il rien de plus digne de la grandeur du Roy & de l'honneur de la France, ny de plus capable de refifter à l'effort des temps, que ces grands baftimens que le Roy fait faire. Car fi dans les chofes naturelles c'eft la forme qui maintient l'eftre & qui eft le principe de la durée; dans les ouvrages de l'art c'eft la matiere qui conferve la forme.

Mais vous pouvez juger par tout ce que je viens de vous dire, fi c'eft peu de chofe que de fçavoir bien difpofer & mettre à execution de fi grands travaux: Et fi l'on ne doit pas les confiderer avec admiration, quand on y voit, je ne dis pas cette beauté que la raifon & l'art fait produire aux Ouvriers, mais encore cette grace qu'on ne trouve que difficilement, que peu de gens fçavent donner à leurs Ouvrages, mais qu'on admire par tout où elle fe rencontre. Car vous fçavez bien qu'il y a des graces qui ne confiftent pas fimplement dans la belle proportion. Dans les Ouvrages de l'art auffi-bien que dans les productions de la nature,

E ij

on voit des beautez qui n'ont ny la grace ny ce je ne sçay quoy qui rendent certaines personnes ou certains Ouvrages plus agreables que d'autres qui sont neanmoins plus parfaits.

Quelle difference, reprit Pymandre, mettez-vous donc entre la grace & la beauté, & comment les separez-vous l'vne de l'autre? Car si la beauté vient de la proportion des parties, la grace peut-elle se trouver dans des sujets qui ne sont ny beaux ny proportionnez?

Ie puis vous dire en peu de mots, luy repartis-je, la difference qu'il y a entre ces deux charmantes qualitez. C'est que la beauté naist de la proportion & de la symetrie qui se rencontre entre les parties corporelles & materielles. Et la grace s'engendre de l'vniformité des mouvemens interieurs causez par les affections & les sentimens de l'ame.

Ainsi quand il n'y a qu'vne symetrie des parties corporelles les vnes avec les autres, la beauté qui en resulte, est vne beauté sans grace. Mais lors qu'à cette belle proportion on voit encore vn rapport & vne harmonie de tous les mouvemens interieurs, qui non seulement s'vnissent avec les autres parties du corps, mais qui les animent & les font agir avec vn certain accord & vne cadence tres-jufte & tres-vniforme ; Alors il s'en engendre cette grace que l'on admire dans les personnes les plus accomplies, & sans laquelle la plus belle proportion des membres n'est point dans sa derniere perfection. Et mesme lors qu'il arrive que cette vniformité de mouvemens vient à paroistre sur des visages moins beaux, & dont les traits ne sont pas achevez, on ne laisse pas de les admirer, parce qu'on y voit de la grace; Et comme les beautez spirituelles sont plus excellentes que les corporelles, on prefere quasi toûjours vne personne dont la beauté du corps n'est que mediocre, mais qui a de la grace, à vne autre personne qui sera d'vne beauté plus grande, mais qui n'aura pas de grace. Ainsi quoy que Quintia dans Tibule fust plus belle que Lesbia ; neanmoins celle-cy avoit vn air & vn je ne sçay quoy qui la rendoit beaucoup plus agreable que l'autre.

Pour vous faire voir que la grace est vn mouvement de l'ame, c'est qu'en voyant vne belle femme on juge bien d'abord de sa beauté par le juste rapport qu'il y a entre toutes les parties de son corps ; mais on ne juge point de sa grace, si elle ne parle, si elle ne rit, ou si elle ne fait quelque mouvement.

Il en est de mesme des Ouvrages de Sculture & de Peinture, où la grace ne paroist point si les Ouvriers ne sçavent donner à leurs figures vn tour & vn mouvement conforme à la beauté de leurs membres & à l'action qu'elles doivent faire; C'est pourquoy quand il y en a quelques-vnes où ils ont heureusement exprimé ces mouvemens, on les admire, quoy que d'ailleurs elles n'ayent pas cette proportion qui les rendroit accomplies.

Que s'il en sort de la main des plus excellens Maistres où l'on rencontre vne juste convenance de toutes les parties du corps & vne belle vniformité de mouvemens qui concourent à vne mesme fin, c'est alors qu'on admire comme quoy la beauté, & la grace forment vn ouvrage parfait.

Ce je ne sçay quoy qu'on a toûjours à la bouche, & qu'on ne peut bien exprimer, est comme le nœud secret qui assemble ces deux parties du corps & de l'esprit. C'est ce qui resulte de la belle symetrie des membres & de l'accord des mouvemens; Et comme cet assemblage se fait par vn moyen extremement subtil & caché, on ne peut le voir assez ny le bien connoistre pour le representer & l'exprimer comme l'on voudroit. Cependant on peut dire qu'il se remarque sur vn visage de la mesme sorte que cette fraischeur & ce feu que l'on voit au matin sur vne rose qui commence à s'épanoüir, dont la forme & la beauté de ses couleurs est comme le siege de cette fraischeur & de cet éclat qui paroist d'vne maniere toute spirituelle. Car Ce je ne sçay quoy n'est autre chose qu'vne splendeur toute divine qui naist de la beauté & de la grace.

Cette observation de beauté & de grace m'a fait connoistre pourquoy dans ces visages de cire qu'on moule sur le naturel, je n'y trouvois pas toûjours cette forte ressemblance que tout le monde admire.

Sur cela j'apperceus que Pymandre me regardoit fixément: Vous me regardez, luy dis-je? Il est vray, me repartit-il aussi-tost, parce qu'il me semble que vous avancez vn paradoxe qui n'est guere soûtenable. Peut-on faire la ressemblance d'vn visage plus parfaitement qu'en la tirant sur le visage mesme?

Ie ne pretends pas pourtant, luy repartis-je, établir vne opinion fausse, quand je vous dis que j'ay remarqué en effet qu'encore que ces Images de cire ayent les mesmes traits de la personne sur laquelle on les a formez; que le meslange des couleurs y soit observé avec vn soin si particulier, & vne exactitude si grande que l'on y voit toutes les teintes de la chair, les veines, les fibres, & mesme jusques aux pores: & que l'on se soit donné la peine d'imiter dans les yeux ce brillant & cette humeur cristalline qui les rend si clairs. J'ay remarqué, dis-je, que cette ressemblance surprend plûtost la veuë qu'elle ne persuade l'esprit, & que de la personne qu'on pretend representer, elle n'en fait point vne image veritable. La raison que j'en trouve, est que ceux de qui on moule le visage, demeurant dans vne assiete tranquille pendant qu'on y travaille, la matiere qu'on employe & dont on couvre tous les traits, empesche leurs fonctions naturelles, chasse & repousse, s'il le faut ainsi dire, de telle sorte les esprits & les mouvemens interieurs qui leur donnent la vie, qu'il s'en fait vne suspension qui est cause que ces mesmes traits demeurant sans aucun soûtien on n'en tire qu'vne masse, qui veritablement conserve la ressemblance & la forme où elle les trouve, mais qui n'est qu'vne ressemblance morte & insensible. Ainsi elle est beaucoup moins parfaite que celle qu'vn excellent Peintre ou vn Sculteur sçavant represente par le moyen de ses couleurs ou de son ciseau; parce que le Sculteur & le Peintre cherchent en travaillant à donner de la vie à leur

ouvrage,

ouvrage, & luy infpirer de la beauté & de la grace, en imitant le mieux qu'il leur eft poffible, l'objet qu'ils ont devant eux. Au lieu que ce moule qui eft le feul artifan de ces autres portraits, ne peut reprefenter que ce qu'il rencontre & ce qu'il trouve capable d'eftre imprimé.

Voilà pourquoy dans ces figures moulées fur le naturel, la grace & ce je ne fçay quoy n'ont garde de s'y appercevoir, puifque cette grace n'eftant autre chofe que la reprefentation des mouvemens interieurs de l'ame joints à la beauté des parties du corps, comme je vous ay dit, elle en eft privée par l'éloignement des efprits interieurs qui en font la fource.

Il y a donc bien de la difference, je ne dis pas entre vn excellent Peintre ou vn habile Sculpteur, & ceux qui moulent ces fortes de figures fur le naturel, dont je ne compte la fcience pour rien; mais je dis entre vn vifage moulé & vn portrait peint par vn excellent homme, ou ces belles medailles, telles que nous en voyons du Roy & de la Reine, fi doctement fabriquées au Louvre.

Or encore qu'vn Architecte n'ait pas befoin d'obferver tous ces mouvemens qui engendrent la beauté & la grace, quand il n'est question que d'ordonner des appartemens, des pilastres, des colomnes & des principales parties qui composent vn bastiment, neanmoins il ne laisse pas de communiquer à tout ce qu'il fait cette grace & cette beauté qui se peuvent répandre generalement dans toutes les productions de l'esprit. Car les proportions de toutes les parties qui composent vn Edifice, en font la beauté corporelle ; & la conduite & sage dispensation qui se fait de toutes ses parties par le mouvement de l'esprit de l'Architecte, c'est ce qui donne toute la grace.

Mais il est vray que tous ceux qui se mélent de bastir, ne conduisent pas leurs ouvrages avec cette raison & cette intelligence qui les rendroit si recommandables. Encore qu'ils n'ayent pas besoin de desseigner aussi parfaitement que les Peintres & les Sculpteurs, il faudroit pourtant qu'ils sceussent du moins la theorie de la Peinture, puisque la lumiere de cet art est la mesme qui les doit éclairer. Car si les Peintres ont l'avantage de sçavoir bien imiter Dieu dans cette espece de creation qu'ils semblent faire en representant tous les corps naturels ; L'Architecte

ET SVR LES OVVRAGES DES PEINTRES. 43
n'en fait-il pas de mesme dans la production de ses Ouvrages quand il sçait les rendre beaux, vtiles & commodes ? Puisque dans la structure de l'vnivers nous y voyons ces trois nobles qualitez dans vn si haut lustre ; Et si quand les Peintures sont excellentes, elles charment nos yeux & émeuvent nos affections. De mesme dans l'Architecture quand toutes choses y sont faites avec vn bel ordre & vne belle symetrie, elles élevent nostre esprit & portent nostre ame jusques dans les Cieux.

C'est ce qui m'arriva il n'y a pas long-temps en considerant cette Chapelle dont je parlois tantost. Car en contemplant toutes les parties les vnes aprés les autres, & en portant peu à peu mes regards en haut, je me sentois doucement attiré jusqu'au milieu de la voûte. Il me sembloit que plus je la regardois, & plus elle s'élevoit en l'air & paroissoit se soûtenir d'elle-mesme. Ainsi je rencontrois dans cet Edifice comme la fin & la perfection des choses que l'art peut produire.

C'est de la sorte qu'en voyant vn jour tous ces beaux bastimens que le Roy fait faire ; tout le monde en admirera l'excellence. Et parce que le Louvre sera orné d'vne maniere digne de la grandeur de ce Prince, on y verra sa vie & ses actions dépeintes en tant d'illustres & de differentes façons, que la posterité ne cherchera point ailleurs d'autre sujet de son étude & de ses admirations.

Icy je finis mon discours, & m'estant levé, je témoignay à Pymandre qu'il y avoit assez long-temps que nous estions dans vne mesme place, & que nous pouvions aller faire vn tour de promenade : ce qu'il approuva.

Nous sortismes donc pour aller aux Thuilleries, mais nous ne quittasmes nostre entretien de l'Architecture que pour entrer dans vn autre de Peintures. Pymandre me parla de celles qui sont au Louvre ; Il me fit cent questions sur tous les Ouvrages que l'on fait pour le Roy ; & aprés nous estre entretenus quelque temps de ces beaux Tableaux dont j'ay fait quelques descriptions pour sa Majesté, il me dit : Est-ce que vous n'écrirez donc jamais de la Peinture, comme il y a si long-temps que vos amis vous en conuient ? Et ne ferez-vous point part au public des connoissances que vous avez d'vn Art si excellent ?

Comme je vis qu'il me parloit de la sorte, je me mis d'abord à soûrire en le regardant, ma sen suite je luy dis.

ET SVR LES OVVRAGES DES PEINTRES 45

Vostre conseil me seroit sans doute avantageux, & seroit encore vtile à beaucoup de personnes si j'avois dequoy répondre au sentiment favorable que vous avez de moy. Mais trouvez bon, s'il vous plaist, que je vous die que vous témoignez n'avoir pas de la Peinture vne opinion aussi haute qu'elle le merite. C'est vn Art qui embrasse tant de choses qu'il faut vn esprit plus éclairé que le mien pour le pouvoir traiter dignement.

Car vous ne pensez pas que pour écrire à fond de tout ce qui est necessaire pour faire vn excellent Peintre, & pour donner à tout le monde, non seulement vne idée generale, mais vne notion plus particuliere de ce qui concerne cet Art, il faudroit former vn dessein trop vaste & de trop grande étenduë.

Et pour vous monstrer combien ce traité embrasseroit de choses, & que je n'ay pas tort de vous dire que c'est vne entreprise qui surpasse de beaucoup mes forces, je vous feray voir dés à present, si vous le desirez, comme pour s'en acquiter il seroit necessaire de traiter doctement diverses matieres.

Car pour bien expliquer toutes les choses que j'ay apprises des plus sçavans Peintres, il faudroit faire vn Ouvrage dont le corps fust divisé en trois principales parties. La premiere qui traiteroit de la COMPOSITION comprendroit presque toute la theorie de l'Art, à cause que l'operation s'en fait dans l'imagination du Peintre, qui doit avoir disposé tout son Ouvrage dans son esprit & le posseder parfaitement avant que d'en venir à l'execution.

Les deux autres parties qui parleroient du DESSEIN & du COLORIS, ne regardent que la Pratique, & appartiennent à l'Ouvrier; ce qui les rend moins nobles que la premiere qui est toute libre, & que l'on peut sçavoir sans estre Peintre.

Pour bien composer vn Tableau le Peintre doit donc avoir vne science & generale & particuliere de toutes les parties qui y entrent. Et comme il n'y a rien dans la nature qu'il ne doive quelquefois representer, il faut aussi qu'il ait vne connoissance parfaite de tous les corps naturels avant que d'entreprendre d'en faire l'image. Mais il doit se souvenir qu'encore que l'art de portraire s'étende sur tous les sujets naturels tant beaux que difformes; Toutefois quand il viendra à l'execution s'il veut tenir rang entre les plus habiles, il est obligé de faire choix de ce qu'il y a de plus beau, parce qu'encore que les corps naturels luy servent de modele, neanmoins comme ils ne sont pas tous également beaux, il ne doit considerer que ceux qui sont les plus parfaits.

Mais parce que souvent on peut se tromper dans ce choix de belles choses, il me semble qu'il faudroit dire en premier lieu ce que c'est que la Beauté, & en quoy elle consiste, principalement dans le Corps humain, qui est le plus parfait ouvrage que Dieu ait fait sur la terre. Et comme il est constant qu'elle procede de la proportion des parties comme je vous disois tantost, il faudroit parler ensuite de ce qui est necessaire dans chacune de ces parties pour produire cette Proportion admirable, afin que le Peintre en ayant vne exacte connoissance, puisse égaler à son sujet la beauté de ses Figures lors qu'il viendra à desseigner sur le naturel : Et l'on se reserveroit à traiter des mesures dans la seconde partie, où l'on parleroit du Dessein.

Comme vn Tableau est l'Image d'vne Action particuliere, le Peintre doit ordonner son Sujet & distribuer ses Figures selon la nature de l'Action qu'il entreprend de representer. Et parce que ce Tableau est, ou vne Invention nouvelle du Peintre, ou vne Histoire, ou vne

Fable déja décrite par les Historiens ou par les Poëtes; il faudroit faire voir de quelle sorte il doit traiter tous ces differens Sujets ; & comme il y doit exprimer les mouvemens du corps & de l'esprit. On parleroit mesme des Passions de l'Ame, estant vne partie qui bien que dépendante du Dessein, doit estre toute entiere dans l'idée du Peintre, puis qu'elle ne se peut bien copier sur le naturel.

Il faudroit enseigner ensuite à bien observer la Convenance en toutes sortes de sujets ; Pour cet effet il sero t besoin de faire voir au moins comme le Peintre doit avoir connoissance de l'Histoire & de la Fable ; de la Religion des anciens Peuples ; des mœurs & des façons de vivre des diverses Nations ; de leurs Dieux ; de leurs Temples ; de leurs Edifices ; de leurs Ceremonies aux sacrifices, aux funerailles, aux triomphes, & aux jeux ; de leurs differens Habits en paix & en guerre ; de leurs Armes ; de leurs Meubles ; & enfin de toutes les choses qu'vn excellent Peintre doit sçavoir.

Aprés avoir parlé de tout ce qui regarde plûtost la Theorie que la Pratique, mais qui est tres-necessaire à l'Ouvrier qui veut se rendre parfait ; On pourroit commencer la seconde Partie, qui est celle du Dessein, & aussi qui

d'ordinaire

d'ordinaire sert de principe à tous ceux qui veulent apprendre cet Art. Car c'est en desseignant que l'on jette les premiers fondemens de la Science, sur lesquels toutes les connoissances qui s'acquerent doivent s'établir; parce que sans cette partie toutes les autres n'ont point de solidité.

C'est ce qui obligeroit celuy qui feroit vne si grande entreprise, à donner des préceptes pour conduire les Apprentifs de degré en degré, comme par la main : Et tout ainsi qu'il ne sert de rien à vn Voyageur de faire de grandes journées , & de voir des Provinces & des Royaumes, s'il ne considere la nature des païs & les mœurs des peuples ; De mesme on devroit montrer de quelle sorte il faut enseigner ceux qui commencent cette étude, & les instruire des belles choses, afin qu'en les remarquant ils puissent les graver dans leur esprit, & n'y mesler rien qui luy soit nuisible ou inutile.

Il tascheroit aussi de leur montrer les chemins les plus seûrs & les plus faciles pour arriver à leur but ; & par des exemples familiers les rendre capables de se conduire eux-mesmes dans vn travail, qui doit estre celuy de toute leur vie. Sur tout il leur feroit connoistre, combien les Mathematiques sont necessaires à vn

G

Peintre, principalement la connoissance de la Geometrie & de la Perspective, qui doivent servir de regle à tout son ouvrage.

Il auroit encore à faire voir, de quelle sorte le Peintre doit se rendre sçavant dans cette partie de l'Anatomie qui regarde la connoissance des muscles, des nerfs, des os, des ligamens, & des apparences des vns & des autres.

Il expliqueroit comme le Dessein ayant pour partage la proportion, il la doit garder dans toutes les parties de son ouvrage; que c'est à luy à juger de leur convenance, & de la juste égalité qui doit estre entre elles; & que de luy dépend la position des Figures pour estre mises sur leur plan, ou pour mieux dire sur leur centre, avec la ponderation ou équilibre qui les peut tenir en estat: Taschant de faire concevoir autant qu'il est possible de quelle sorte se forme cette Beauté & cette Grace si excellentes, dont nous venons de parler, ce Ie ne sçay quoy qui ne se peut exprimer, & qui consiste entierement dans le Dessein.

Quand à la troisiéme Partie, elle seroit du Coloris, ou aprés avoir parlé de la nature des Couleurs; de l'vnion & de l'amitié qu'elles ont entre elles, il faudroit montrer de quelle sorte elles doivent estre employées pour produire ces

ET SVR LES OVVRAGES DES PEINTRES. 51
beaux effets de Clair & d'Obscur, qui aident à faire paroiſtre le relief des Figures & les enfoncemens dans les Tableaux.

Il faudroit traiter de cette Perspective qu'on appelle aërienne, qui n'eſt autre choſe que l'affoibliſſement des couleurs par l'interpoſition de l'air; de ces accidens, du Lumineux & du Diaphane qui ſe remarquent dans la Nature, & des obſervations qu'on y doit faire; des differentes Lumieres tant des corps illuminans que des corps illuminez; de leurs reflexions; de leurs ombres; des erreurs que les Peintres font ſouvent en peignant aprés la Boſſe éclairée par des jours particuliers; des differentes viſions ou aſpects ſelon la poſition du regardant ou des choſes regardées; des apparences des corps dans l'eau; de ce qui produit cette force, cette fierté, cette douceur, & ce precieux qui ſe trouvent dans les Tableaux bien coloriez; Des diverſes manieres de Coloris, tant aux Figures qu'aux Païſages, & de celle qu'on doit ſuivre comme la plus excellente. Et enfin il faudroit accompagner ces enſeignemens de quelques exemples, où l'on feroit voir la beauté & la perfection de ces trois parties, COMPOSITION, DESSEIN & COLORIS.

Iugez, je vous prie, de quelle étenduë ſeroit

ce travail; & si vous devez vouloir que j'entreprenne vn Ouvrage, qui non seulement demanderoit la capacité du plus Sçavant Peintre de nostre siecle, pour parler de toutes ces choses selon les termes de l'Art; mais qui pour parler avec grace de cette Peinture, qui represente si noblement tous les objets par la Vivacité de ses Couleurs, auroit encore besoin d'vne plume aussi sçavante & aussi docte que devroit estre le Pinceau qui pourroit donner cet agrément, & cette force qu'on recherche dans les Tableaux.

Ne pouvant donc pas m'engager dans vne entreprise si disproportionnée à mes forces, ne trouvez pas, s'il vous plaist, étrange si je ne me rends pas à vos persuasions, & si je vous dis que vous ne devez pas attendre de moy vn Ouvrage qui réponde au dessein que je viens de vous tracer. Ie serois mesme fasché que vous eussiez la pensée que par ce que je viens de vous dire, j'aye eu intention d'en établir les regles, & donner des enseignemens à ces sçavans hommes qui travaillent aujourd'huy avec tant de succés & de bonheur, & dont quelques-vns d'eux, que j'ay souvent entretenus, & de qui j'ay beaucoup appris, seroient incomparablement plus capables que je ne le suis, d'écrire sur cette matiere.

ET SVR LES OVVRAGES DES PEINTRES. 53

Ce n'eſt pas qu'il ne ſe puiſſe rencontrer quelque occaſion qui me donnera peut-eſtre lieu de ſatisfaire en quelque ſorte à voſtre deſir; Et alors je ſeray bien aiſe de vous faire part de ce que j'ay remarqué autrefois pour ma ſatisfaction particuliere ſur toutes ces diverſes parties de la peinture, ſoit en voyant les Tableaux des plus ſçavans Peintres, ſoit dans les divers entretiens que j'ay eus ſur ce ſujet.

Quand vous ne feriez, me dit alors Pymandre, que quelques obſervations ſur la Peinture, bien qu'elles ne fuſſent pas traitées auſſi amplement que le ſujet le merite, elles ne laiſſeroient pas toutefois de faire voir l'avantage que cet Art a pardeſſus les autres. Les Peintres meſme n'auroient pas lieu d'eſtre faſchez que tout le monde appriſt dans vos diſcours à juger de l'excellence de leurs Tableaux & de la beauté de leurs Figures, & qu'on y étudiaſt le ſecret de l'Art, afin qu'en connoiſſant la perfection de l'Ouvrage, on faſſe cas de l'Ouvrier.

Ils ont aſſez d'intereſt, luy repartis-je, qu'au moins les perſonnes doctes, & tous les honneſtes gens connoiſſent l'excellence de la Peinture, dont ils ne conſiderent le plus ſouvent que la ſeule ſuperficie, ſans porter leurs penſées juſques dans le fonds de cette Science, qu'on peut

G iij

dire avoir quelque chose de divin, puis qu'il n'y a rien en quoy l'homme imite davantage la toute-puissance de Dieu, qui de rien a formé cet Vnivers, qu'en representant avec vn peu de Couleurs toutes les choses qu'il a creées : Car comme Dieu a fait l'homme à son Image, il semble que l'homme de son costé fasse vne Image de soy-mesme, en exprimant sur vne toile ses actions & ses pensées, d'vne maniere si excellente qu'elles demeurent constamment & pour toûjours exposées aux yeux de tout le monde, sans que la diversité des Nations empesche que par vn langage muet, mais plus éloquent & plus agreable que celuy de toutes les langues, elles ne se rendent intelligibles, & ne se fassent comprendre dans vn instant à chacun de ceux qui les regardent.

Si vous voulez mesme prendre la peine de faire reflexion sur les diverses parties de cet Art. Vous avoüerez qu'il fournit de grands sujets de mediter sur l'excellence de cette premiere Lumiere, d'où l'esprit de l'homme tire toutes ces belles Idées, & ces nobles Inventions qu'il exprime ensuite dans ses Ouvrages.

Car si en considerant les beautez & l'Art d'vn Tableau, nous admirons l'Invention & l'esprit de celuy dans la pensée duquel il a sans doute esté conceu encore plus parfaitement que son pinceau ne l'a pû executer ; Combien admirerons-nous davantage la beauté de cette Source où il a puisé ses nobles Idées ! Et ainsi toutes les diverses beautez de la Peinture, servant comme de divers degrez pour nous élever jusqu'à cette Beauté souveraine ; ce que nous verrons d'admirable dans la proportion des parties, nous fera considerer combien plus admirable encore est cette proportion, & cette harmonie qui se trouve dans toutes les creatures. L'ordonnance d'vn beau Tableau nous fera penser à ce bel Ordre de l'Vnivers. Ces Lumieres & ces Iours que l'Art sçait trouver par le moyen du mélange des couleurs, nous donneront quelque Idée de cette Lumiere eternelle, par laquelle & dans laquelle nous devons voir vn jour tout ce qu'il y a de beau en Dieu & dedans ses creatures. Et enfin quand nous penserons que toutes ces merveilles de l'Art qui charment icy-bas nos yeux & surprennent nos esprits, ne sont rien en comparaison des Idées qu'en avoient conceu ces Maistres qui les ont produites ; Combien aurons-nous sujet d'adorer cette Sagesse eternelle qui répand dans les Esprits la Lumiere de tous les Arts, & qui en est elle-mesme la Loy eternelle & immuable. *S. Aug. de Ver. Relig.*

Cette Lumiere est la Lumiere d'vne Sagesse infiniment superieure à la Lumiere de tous les esprits créez, comme elle le dit elle-mesme par son Prophete ; Mes pensées ne sont pas comme vos pensées, ny mes voyes comme vos voyes; mais il y a autant de distances entre mes voyes & vos voyes, entre mes pensées & vos pensées, qu'il y a entre le Ciel & la Terre.

Isaïe c. 55. v. 8.

Lors que Dieu créoit les Astres, dit vn grand Saint, les Anges chantoient des Cantiques à sa loüange en admirant le nombre, la beauté, la situation, la varieté, les graces, l'éclat, l'harmonie, & toutes les autres perfections de ces corps sublimes dont ils connoissent l'excellence beaucoup mieux que nous. Quand donc nous considerons dans les ouvrages de l'esprit humain tant de beautez, tant de graces & tant de charmes, plus nostre connoissance nous en fait remarquer les perfections, & plus nous nous trouvons obligez de loüer celuy qui fait ces merveilles sur la terre, comme il a fait ces autres merveilles dans les Cieux.

S. Iean Chrys.

Aprés cela je demeuray quelque temps sans parler. Mais Pymandre trouvoit tant de douceur dans cet entretien, qu'il prit occasion de me dire : Au moins si vous n'estes pas encore resolu de satisfaire au desir de vos amis, apprenez-moy

ET SVR LES OVVRAGES DES PEINTRES. 57
nez-moy, je vous prie, l'histoire de ces sçavans Peintres dont vous me disiez il y a quelque temps de si belles choses. Car je n'ay pas oublié tout ce que vous rapportastes alors à leur avantage. Et que vous me promistes de me faire vn discours de l'Origine de la Peinture & de ceux qui ont excellé en cet Art. Si depuis ce temps-là nous n'avons pas rencontré vne occasion favorable pour cela, il vous est bien aisé à present de vous acquiter de vostre promesse & de poursuivre ce que vous aviez commencé sur ce sujet. Car pourveu que cela ne vous incommode pas ; il me semble que nous ne pouvons mieux employer le reste de la journée qu'à cet agreable entretien.

Il ne tiendra pas à moy, luy répondis-je, que vous ne soyez satisfait. Ie commençay donc ainsi mon discours.

Comme tous les Arts ont esté fort grossiers & fort rudes dans leur naissance, & ne se sont perfectionnez que peu à peu, & par vne grande application ; il ne faut pas douter que celuy de la Peinture aussi bien que tous les autres n'ait eu vn commencement tres-foible, & ne se soit augmenté que dans la suite des temps. Mais comme la Peinture est assurément fort

H

ancienne, il est difficile de bien connoistre son origine. Pour moy je ne doute pas qu'elle ne soit née avec la Sculpture, & que le mesme esprit qui enseigna aux hommes à former des Images de terre ou de bois, ne leur apprit aussi en mesme-temps à tracer des Figures sur la terre ou contre les murailles.

Si on vouloit adjoûter foy à quelques Ecrivains, on pourroit croire qu'Enos fils de Seth, fut le premier qui forma des Images pour porter les Peuples à adorer vne Divinité; Mais parce qu'il n'y a guere d'apparence de s'arrester à cette opinion, je vous diray seulement, qu'aprés le Deluge Promethée fils de Iaphet, fut le premier qui inventa la maniere de faire des Images de terre cuite: Et comme il estoit homme de grand esprit, il fut en vne merveilleuse estime parmy les Peuples d'Arcadie, où par sa conduite il apprit à ces Barbares à vivre civilement; & par l'excellence de son esprit fit valoir son Art, qui commença peu à peu à se répandre dans le monde, ce qui a donné lieu aux Fables des Poëtes.

S. Aug. lib. 18. de Civit. c. 8.

Cependant, interrompit Pymandre, l'on a observé que Nynus a esté le premier qui a mis les Statuës en vogue. Car aprés avoir celebré les funerailles de Belus son pere, que

ET SVR LES OVVRAGES DES PEINTRES. 59
les Assyriens nommerent Saturne, & qui fut le premier Roy de Babylone, il en fit tailler vne Image afin d'adoucir par cette representation, la douleur qu'il ressentoit de sa mort.

Alors me souvenant de ce que j'ay leu autrefois de la magnificence de Babylone: Ce ne fut pas seulement en Sculpture, luy dis-je, que les Babyloniens furent les premiers à faire de grands Ouvrages, puisque Semiramis ayant fait rebastir leur ville, il y avoit vne muraille de deux lieuës & demie de tour, dont les briques avoient esté peintes avant que d'estre cuites, & representoient diverses sortes d'animaux. Mais cette sorte de peinture, me dit alors Pymandre, n'estoit-elle point semblable à ce qu'on appelle Email, & de mesme que celuy dont l'on fait encore à present plusieurs Ouvrages? Quand cela seroit, repliquay-je, s'ils avoient ce secret là, il ne faut pas douter qu'ils n'eussent aussi celuy de peindre toute autre chose: Et ce que l'Auteur de cette Histoire rapporte dans la suite de son discours nous le peut faire connoistre. Car il dit qu'il y avoit vne autre muraille où l'on voyoit plusieurs Figures de toutes sortes d'animaux peints & colorez selon le naturel, & qu'il y avoit mesme des Tableaux qui representoient des chasses

Diod. Sic. li. 2. c. 4.

& des combats. Cependant, il ne dit point que ces divers Tableaux fuſſent ny faits de brique ny émaillez. De ſorte qu'ils pouvoient bien auſſi eſtre peints à fraiſque; Et c'eſt par là, ce me ſemble, qu'on peut juger que l'invention de la Peinture eſt tres-ancienne; mais je ne vous puis pas dire qui en a eſté l'Auteur: Ie croy meſme qu'il ſeroit aſſez inutile d'en vouloir faire la recherche, puiſque nous voyons que tous les Anciens qui en ont écrit ſont de differente opinion. Neanmoins, repartit Pymandre, les Egyptiens qui ont des premiers poſſedé les Arts & les Sciences, diſent que la Peinture eſtoit chez eux pluſieurs ſiecles avant qu'elle fuſt connuë des Grecs. Oüy, luy repliquay-je, mais les Grecs qui n'ont jamais manqué de s'attribuer autant qu'ils ont pû la gloire des Sciences & des Arts, écrivent auſſi que ce fut à Scicyone ou à Corinthe, que la Peinture commença de paroiſtre. Mais à vous dire vray, les vns & les autres s'accordent ſi peu touchant celuy qui en fut l'Inventeur, que l'on ne ſçauroit qu'en croire: Seulement ils conviennent tous que le premier qui s'aviſa de deſſeigner, fit ſon coup d'eſſay contre vne muraille en traçant l'ombre d'vn homme que la lumiere faiſoit pa-

ET SVR LES OVVRAGES DES PEINTRES. 61

roiſtre. Et pour donner plus de beauté à cette hiſtoire, il y en a qui ont écrit que l'Amour qui en effet eſt le grand maiſtre des Inventions, fut celuy qui trouva celle-cy, & qui apprit à vne jeune fille le ſecret de deſſeigner en luy faiſant marquer l'ombre du viſage de ſon Amant, afin d'avoir vne copie des traits de la perſonne qu'elle cheriſſoit. Cependant nous ignorons le nom de celuy qui reduiſit cette Invention en Pratique, & en fit vn Art qui eſt depuis devenu ſi noble & ſi excellent. Les vns veulent que ç'ait eſté vn Philocles d'Egypte; les autres vn certain Cleante de Corinthe, & d'autres qu'Ardice Corinthien & Thelephanes de Chiarenia au Peloponeſe, ayent commencé à deſſeigner ſans couleurs & avec du charbon ſeulement; & que le premier qui ſe ſervit d'vne couleur pour peindre, ait eſté vn Cleophante de Corinthe, qui pour cela fut ſurnommé MONOCROMATOS. Ce fut donc ce Cleophante, interrompit Pymandre, qui apporta auſſi la Peinture en Italie, lors qu'il y vint avec le pere du premier Tarquin, pour éviter la perſecution de Cipſelle Roy de Corinthe? La Peinture, luy repliquay-je, eſt encore plus ancienne que cela en Italie, & ce ne peut eſtre ce Cleophante dont vous parlez qui

H iij

l'y ait apportée, quoy qu'à la verité, il se trouve quelques Historiens qui ont eu la mesme pensée; mais ils avoüent, neanmoins, que dés ce temps-là il y avoit dans la ville d'Ardée prés de Rome des Tableaux peints contre les murailles d'vn Temple qui estoient faits long-temps devant que Rome fust bastie, & dont les couleurs s'estoient pourtant si bien maintenuës qu'ils sembloient fraischement achevez; & que dans Lavinie, avant la fondation de Rome, il y avoit aussi deux Tableaux, qui representoient, l'vn Athalante, & l'autre Helene; Et ainsi vous pouvez juger que ce Cleophante qui alla avec Demeratus, n'estoit point celuy qui trouva l'invention des Couleurs, & qu'il faudroit mesme, si cela estoit, que les Latins eussent eu la Peinture chez eux long-temps devant que les Grecs en eussent eu connoissance. Mais parce que dans la recherche d'vne chose dont la memoire a esté obscurcie par tant d'années, & dont les Ecrivains sont si differens dans leurs opinions, il est bien difficile d'en découvrir la verité; il faut se contenter de sçavoir seulement les choses qui sont les plus connuës & qui passent pour veritables.

Ie ne vous parleray donc point de HYGIENONTE'S, de DINIAS, ny de CHARMAS,

ET SVR LES OVVRAGES DES PEINTRES. 63
qu'on dit encore avoir esté des premiers à portraire d'vne seule couleur. Ie ne vous diray rien non plus de cet EVMARVS d'Athenes, qui peignit les hommes & les femmes d'vne differente maniere, ny de son Disciple CIMON Cleonien, qui trouva les raccourcissemens dans les corps, & qui commença à les poser en diverses attitudes & postures ; Car auparavant luy les Figures n'avoient nulle action, & il fut le premier qui representa les jointures des membres, les veines du corps, & qui contrefit les differens plis des Draperies

Mais je vous diray qu'on tient pour certain que dés le temps de Romulus, Candaule surnommé Myrsilus Roy de Lydie, & le dernier de la race des Heraclides, achepta au poids de l'or vn Tableau de la façon du Peintre BVLARCHVS ; où estoit representé la Bataille des Magnesiens : Cependant par le prix de ce Tableau qui estoit tres-considerable, & par l'estime qu'il a euë, il y a bien apparence que cet Art estoit déja fort avancé. BVLARCHVS. *Romulus mourut en la 2. année de la 16. Olymp. l'an du monde 3269. & devant la naiss. de I.C. 715.

PANOEVS frere de Phidias, parut avec estime en la 83. Olympiade. Il peignit cette fameuse journée de Marathon, où les Atheniens défirent en bataille rangée toute l'armée des Perses ; & quoy que tous les Chefs de part & PANOEVS. *L'an du monde 3535. & devant I.C. 449.

d'autre y fuſſent fort bien repreſentez, neanmoins, POLYGNOTVS Thaſien, venant en ſuite fut le premier qui mit l'expreſſion dans les viſages, & qui donnant je ne ſçay quoy de plus libre & de plus gay à ſes Figures, quitta tout-à-fait l'ancienne façon de peindre, dont la maniere eſtoit barbare & peſante. Il prit plaiſir principalement à repreſenter les femmes, & ayant trouvé le ſecret des Couleurs vives, il les veſtit d'habits éclatans & agreables; fit leurs coeffures differentes & les enrichit de nouvelles parures.

<small>POLYGNOTVS.</small>

Cette belle maniere éleva beaucoup l'Art de la Peinture, & donna vne grande reputation à Polygnotus, qui aprés avoir fait pluſieurs Ouvrages à Delphes, & ſous vn Portique d'Athenes, dont il ne voulut recevoir aucun payement, fut honoré par le Conſeil des Amphictions du remerciement ſolennel de toute la Grece, qui pour témoignage de ſa reconnoiſſance luy ordonna aux dépens du public des logemens dans toutes ſes villes.

Au meſme-temps que Polygnotus travailloit à ce Portique, il y avoit vn certain MYCON qui peignoit auſſi dans ce meſme lieu, & qui, moins genereux que luy, prit de l'argent de ſes Ouvrages dont il ne receut pas auſſi tant d'honneur.   Environ

<small>MYCON.</small>

ET SVR LES OVVRAGES DES PEINTRES.

Environ la 90.* Olympiade parurent A-GLAOPHON, CEPHISSODORVS, PHRILVS, & EVENOR Pere & Maiſtre de Parrhaſius dont nous dirons quelque choſe en ſuite : Tous ces Peintres furent veritablement excellens en leur Art, mais je ne m'y arreſteray pas pour parler D'APPOLLODORE Athenien, qui vivoit avec grande eſtime dans la * 93. Olympiade.

AGLAAPHON.
* L'an du m. 3563. devant I. C. 421.

APPOLLODORE
* L'an du m. 3576. devant I. C. 409.

Ce fut cet Appollodore qui commença d'obſerver la beauté de tous les corps pour la repreſenter dans ſes Tableaux, parce qu'avant luy les autres Peintres ſe contentoient de bien reüſſir dans la reſſemblance, ſans faire choix des belles parties.

Il fit auſſi paroiſtre dans ſon travail vne maniere, qui pour eſtre differente des autres n'en fut pas moins agreable : Car il donna tant de beauté & tant de grace à ſon coloris, qu'il ſurpaſſa tous ceux qui l'avoient precedé.

ZEVXIS* vint en ſuite qui tira vn grand ſecours des Ouvrages d'Appollodore, & voyant comme ſa belle maniere de peindre eſtoit bien receüe de tout le monde, pouſſé d'vne genereuſe émulation, il ſe reſolut de ne laiſſer pas la Peinture au poinct où il la trouvoit, mais d'y adjoûter encore de nouveaux charmes : En

ZEVXIS.
* En la 95. Olymp. l'an du monde 3583. devant I. C. 401.

I

ZEVXIS. effet il se perfectionna de telle sorte dans cet Art, & devint si excellent Coloriste, qu'Appollodore admirant ses Ouvrages, confessa qu'il ne se pouvoit rien faire de mieux.

Cet Appollodore, interrompit Pymandre, n'estoit-il point celuy qui pour marque de l'estime qu'il faisoit de Zeuxis par dessus les autres Peintres, composa des Vers, où il se plaignoit que l'Art de la Peinture luy avoit esté dérobé, & que Zeuxis en estoit le ravisseur ?

C'est le mesme, poursuivis-je, & pour vous dire quelque chose des plus beaux Ouvrages de Zeuxis, on estime particulierement vne Atalante, dont il fit present aux Agrigentins en Sicile ; Vn Dieu Pan qu'il donna au Roy Archelaüs; & cette admirable Figure qu'il peignit pour ceux de Crotone, en laquelle il fit paroistre ce qu'il y avoit de plus parfait dans les plus belles Filles de la Grece. Neanmoins le Tableau où il representa vn Athlete, fut celuy de tous qu'il estima davantage, & qui passa dans son esprit pour son Chef-d'œuvre. Car croyant ne pouvoir rien faire de mieux, il osa bien le proposer comme vn défy aux plus excellens Peintres de son temps en écrivant au bas, Qu'il s'en trouveroit sans doute plusieurs qui y porteroient envie, mais qu'il ne s'en trou-

ET SVR LES OVVRAGES DES PEINTRES. 67
veroit point qui puſt l'égaler.

Lors qu'il fut devenu fort riche, il ne travailla plus que pour la gloire ; & eſtimant ſes Tableaux ſans prix, il les donnoit liberalement aux Princes, & aux villes qui avoient le plus d'admiration pour ſes Ouvrages.

Il eut neanmoins pour concurrent Parrhaſius qui le vainquit dans vne gageure qu'ils avoient faite à qui repreſenteroit le mieux la verité de quelque choſe; Et cetteHiſtoire eſt ſi celebre que chacun ſçait que Zeuxis ayant expoſé en public vn Tableau, où il avoit ſi bien peint des raiſins que les Oiſeaux venoient pour les bequeter, Pharrhaſius en fit apporter vn autre où eſtoit vn rideau ſi artiſtement fait, que Zeuxis y fut trompé le premier : Car le voulant tirer pour voir l'Ouvrage qu'il croyoit eſtre caché au deſſous, il receut la honte de s'eſtre mépris, & avoüa que Parrhaſius l'avoit vaincu.

Ie penſe, dit alors Pymandre, que ces Meſſieurs les Hiſtoriens nous en font accroire ; Car ou les Oiſeaux de ce temps-là avoient les ſens beaucoup moins ſubtils que ceux d'apreſent, ou bien ceux d'aujourd'huy ont bien plus de jugement pour ne ſe méprendre pas, puiſque nous ne voyons point qu'il y en ait qui

ZEVXIS. s'arreſtent non ſeulement à des fruits peints ſur vne toile, mais meſme à ceux qui ſont de relief, & qui ont la forme & la couleur des fruits naturels.

Si vous croyez, repartis-je, en riant, que les Oiſeaux d'à cette heure ayent plus de diſcernement que ceux du temps dont je parle; il faut donc croire auſſi que les hommes d'alors avoient la veuë moins délicate que ceux d'apreſent, puiſque Zeuxis luy-meſme tout habile qu'il eſtoit ſe trompa au Tableau de Parrhaſius; mais eſtant difficile de donner ſon jugement ſur les Ouvrages de ces Anciens Peintres, puis qu'il ne nous en reſte rien que nous puiſſions confronter avec les Modernes, je penſe qu'il nous eſt libre d'en avoir telle opinion que bon nous ſemble. Neanmoins comme l'on voit encore aujourd'huy certaines Peintures qui trompent les yeux des hommes & le ſentiment des beſtes, je ne croy pas que l'on doive douter que celles de ces Anciens ne fiſſent vn ſemblable effet, puiſque meſme il y a des Tableaux fort mediocres en bonté, qui ſe trouvent propres à tromper la veuë de ceux qui les voyent, plûtoſt que ne feroient d'autres Ouvrages plus excellens.

Or pour reprendre mon diſcours je vous

diray que comme l'on a trouvé avec le temps ZEVXIS.
beaucoup de choses qui manquoient aux Arts,
l'on y a aussi corrigé plusieurs defauts. Car si
l'on demeuroit dans la seule imitation, dit
Quintilien, & qu'il ne fust pas permis d'adjoûter aux choses déja commencées, la Peinture
seroit encore dans ce premier estat, où elle n'a-
voit simplement que le dessein & les contours.

 Ce PARRHASIVS dont je viens de parler PARRHASIVS.
augmenta beaucoup cet Art. Il fut le premier
qui observa la Symetrie, & qui fit paroistre de
la vie, du mouvement, & de l'action dans ses
Figures ; Il trouva le moyen de bien representer les cheveux : & Pline remarque qu'il estoit
celuy de tous les Peintres de son temps qui
avoit le mieux sceu arrondir les corps, & fait
fuïr les extrémitez pour faire paroistre le relief.

 DEMON Athenien fut encore sçavant en DEMON.
cet Art & s'étudia à donner de l'expression aux
visages. Il fit plusieurs Tableaux, & entre autres il y en avoit vn à Rome qui representoit le
grand Prestre de Cybelle, dont l'Empereur
Tibere faisoit grand cas, & qu'il avoit ache-
té soixante Sesterces ; Mais la vanité insuppor- Environ 1000.
table de ce Peintre diminuoit beaucoup de l'e- écus de nostre
stime qu'on avoit de luy ; car semblable à plu- monnoye.
sieurs de ces Ouvriers d'aujourd'huy il se loüoit

sans cesse luy-mesme, & ne pouvoit souffrir qu'on ne le preferast pas à tous les autres. Il estoit toûjours vestu d'vne maniere particuliere, & pour estre encore plus respecté il se disoit estre de la race d'Apollon, faisant croire qu'il avoit souvent communication avec Hercule qui luy apparoissoit en dormant, & que le Tableau qu'il en avoit fait estoit tout semblable au naturel. Cependant ayant fait vn Tableau d'Ajax Thimante le surpassa par vn autre Ouvrage qu'il fit; & dans la colere qu'il en eut, il dit avec sa vanité ordinaire que son plus grand déplaisir étoit de voir que son Ajax fust surmonté par vn homme indigne de remporter cette gloire.

Mais ce n'estoit pas le sentiment de tous ceux de ce temps-là ; Ils eurent beaucoup moins d'estime pour luy que pour THIMANTE: Car ce dernier estoit vn homme d'esprit & de jugement, qui faisoit tous ses Ouvrages avec Art & avec Science.

Le Tableau qu'il fit d'vn Cyclope & celuy du sacrifice d'Iphigenie, ont esté si celebres & si loüez par les meilleures plumes de l'Antiquité, qu'il n'y a personne qui sur le rapport des Historiens n'en conçoive vne estime tres-particuliere.

En ce mesme temps vivoit EVXENIDAS qui fut Maistre D'ARISTIDE, & EVPOMPE de qui Pamphile fut Disciple. *EVXENIDAS. & EVPOMPE.*

Ce PAMPHILE estoit natif de Macedoine, & fut celuy qui joignit à l'art de la Peinture l'estude des belles Lettres. Il en tira vn si grand secours qu'il acquit vne reputation extraordinaire. *PAMPHILE.*

Entre tant de belles Sciences qu'il possedoit, il sçavoit parfaitement les Mathematiques; & les croyoit si necessaires pour la Peinture, qu'il disoit souvent qu'vn Peintre qui les ignore ne peut estre parfaitement sçavant dans sa profession.

Mais remarquez, s'il vous plaist, que le merite des personnes honore les Arts & les Sciences, de mesme que les Sciences & les Arts rendent recommandables les personnes qui les possedent. Car lors qu'vn homme n'excelle pas seulement en son Art, mais qu'il a encore d'autres belles qualitez, il se fait vn rejalissement de son merite sur l'Art dont il fait profession qui donne de la noblesse à ses Ouvrages. C'est pourquoy comme Pamphile n'estoit pas vn homme du commun; qu'il avoit l'esprit éclairé de plusieurs Sciences & de belles Notions qui le faisoient rechercher de tout le monde, il donna vn si haut éclat à l'Art de la Peinture; que mesme les personnes de condition desirerent de s'instruire dans vne Science où ils trouvoient tant de beautez & de charmes.

Il ne refusa pas son assistance à ceux qui voulurent apprendre de luy ; Mais afin que cet Art ne tombast pas dans le mépris qu'on fait d'ordinaire des choses qui sont fort communes, il obtint par son credit qu'il n'y auroit que les enfans des Nobles qui s'exerceroient à la Peinture, & qu'on défendroit aux esclaves de s'en mesler ; ce qui fut fait par vn Edit public, premierement à Sicyone, & en suite par toute la Grece.

Il eut pour Disciples MELANTHIVS & APPELLE, qui mit la Peinture à vn si haut poinct que depuis luy il ne s'est trouvé personne qui ait pû atteindre à la perfection où il arriva. Ie ne m'arresteray point à vous parler du premier, ni de * deux autres qui estoient assez en vogue en la 107. Olympiade, je vous diray seulement que le fameux * Appelle vint depuis, & qu'il a excellé de telle sorte dans la Peinture que sa reputation en sera immortelle.

Le lieu de sa naissance fut dans l'Isle de Coos, & je ne doute pas qu'il ne tirast son origine d'vne maison noble, puis qu'il avoit esté instruit

PAMPHILE.

MELANTHIVS. APPELLE.

* Echion & Therimachus.
* Il commença de paroistre en la 112. Olymp. l'an du monde 3652. devant I. C. 332.

struit par Pamphile qui ne recevoit pour dif- Appelle.
ciples que des personnes de cette condition,
dont il prenoit pour les instruire des sommes
presque incroyables. Veritablement Appelle
n'eut pas sujet de plaindre ni son argent ni son
temps ; Son naturel estoit si beau, que ne se
contentant pas de pratiquer les instructions
d'vn si sçavant Maistre, son ambition le porta
jusqu'à surmonter tous ceux de son temps, &
il y travailla de telle sorte qu'il parut entre eux
comme vn miracle.

 Ie ne sçay si je vous dois parler davantage
de cet homme merveilleux, puisque sa reputation
est si grande qu'il seroit inutile de vous
en entretenir plus long-temps.

 Tout ce que vous rapporterez, dit Pymandre, me sera toûjours non seulement tres-vtile, mais encore fort agreable, quand mesme j'en aurois déja connoissance; C'est pourquoy ne me cachez rien je vous prie de ce que vous sçavez de ces grands hommes, si vous ne voulez diminuer le plaisir que je reçois en vous en entendant discourir.

 Ie vous diray donc puisque vous le voulez, continuay-je, que les Ouvrages d'Appelle n'estoient pas simplement accomplis dans ces belles parties de l'Ordre, du Des-

K

APPELLE. sein & du Coloris. Car outre qu'il estoit abondant en Inventions, sçavant dans la Proportion & dans les Contours, charmant & precieux dans le Coloris, il avoit encore cela par-dessus les autres Peintres, qu'il donnoit vne beauté extraordinaire à ses Figures ; & par vn bon-heur tout particulier, il fut le premier, & presque le seul qui receut du Ciel cette Science toute divine, qui sçait comme inspirer la grace & donner ce je ne sçay quoy de libre, de vif, de rare, ou pour mieux dire, de celeste, qui ne se peut enseigner, & que les paroles mesme ne sont pas capables de bien exprimer.

Il me souvient, interrompit Pymandre, que ce Peintre est vn de ceux qui a laissé le plus d'Ouvrages aprés sa mort ; Car du temps de Pline il y avoit encore à Rome plusieurs Tableaux de sa main que l'on avoit en grande estime ; & j'ay remarqué que l'on faisoit particulierement estat d'vne Venus sortant de la mer nommée à cause de cela ANADYOMENE, que l'Empereur Auguste dédia dans le Temple de son pere, & je pense aussi que ce fut à la gloire de ce Tableau qu'Ovide fit ces deux Vers.

Si Venerem Coïs numquam pinxisset Apelles,
Mersa sub aquoreis illa lateret aquis.

Ce n'eſt pas de ce Tableau-là, repliquay-je, APPELLE. dont Ovide entend parler, mais c'eſt d'vne autre Venus qu'Appelle avoit commencée pour les habitans de Coos, qui, à ce qu'on dit, ſurpaſſoit de beaucoup la premiere, tant dans la force du deſſein; que dans la beauté du Coloris; Mais la mort de cet homme incomparable fut cauſe que cet Ouvrage demeura imparfait, qui neanmoins ſe trouva ſi excellent que nul ne fut jamais aſſez hardy pour entreprendre d'achever ce qui en reſtoit à faire.

Entre les Tableaux dont Rome faiſoit le plus de monſtre dans ſes lieux publics & dans ſes Temples, aprés s'eſtre enrichie des dépoüilles des autres Nations, ceux d'Appelle tenoient toûjours le premier rang : Et vous aurez peuteſtre remarqué comme l'Empereur Auguſte avoit vne eſtime toute particuliere pour deux Tableaux que ce Peintre avoit faits. Dans l'vn il avoit repreſenté Caſtor & Pollux, l'Image d'vne Victoire & le portrait d'Alexandre; Et dans l'autre il avoit peint ce grand Monarque comme triomphant du Dieu de la Guerre, qui ayant les mains liées derriere le dos ſuivoit le char de ſon Triomphe. Il me ſouvient d'avoir leu en quelque endroit que l'Empereur Claude fit effacer de ce Tableau le viſa-

K ij

ge d'Alexandre pour y mettre celuy d'Auguste. On voyoit encore dans le Temple d'Antoine vne Image d'Hercule de la main de ce grand Homme, mais le portrait qu'il fit d'Alexandre tenant vn foudre à la main, & qui fut mis dans le Temple de Diane à Epheze, passoit pour vne merveille de l'Art. Ce ne fut pas le seul portrait qu'il fit de ce Conquerant, qui prenoit souvent plaisir à se faire peindre par luy, sans permettre a nul autre de l'entreprendre, & se divertissoit mesme quelquefois à le regarder travailler, & à l'entendre parler, parce que sa conversation n'avoit pas moins de charmes que ses Ouvrages.

Ie serois trop long si je voulois vous rapporter tout ce qu'on a écrit d'Appelle ; Ie vous diray seulement qu'encore que cet excellent homme tinst le premier rang entre tous ceux de sa profession, il ne laissoit pas d'avoüer sincerement qu'Amphion le surpassoit dans l'Ordonnance, comme Asclepiodore dans les Proportions ; Il rechercha mesme la connoissance de Protogene, dont il estima tant les Ouvrages, qu'il les rendit recommandables aux Rhodiens, qui avant cela ne les consideroient pas.

Ce PROTOGENE estoit natif d'vne ville de la Cilicye nommée Caunus, & sujette aux

Rhodiens : Il vécut au commencement fort ^(PROTOGENE.) pauvrement, parce que son desir d'apprendre luy faisoit employer tout son temps à étudier, ne travaillant pas comme plusieurs autres à faire promtement des Tableaux pour en tirer de l'argent. On ne sçait qui fut son Maistre, mais il avoit plus de cinquante-cinq ans lors qu'il commença d'estre en reputation, encore ne peignoit il alors que des navires seulement. Le plus estimé de tous ses Ouvrages fut vn * Ialysus, lequel a esté long-temps conservé à Rome dans le Temple de la Paix. On écrit que pendant qu'il travailloit à ce Tableau il ne vivoit que de lupins trempez, de crainte que les vapeurs que les autres viandes envoyent d'ordinaire au cerveau, ne diminuassent la force de son esprit & n'offusquassent cette belle Imagination qui le faisoit reüssir si heureusement. Ce fut ce Tableau qui surprit si fort Appelle, qu'il confessa que c'estoit la plus belle chose du monde; Il dit neanmoins pour se consoler, qu'il y manquoit encore cette Grace, que luy seul sçavoit donner si parfaitement à ses Ouvrages. Protogene pour conserver la durée de ce Tableau le couvrit de quatre couches de Couleurs, afin que le temps en effaçant vne, il s'en trouvast vne autre qui fust toute fraische.

* Fils de Cercaphus & fameux chasseur qui fit bâtir vne Ville dans l'Isle de Rhodes à laquelle il donna son [nom]. *Strab. lib. 14.*

PROTOGENE.

Ie pense qu'il n'est pas besoin que je m'arreste à vous décrire ce Tableau : Ie vous diray seulement qu'entre autres choses on y voyoit vn chien à la perfection duquel l'Art & la Fortune avoient également contribué. Car Protogene estant en colere de ne pouvoir assez bien representer à son gré l'écume qui sort de la gueule des chiens lors qu'ils sont fort échauffez, il jetta par dépit son pinceau contre son Ouvrage; & vit alors qu'en vn moment le hazard avoit produit tout ce que son Art n'avoit pû faire en beaucoup de temps.

Ie croyois, interrompit Pymandre, avoir oüy dire que cet accident estoit arrivé en peignant vn cheval. Il est vray aussi, répondis-je, que Protogene n'a pas esté le seul qui a receu de la Fortune vn secours si favorable. Car la mesme chose arriva au Peintre Neacles, lors qu'il vouloit, comme vous le dites, representer l'écume d'vn cheval. Mais pour achever ce que j'ay à vous dire de Protogene, ce Tableau de Ialysus dont j'ay parlé fut le salut de toute la ville de Rhodes lors que Demetrius l'assigea. Car ne pouvant estre prise que du costé où estoit la maison de Protogene, ce Roy aima mieux lever le siege que d'y mettre le feu & de perdre vn Ouvrage si admirable.

ET SVR LES OVVRAGES DES PEINTRES. 79

Et ayant fceu que mefme pendant le fiege, Pro- PROTOGENE.
togene fe tenoit dans vne petite maifon qu'il
avoit hors de la ville, où nonobftant le bruit
des armes, des tambours & des trompettes il
travailloit avec vn efprit tranquille, il le fit venir, & luy demanda s'il ofoit bien demeurer
ainfi à la campagne, & fe croire en feureté au
milieu des ennemis des Rhodiens. A quoy il
luy repartit qu'il ne croyoit pas eftre en aucun
peril, parce qu'il fçavoit bien qu'vn grand
Prince comme Demetrius ne faifoit la guerre
qu'à ceux de Rhodes & non pas aux Arts. Ce
qui plût fi fort à ce Conquerant que depuis il
n'eut pas moins d'eftime pour fa perfonne que
pour fes Ouvrages.

Vne marque de la tranquillité toute extraordinaire de l'efprit de Protogene, eft qu'en ce
temps-là, & au milieu des troubles de cette
guerre, il fit ce fameux Tableau d'vn Satyre
joüant d'vn Flageolet & appuyé contre vne
colomne ; ce qui fut caufe qu'on le nomma C'eft à dire,
ANAPAVOMENOS ; l'on dit qu'il avoit repre- le Satyre fe
fenté fur la colomne vne Caille fi bien faite, repofant.
qu'on vit plufieurs de ces Oifeaux voltiger à
l'entour d'elle.

Alors regardant Pymandre qui foûrioit, Ie
croy bien, luy dis-je, que vous n'adjoufterez

PROTOGENE. pas plus de foy à cette Histoire qu'à celle des Ouvrages de Zeuxis & de Parrhasius; mais comme je n'ay pas entrepris de vous persuader, il me suffit de vous divertir par le recit de plusieurs choses extraordinaires, où vostre esprit est entierement libre de prendre tel party que bon luy semble.

Vous sçaurez donc que Protogene fit encore plusieurs autres Tableaux fort estimez, & qu'outre la Peinture qu'il sçavoit si parfaitement, il travailla aussi à des Figures de Bronze.

ARISTIDE. En ce mesme temps vint ARISTIDE; Il estoit de Thebes, & quoy que veritablement son Coloris ne fust pas si agreable, & qu'il travaillast d'vne maniere vn peu seiche, il avoit neanmoins d'autres parties qui luy ont donné rang entre les plus grands Personnages.

Pymandre m'interrompant, dit, Il me semble que vous oubliez, à parler de cet Asclepiodore, dont vous m'avez dit qu'Appelle faisoit tant de cas. C'est, repliquay-je, que je ne suis pas encore arrivé à luy. Car je tâche autant qu'il m'est possible de garder vn ordre dans les choses que j'ay à vous dire de ces anciens Peintres. Que si vous jugez que les observations que je fais ne soient pas tout-à-fait à propos, ou qu'elles soient trop longues, prenez-vous-
en

ET SVR LES OVVRAGES DES PEINTRES. 81
en à vous-mesme, qui dés le commencement ARISTIDE.
m'avez engagé à remarquer le temps auquel
ces grands Hommes ont paru. En verité, répondit Pymandre, cette remarque particuliere m'est fort agreable, aussi je ne m'en plains
pas, au contraire je la trouve tres-necessaire
au dessein que j'ay d'apprendre de vous selon
la suite des années de quelle sorte la Peinture
est venuë à sa derniere perfection; Et je n'ay
eu autre pensée en vous interrompant, que de
vous avertir d'vne chose que j'avois peur qui
se fust eschapée de vostre memoire.

Afin donc, repartis-je, de suivre l'ordre que
j'ay tenu jusqu'à cette heure, vous sçaurez que
cet Aristide a passé pour estre le premier qui a
representé le plus parfaitement sur les visages
toutes les passions de l'ame.

Entre ses Tableaux, celuy où il representa
la prise par force d'vne ville, luy acquit vne
gloire merveilleuse à cause des belles expressions qu'il y mit. Il peignit aussi la guerre d'A-
lexandre contre les Perses, & cet Ouvrage
estoit composé de cent Figures. L'on vit encore de luy quantité d'autres Tableaux tres-
excellens, dont plusieurs ont esté long-temps
dans Rome. Enfin il fut si parfait dans son Art,
& ses pieces furent mises à vn si haut prix, que

L

le Roy Attale paya cent talents d'vn de ces Tableaux.

ASCLEPIODO-RE.
Quant à ASCLEPIODORE, ses Ouvrages furent fort recherchez à cause de la belle proportion qu'il sçavoit parfaitement donner à ses Figures, & l'estime qu'Appelle en faisoit les rendoit encore plus considerables. Il fit douze Portraits des Dieux, dont Mnason Roy d'Elate luy donna trois cens mines d'argent pour chacun.

THEOMNESTVS,
THEOMNESTVS qui vivoit en ce mesme temps eut vn don particulier à bien faire les Portraits; & ce mesme Roy d'Elate qui estoit curieux de toutes sortes de Tableaux, payoit cent mines d'argent de tous ceux qu'il rencontroit de sa façon.

NICOMAQVE estoit fils & disciple d'ARISTO-DENVS.
NICOMAQVE eut aussi la reputation d'être tres-sçavant, & fut recommandable pour la grande vîtesse avec laquelle il travailloit. Car il peignoit d'vne maniere si promte, qu'ayant entrepris vn Tombeau qu'Aristratus Prince de Scicyonne, faisoit orner de peintures pour le Poëte Thelestus, il le finit en fort peu de temps, & d'vne maniere tres-excellente.

ARISTIDE, &c.
Il eut pour disciples son frere ARISTIDE, son fils ARISTOCLE, & PHILOXENE, qui peignit pour le Roy Cassandre la Bataille

ET SVR LES OVVRAGES DES PEINTRES. 83
où Alexandre défit Darius ; Ce dernier imita
son Maistre dans cette promte maniere de
travailler.

L'on peut encore mettre au rang de ceux-là NICOPHANE qui ne peignit pas seulement avec grace & avec politesse, mais encore avec force. Il avoit l'esprit promt & vif, & prenoit plaisir à representer les choses antiques pour n'en pas laisser perir la memoire ; En effet soit qu'il copiast tout ce qu'il y trouvoit de beau, ou que de luy-mesme il inventast les choses qu'il mettoit au jour, on luy attribuë ce que la Peinture a eu de majestueux & de grand. *Nicophane.*

PERSEE disciple d'Appelle fut doüé d'vn naturel admirable, d'vne excellente doctrine, & d'vne singuliere industrie ; Il écrivit vn Traité de son Art qu'il dédia à son Maistre. *Persee.*

Aristide le Thebain eut aussi pour disciples NICEROS & ARISTIPPE & ce dernier fut le Maistre d'ANTHORIDE & d'EVPHRANOR, cet homme excellent qui ne fut pas seulement Peintre, mais qui sceut aussi travailler de Sculpture, & forma des figures de marbre, de bronze & d'argent. Il a esté recommandable pour avoir esté l'vn des premiers qui a sceu donner aux Heros cette majesté qui doit paroistre dans leur port, aussi bien que dans leur *Niceros, Aristippe, Anthoride, & Evphranor.*

L ij

visage; & ce fut luy qui considera la beauté des proportions, & qui en dressa des regles. On trouvoit pourtant à dire à ses Figures, de ce qu'elles avoient le corps trop menu, les jointures & les doigts vn peu trop gros.

J'oubliois à vous parler de PAVSIAS de Scicyone disciple de Pamphile ; Il fut le premier qui commença à peindre les Lambris & les Voutes des Palais ; ce qui jusques alors n'étoit point encore en vsage. N'estoit-ce pas ce Peintre, interrompit Pymandre, qui eut tant d'amour pour la bouquetiere Glicere ? luy-mesme, répondis-je, & il representa dans sa passion cette fille composant vne guirlande de fleurs. Ce Tableau fut tellement estimé, que Luculle en acheta la seule copie deux talens dans Athenes.

NICIAS Athenien qui vint depuis, fut encore en grande reputation ; Il peignit les femmes en perfection, & entendit fort bien l'arondissement des Figures pour faire paroistre le relief. Il fit vn Tableau tres-excellent, où il avoit representé l'Enfer de la mesme sorte qu'Homere l'a décrit. Il en refusa soixante talens, aimant mieux le donner à sa patrie que de le vendre.

Il y eut aussi ATHENION Maronite disciple

de Glaucion Corinthien, lequel ne fut pas moins estimé que Pausias. Car bien que son Coloris fust plus sec & moins agreable, il avoit toutefois beaucoup de science, & ne manquoit pas d'approbateurs. On croit que s'il eust vescu plus long-temps il auroit tenu rang entre les plus excellens Peintres, parce qu'il travailloit avec grand soin, & ne laissoit rien eschaper de toutes les belles connoissances qu'il pouvoit acquerir, ayant vne industrie particuliere à s'en servir avec grace. <small>ATHENION.</small>

Quoy que je tasche d'abreger le discours de ces grands Peintres de crainte de vous estre enfin trop ennuyeux, neanmoins je ne sçaurois finir sans vous parler d'vn certain CLESIDES, qui semble s'estre rendu immortel, autant par sa haute temerité & par les marques d'vn ressentiment trop hardy, que par la perfection de ses Ouvrages. Car n'ayant pas esté receu de la Reine Stratonice femme d'Anthiocus, avec tous les témoignages d'estime qu'il croyoit de meriter, il fit vn Tableau où il representa cette Princesse d'vne maniere fort offensante pour elle. Et l'ayant exposé publiquement sur le port, il se sauva dans vn Vaisseau prest à faire voile, assez content d'avoir par ce moyen satisfait à sa vengeance. <small>CLESIDES.</small>

CLESIDES.	Il est donc, interrompit Pymandre, aussi dangereux d'estre mal avec les Peintres qu'avec les Poëtes ; Car Platon assure que Minos Roy de Candie estoit vn tres-bon Prince, qui n'a esté maltraité par les Poëtes, que parce qu'il avoit méprisé leur amitié.

Il ne faut pas que vous en doutiez, repartis-je, puisque vous sçavez bien de quelle sorte Michel-Ange peignit dans son jugement vn Prelat Maistre des ceremonies du Pape duquel il avoit esté offensé.

Mais pour revenir à Clesides, la Reine ne se mit pas fort en peine du mauvais traitement qu'elle en avoit receu : Car quoy que son Tableau fust injurieux à sa reputation, elle s'y trouva si belle & si bien peinte, & l'Ouvrage luy parut si accomply, qu'elle aima mieux qu'il demeurast exposé aux yeux de tous, & laisser ainsi subsister les marques de l'affront qui luy estoit fait, que de brusler vne Peinture si parfaite.

C'est, dit Pymandre en sousriant, que la pluspart des femmes aiment si fort à paroistre belles qu'elles pardonnent volontiers toutes les autres injures pourveu qu'on les flate en cela; Et je m'asseure que de l'humeur dont estoit cet-Reine, le Peintre l'auroit d'avantage offensée

ET SVR LES OVVRAGES DES PEINTRES. 87

en la peignant laide qu'en la peignant de la ma- <small>CLESIDES.</small>
niere qu'il fit.

Du temps de Iules Cesar, poursuivis-je, il y
eut à Rome vn THIMOMACHVS de Bizance <small>THIMOMA-</small>
qui fit plusieurs Tableaux pour cet Empereur, <small>CHVS.</small>
& entre autres vn Ajax & vne Medée, dont il
luy fit payer quatre-vingt talens.

Vn autre Peintre nommé LVDIVS fut en <small>LVDIVS.</small>
grand credit sous Auguste ; Il excelloit principalement en grandes imaginations, & ce fut
luy qui le premier commença de peindre dans
les ruës de Rome contre les murailles y fei-
gnant de l'Architecture & toutes sortes de
paysages.

Ie ne m'areste pas à vous déduire par le menu vne infinité d'autres Peintres qui ont esté
en estime, & qui ont eu assez de merite pour
laisser leur nom à la posterité. Entre ceux-là
plusieurs ont fait de grands Ouvrages ; & plusieurs aussi se sont arrestez à travailler en petit.
PIRRICHVS est l'vn de ceux qui a esté le <small>PIRRICHVS.</small>
plus fameux, quoy qu'il ne s'arrestast qu'à fai-
re de petites choses & à traiter des sujets fort
mediocres ; comme à representer des herba-
ges, des animaux, des boutiques d'artisans, &
autres sortes de sujets qui n'ont aucune noblef- <small>C'est à dire</small>
se ; aussi à cause de cela il fut surnommé RHY- <small>Peintre de choses bas-</small>
PAROGRAPHOS, <small>ses & communes.</small>

PIRRICHVS. C'est assez, ce me semble, d'avoir remarqué les principaux & les plus excellens Maistres de l'Antiquité pour connoistre le commencement & le progrés qu'a eu la Peinture.

Il est certain que quand les Arts ont cessé parmy les Grecs, ils ont commencé à déchoir d'Italie ; Et depuis ce Ludius qui parut sous Auguste, & quelques-vns qui ont peint du temps de Neron, nous ne sçavons plus qui furent ceux qui peignoient dans Rome; mesme je croy que les memoires en ont esté perdus aussi bien que les Tableaux de ce temps-là, puis qu'il ne reste plus rien de toute l'Antiquité, si ce n'est des morceaux à fraisque qu'on a tirez de la ville Adriane, le peu qui se voit à S. Gregoire, ce qui est encore dans les ruïnes des termes de Tite, & cette frise representant vn mariage laquelle est dans la Vigne Aldobrandine.

Neanmoins par ce peu-là qui est demeuré dans Rome jusques à cette heure, on peut juger de l'excellence de la Peinture ancienne : Car l'on reconnoist principalement dans cette frise vne mesme Idée de beauté que celle qui se voit dans les Statuës antiques. Mais comme les guerres & les desastres qui sont arrivez dans l'Italie ont causé la perte d'vne infinité de belles

ET SVR LES OVVRAGES DES PEINTRES.
les choses, il semble aussi que les Arts ont esté comme accablez sous les ruïnes de la Monarchie Romaine jusques au temps de CIMABVE' qui le premier commença de rétablir la Peinture qui s'est ensuite perfectionnée au poinct où nous la voyons, par le soin & le travail de tant d'excellens hommes qui sont venus depuis & desquels nous pourrons dire vne autre fois quelque chose.

Voilà quel fut l'entretien que nous eusmes ce jour-là Pymandre & moy; aprés quoy nous sortismes & nous nous separasmes.

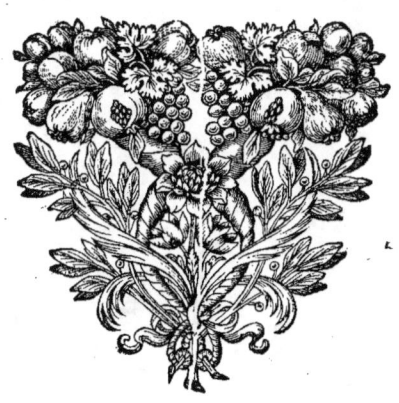

ENTRETIENS
SVR LES VIES
ET
SVR LES OVVRAGES
DES PLVS EXCELLENS PEINTRES
ANCIENS ET MODERNES.

SECOND ENTRETIEN.

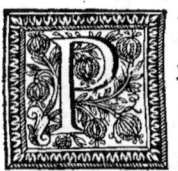YMANDRE qui dans noſtre derniere converſation avoit écouté avec plaiſir ce que j'avois rapporté de l'origine & du progrés de la Peinture, deſirant de ſçavoir encore comment cet Art s'eſtoit renouvellé & quels Peintres avoient eu part à ſon reſtabliſſement, ne manqua pas dés le lendemain de venir me voir.

Il me trouva comme je conſiderois les deſſeins de quelques ouvrages qu'on doit faire pour le Roy ; & aprés en avoir obſervé toutes les beautez : Sçavez-vous, me dit-il, que j'ay de la peine à ne pas croire qu'il ne soit de la Peinture ainsi que de toutes les autres choses pour lesquelles on a toûjours vne haute estime dans les temps où elles sont en credit ? Car lors que je regarde tant de rares Tableaux que l'on fait aujourd'huy, & que je pense encore à ceux que nous avons veus autrefois à Rome, je ne puis m'imaginer que les Appelles & les Protogenes en ayent fait de plus excellens que ceux-là.

Quand nous n'aurions pas, luy repartis-je, le témoignage des plus sçavans Historiens de l'antiquité, vous sçavez bien que par les statuës qui sont demeurées entieres jusqu'à present, nous pouvons juger du merite des Peintres de ce temps-là qui assurément n'estoient pas moins habiles que les Sculpteurs, puisque les vns & les autres prenoient tant de peine à se rendre sçavans. Car si Zeuxis apporta vn si grand soin à bien observer dans les filles de la Grece les mieux faites, ce qu'elles avoient de plus parfait & de plus agreable pour representer cette fameuse image d'Helene ; Il ne faut pas douter que les autres Peintres qui estoient alors en grande reputation ne travaillassent de mesme à rendre leurs ouvrages accomplis.

Mais nous pouvons dire que des Peintres modernes il n'y en a guere qui se rendent aussi considerables que ces Anciens, parce qu'il y en a peu qui s'adonnent comme ils devroient à l'étude d'vn art qui demande vne si forte application.

Cependant, dit Pymandre, si l'honneur qu'on rend à la Vertu & l'estime qu'on fait des plus excellens hommes, est le vray moyen de porter les Arts à leur perfection; il semble que ce siecle doit produire plusieurs ouvrages admirables, puisque tous les sçavans hommes sont honorez aujourd'huy de la faveur & de la protection du plus grand Roy du monde.

Ce n'est pas assez, repartis-je, que les Rois & leurs Ministres reconnoissent par leurs liberalitez & par leurs faveurs le merite des personnes de sçavoir, il faut que ceux qui se veulent rendre recommandables n'ayent d'ambition que pour l'honneur. Car il est certain que quand les ouvriers ne sont pas portez au travail par ce noble motif, ils ne tardent guere à perdre l'estime qu'on avoit pour eux.

Du temps que la seule Vertu faisoit le plaisir des Grecs & des Romains, les beaux Arts florissoient parmy eux, & il y avoit vn agreable debat entre les gens les plus doctes à qui produiroit quelque chose de nouveau, afin qu'il ne demeurast rien de caché & pour avoir la gloire de mettre au jour tout ce que nous devions posseder aprés eux. Si l'on prend pour exemple ceux qui ont excellé dans la Sculpture, on trouvera que cette haute ambition a esté cause que Lysippe est mort de pauvreté, parce qu'au lieu d'avoir soin d'acquerir mesme dequoy vivre, il estoit incessamment occupé à l'étude de son Art, & que Myron qui animoit presque les Statuës qu'il jettoit si heureusement en bronze, laissa si peu de biens qu'il ne se presenta point d'heritiers pour recueillir sa succession.

Des ouvriers, dit Pymandre, les vns travaillent pour l'honneur & les autres pour le gain; mais comme la reputation de ceux qui ne sont connus que par les richesses qu'ils amassent est vne reputation dont les fondemens n'ont rien de solide, nous la voyons bien-tost abatuë; Les ouvrages mesme par lesquels ils ont pretendu se faire considerer sont les premiers qui déposent contre eux, & s'ils passent pour de grands personnages dans l'esprit des ignorans, ils sont reconnus pour tres-ignorans parmy les personnes sçavantes.

C'est pourquoy, repliquay-je, on ne peut avoir trop d'estime pour ceux qui ne cherchent qu'vne veritable gloire. Et si non seulement les

ET SVR LES OVVRAGES DES PEINTRES. 95
Republiques les mieux policées, mais aussi les Princes les plus puissans ont ennobli la Peinture, ils se sont aussi immortalisez eux-mesmes par son moyen & en ont tiré de tres-grands secours.

Car l'vtilité qu'on en reçoit est elle pas reciproque entre l'ouvrier & celuy qui le fait travailler? L'esprit de l'homme demeureroit enseveli dans de profondes tenebres, & ne surmonteroit jamais toutes les difficultez qui s'opposent à ses recherches, si la force de cet Art ne retiroit du tombeau les choses passées, n'autorisoit les nouvelles, ne rétablissoit ce qui n'est plus en vsage, ne donnoit de la grace aux choses desagreables, ne mettoit en lumiere ce qui est dans l'obscurité, & enfin l'on peut dire que la pluspart des Arts se perdroient si celuy-cy ne contribuoit à leur conservation.

Sur cela pour témoigner davantage les prerogatives de la Peinture nous remarquasmes qu'elle est mesme capable de remedier dans la formation des corps animez aux defauts qu'ils pourroient recevoir de la Nature. Nous nous souvinsmes de ce que l'Ecriture rapporte des brebis de Iacob; de ce qu'Opian a écrit de ceux qui nourrissent des pigeons, &, ce qui est plus considerable, de ce que S. Augustin & plusieurs autres nous ont appris d'vn Roy de Chypre, lequel estant fort laid de visage & craignant d'avoir vn enfant qui luy ressemblast, fit peindre dans la chambre de sa femme vne figure parfaitement belle, afin qu'en la voyant souvent son imagination peust corriger sur vn si beau modelle ce que la nature auroit pû ébaucher de difforme dans l'enfant dont elle estoit enceinte.

Pymandre relevoit encore le merite de la Peinture par cette merveilleuse puissance qu'elle a de nous mettre devant les yeux vne image veritable des personnes que nous cherissons, & de les representer si parfaitement, qu'il nous semble, quoy qu'éloignez d'elles, les avoir comme presentes & joüir de leur compagnie.

Ces diverses reflexions servirent à nous entretenir agreablement. Car demeurant d'accord que la Peinture estoit née pour tenir lieu d'vne chose reelle, & qu'elle s'estoit mise en estime par l'avantage qu'elle a dé si bien representer les personnes absentes; Ie dis à Pymandre qu'elle avoit pourtant acquis sa principale reputation de ce qu'on n'a point trouvé de plus beau moyen pour recompenser les vertus des grands hommes & pour rendre leur nom immortel, qu'en laissant leur image à la posterité. Ceux d'Athenes, luy dis-je, ne dresserent vne

Statuë

Statuë à Esope qui estoit vn simple serviteur, qu'afin d'apprendre à toutes sortes de personnes que le chemin de la gloire leur est ouvert, & que l'on ne rend pas honneur ny à la Noblesse ny à la naissance illustre des hommes extraordinaires, mais à leur vertu & à leur merite. Car ce ne fut pas pour avoir seulement le portrait de cet Esclave, qui estant tres-laid de visage & tres-contrefait de corps n'estoit pas vn sujet qui meritast d'estre regardé.

Pymandre en m'interrompant repartit à cela, qu'en élevant par des Tableaux & des Statuës des monumens à la memoire des grands personnages, l'on exposoit aussi leurs Images aux yeux de tout le monde qui est bien aise de les voir quand mesme ils seroient difformes. Ainsi Alexandre, me dit-il, ayant fait dresser des Statuës à ces vaillans hommes qui perirent dans son armée au passage du Granique, laissoit à leurs enfans la ressemblance de leurs peres en mesme-temps qu'il recompensoit si glorieusement le service de ses soldats. De mesme que les Romains qui ne trouvant rien de plus avantageux à la memoire des grands hommes, que de mettre leurs Statuës dans les places publiques, accordoient aussi cette faveur à ceux qui avoient fidelement servy leur pays. Les femmes pouvoient aussi avoir part à cette gloire, puisque pour décerner des honneurs particuliers à la vertu de Clelie, on luy dressa vne Statuë où elle estoit representée sur vn cheval. Et cela se faisoit-il à autre dessein que pour satisfaire au desir qu'on a ordinairement de connoistre les personnes qui se sont signalées par leurs belles actions?

Mais quel que soit le sujet qui ait rendu la Peinture si illustre; je croy que l'ordre qui s'observoit anciennement parmy les Ouvriers estoit vne des causes pourquoy il y en avoit de si excellens dans cet Art. Car tous les Egyptiens, à ce qu'on remarque, ne devenoient sçavans dans toutes sortes de professions, que parce qu'ils avoient vne loy qui ne permettoit pas à ceux qui vne fois avoient fait choix d'vn employ d'en embrasser plusieurs à la fois, ny de tenir aucuns offices dans l'Estat, de crainte qu'vn desir ambitieux d'entrer dans la magistrature, ou l'occupation des affaires publiques ne les détournast de leur travail ordinaire.

Il est assez difficile en effet, luy dis-je, qu'vn mesme homme puisse executer parfaitement plusieurs choses de differente nature. Mais à mon avis ce n'a pas esté vne mauvaise conduite dans les Arts qui a fait perdre aux Grecs & aux Romains l'avantage qu'ils avoient autrefois dans ceux de Sculpture & de Peinture.

Ie sçay bien, repliqua Pymandre, que les guerres & les desordres en sont la premiere cause. Ie croirois mesme que quand nostre Religion s'est établie, elle a commencé de renverser les Statuës en détruisant le culte des faux Dieux. Et ainsi cet Art dont le plus grand honneur parmy les Payens estoit de bien faire vn Iupiter tonnant, ou vn Appollon environné de lumiere, est venu à se perdre quand il n'a plus esté occupé à representer ces fausses Divinitez. Car comme toute la Religion payennne consistoit dans la veneration des Idoles, les Sculpteurs prenoient vn soin particulier de les bien tailler, & ce n'estoit pas vn employ peu considerable que celuy de faire des Dieux que tant de peuples adoroient.

Il peut bien estre vray, repartis-je, que le travail d'vn si grand nombre d'Idoles a esté cause en partie de ce que la Sculpture s'est si fort perfectionnée. Mais je pense aussi que s'il en faut attribuer le relaschement & la perte à quelque chose, c'est à l'oisiveté & à l'ignorance dont les derniers siecles ont esté corrompus, plûtost qu'à la pieté des Chrestiens, qui en abolissant le culte des faux Dieux, n'ont point touché à vne infinité de rares Ouvrages ny condamné vn Art si noble & si excellent.

Ie ne nieray pas que quand l'Eglise se vit délivrée de la tyrannie des Princes payens, le zele des Chrestiens ne leur fist aussi-tost renverser tous les Idoles & abattre plusieurs Statuës qui remplissoient les Temples & ornoient les places publiques. Ce furent eux qui acheverent de ruïner la ville Adriane où il y avoit quantité de Statuës & de Peintures, prenant plaisir à démolir ces lieux qui sembloient conserver encore quelque reste de l'orgueil du paganisme, pour en faire servir le jaspe & le porphyre à vn plus saint vsage. Et comme la veritable pieté mit dans l'esprit des gens de bien d'autres pensées que celles de la curiosité ; on fut assez long-temps à Rome que la haine qu'on portoit aux Idoles empeschoit qu'on eust tant d'amour pour vn Art qui avoit esté en si grande estime.

De sorte qu'on peut dire que nous avons presque veu la Peinture & la Sculpture se relever comme d'vne espece de létargie où elles avoient demeuré vn si long-temps, puisqu'elles n'ont commencé à paroistre avec cet air majestueux qu'elles avoient eu autrefois, que quand Michel Ange, Raphael, & les autres grands Peintres de leur temps ont trouvé des Papes & des Rois difposez à cherir & à favoriser les beaux deffeins de ces perfonnes illuftres.

Et certes il eftoit befoin que ces fçavans hommes vinffent au monde pour reftablir auffi parfaitement qu'ils ont fait, des Arts qui n'avoient nulle vigueur & qui ne paroiffoient plus que comme de vains phantofmes. Car bien que depuis les Cimabué & les Giotti, la Peinture euft donné quelques petits fignes de vie & monftré quelques foibles defirs de s'accroiftre, fon abattement neanmoins eftoit fi grand qu'elle n'avoit pas befoin pour fe fortifier, comme elle a fait, d'vn moindre fecours que celuy qu'elle a receu de ces deux hommes celebres, j'entens Raphael & Michel Ange.

Quand à Michel Ange, repliqua Pymandre, on dit que dans l'Architecture & dans la Sculpture qu'il a fi parfaitement pratiquées, il tiroit quelques fecours du refte de ces baftimens antiques, & de tant de Statuës que le temps n'a pas entierement ruïnées. Mais pour Raphael je croy qu'on ne doit qu'à l'excellence de fon genie la beauté & la perfection de fes peintures, puifque de fon temps l'on ne voyoit plus rien de peint qui fuft ny auffi beau ny aussi parfait que ce qu'il nous a laissé.

Il n'a regardé, luy dis-je, les ouvrages de ces Maistres que pour les surpasser; & poussé d'vne genereuse ambition il n'a voulu estre disciple que de la belle nature & de ces grandes Idées dont son imagination estoit remplie, & que Platon dit estre le plus parfait original des belles choses.

L'on asseure pourtant, interrompit Pymandre, qu'il n'a pas méprisé les Ouvrages des Anciens Sculpteurs; qu'il a imité sans scrupule cette grandeur & cette majesté des Antiques, & mesme qu'il s'est servy hardiment de tout ce qu'il a trouvé de beau dans les bas reliefs.

Il est vray, repartis-je, qu'il a fait vne étude toute particuliere de ce que les Anciens nous ont laissé de plus excellent, & il a tellement compris leurs pensées & est entré si avant dans leur esprit, qu'on peut dire en comparant ses Peintres à leurs Statuës, qu'il a formé des Images vivantes sur le modelle des choses mortes.

Leonard de Vinci qui vint vn peu devant luy, est vn de ceux de qui les belles inclinations & le soin qu'il prit à les cultiver, ont monstré par les divers Ouvrages qu'il a laissez, combien l'Art de la Peinture est excellent; mais aussi combien cette excellence est difficile à acquerir; quel travail on doit y employer; & mesme comme quoy cet Art en embrasse plusieurs autres qui sont necessaires à sa perfection. ~~Car~~ c'est vne perte pour le public d'estre privé des remarques qu'il en avoit faites, puisque par les fragmens qui nous restent l'on voit bien que s'il eust mis luy-mesme au jour ce qu'il avoit écrit de la Peinture, il nous auroit communiqué beaucoup de bonnes choses.

Cependant je ne desespere pas que nous ne voyions vn jour ces beaux Arts dans vn degré aussi haut qu'ils ont esté sous les Grecs & sous les Romains. Car si ces belles Statuës antiques qu'on possede encore aujourd'huy, sont l'étude de plus de huit ou neuf cens ans, & le fruit de la meditation d'vne longue suite de tant d'excellens Maistres, peut-on pas croire qu'avec le temps on arrivera encore à cette mesme perfection?

Bien qu'il y eust vne infinité de sçavans Ouvriers en Grece & en Italie, tous neanmoins n'ont pas esté aussi excellens que les Phidias & les Praxitelles. Parmy ce grand nombre de Statuës qui nous restent, l'on auroit peine d'en trouver cinquante d'vne beauté égale à la Venus de Medicis, au Laocoon & à l'Hercule de

Farnese. Ce sont les chefs-d'œuvres de plusieurs siecles & le dernier effort du sçavoir de tous ces grands Maistres. Aussi je pourrois vous monstrer que les Ouvriers de ces temps-là, non seulement n'estoient pas également sçavans, mais que plusieurs, mesme des plus sçavans, n'avoient pas de leur Art vne connoissance vniverselle. Car chacun d'eux en étudioit vne partie à laquelle il s'adonnoit entierement, & l'on voit par leurs ouvrages que s'ils finissoient parfaitement vne figure & la rendoient admirable, ils abandonnoient les autres choses dans lesquelles on peut remarquer beaucoup d'ignorance ou du moins vne negligence tres-vicieuse.

Il n'y a rien de plus beau que la Venus de Medicis, cependant y a-t-il quelque rapport entre cette figure & l'Amour & le Dauphin qui sont à ses pieds? La Statuë de Commode est vn travail recommandable parmy tous les Maistres de l'Art, l'enfant neanmoins qui est sur son bras ne paroist que le travail d'vn apprentif; dira-t-on que cet enfant n'ait pas esté taillé par la mesme main qui a fait la Statuë de l'Empereur, & que ces excellens ouvriers se contentant de finir la principale figure abandonnoient le reste à leurs éleves. C'est en effet ce qu'on
peut

ET SVR LES OVVRAGES DES PEINTRES. 105
peut dire de plus raisonnable pour leur défense ; mais pourtant cela ne les justifie pas assez, puis que dans les plus beaux bas reliefs Antiques, nous y voyons aussi des defauts de jugement, & des manquemens tout-à-fait contre l'Optique. Il y a des bâtimens qui ne peuvent contenir la moitié d'vn homme ; des figures éloignées qui sont plus grandes que celles qui sont sur le devant, & d'autres choses que je ne m'arreste pas à rapporter, mais qui prouvent assez qu'assurément il y en avoit beaucoup que ces Anciens Sculpteurs ignoroient ; car il n'est pas croyable que les sçachant ils les eussent commises, ou qu'ils eussent pû souffrir qu'vn autre les eust faites dans leurs propres Ouvrages.

Aussi est-il certain qu'ils étudioient particulierement à bien faire vne figure ; qu'ils en ont representé toutes les parties avec vne force & vne beauté merveilleuse ; qu'ils ont exprimé les mouvemens du corps & les passions de l'ame d'vne maniere presque inimitable. Mais sçavez-vous comment ils s'y sont rendus si sçavans ? C'est qu'alors il y avoit vn nombre infini d'esclaves qui la plupart du temps estoient tout nuds. Et comme ils les avoient continuellement devant les yeux, ils observoient toutes leurs actions; & remarquant ce qui est de plus beau dans les membres du corps & dans leurs differens mouvemens ils s'en formoient de fortes idées. Ainsi étudiant à toute heure aprés le naturel, ils ont eu cet avantage de pouvoir se perfectionner dans cet Art avec bien plus de facilité qu'on ne peut faire à present. C'est pourquoy l'on peut mesme douter si les Sculpteurs ne surpassoient pas les Peintres dans l'excellence de leur travail; Et l'on pourroit croire aussi que si d'vn côté les Peintres d'alors sçavoient si bien representer le nud des figures, peut-estre que d'ailleurs ils ignoroient d'autres choses que Raphaël à mieux possedées. Mais cependant il est certain qu'ils ont fait des Ouvrages admirables, & si nous les égalons en quelques-vns, il y en a eu de tres-considerables, où je croy qu'ils nous ont surpassé de beaucoup.

Ayant cessé de parler, Si vous voulez, me dit Pymandre, nous pouvons maintenant nous entretenir des Peintres Modernes avec encore plus de plaisir & plus d'vtilité que des Anciens, puisque nous avons les Tableaux de ceux-là pour témoins de leur merite, & que des autres nous n'en pouvons parler que par conjecture. Si vous le jugez donc à propos, vous reprendrez voſtre diſcours où vous le quittâtes, obſervant toûjours le temps & la ſuite de ceux qui ont vêcu juſques à maintenant.

Ie témoignay à Pymandre que j'eſtois diſpoſé à faire tout ce qu'il voudroit ; & nous eſtant aſſis, je luy parlay de la ſorte.

Ie croy vous avoir dit qu'on ne ſçait point quels Peintres travaillerent en Italie, depuis le regne d'Auguſte, ny quels Ouvrages on y a faits ; ſoit que dés-lors la Peinture euſt commencé a déchoir, ou bien que tant de changemens arrivez dans l'Europe, en ayent fait perdre la connoiſſance. Il eſt bien vray que quand les Conſtantins & les Theodoſes ont pris la protection de l'Egliſe, auſſi-bien que le gouvernement de l'Empire, on a fait quelques Ouvrages de Sculpture & de Peinture pour l'ornement des Temples. Mais dans ce qui reſte de ces Ouvrages il n'y a rien de conſiderable que les marques de la pieté de ces Princes.

Auſſi depuis la décadence de l'Empire Romain, l'Italie a eſté dans des troubles & des agitations ſi grandes, que le miſerable eſtat où elle s'eſt veuë tant de fois réduite, ne donnoit pas le temps à ces beaux Arts qui ſont des fruits de la paix, de croiſtre, & de venir à maturité. Combien s'est-il écoulé de siecles pendant que Rome ne voyoit que guerres & que desastres ; & que les peuples les plus barbares venoient de toutes les parties du monde faire de cruelles invasions sur ses terres, renverser les riches monumens de son ancienne grandeur, & mettre tout à feu & à sang ? Quand ces armées si nombreuses de Gots & Vandales eurent comme vn torrent ravagé tout ce païs-là, il y demeura encore vne semence de division, qui de tous ses voisins luy firent autant d'ennemis.

Lors que la Peinture commença de renaistre, l'Italie estoit encore dans ces calamitez ; Car en l'an 1239. ceux de Milan & plusieurs Villes de la Toscane & de la Poüille s'étant soûlevées à la suscitation du Pape Gregoire IX. contre l'Empereur Federic II. sous vn specieux pretexte de liberté, & mesme des Evesques luy manquant de foy, & s'estant emparez de quelques Villes de l'Empire ; Federic irrité contre eux, mit en peu de temps sur mer & sur terre deux grandes armées. Il donna le commandement de celle de mer à son fils Laurens qu'il avoit declaré Roy de Sardaigne, & avec celle de terre, il entra luy-mesme dans l'Italie. Le Milanois sentit les premiers effets de sa colere, il désola toute la campagne, & son armée grossissant de jour à autre, par le secours de plusieurs Seigneurs voisins qui estoient jaloux de la puissance du Pape, il ruïna toutes les Villes qui luy voulurent resister.

Gregoire voyant les affaires de l'Empereur reüssir si avantageusement se servit des censures Ecclesiastiques. Il l'excommunia pour la troisiéme fois, & le bannit de l'Italie comme vn Heretique. Mais parce qu'il vit bien que ces sortes d'armes n'estoient pas seules capables d'empescher ses progrés, il eut recours aux Venitiens, & pour obtenir leur assistance & les engager à prendre ses interests, il leur representoit les avantages qu'ils retireroient de la victoire qui leur estoit assurée, en les faisant souvenir de celle qu'ils avoient autrefois remportée sur l'Empereur Federic Barberousse. Le Pape tâcha d'attirer encore à son parti le Roy * de France ; mais Federic de son costé employoit toutes choses pour l'en divertir. * S. Loüis.

Cette guerre entre le Pape & l'Empereur causa tant de maux dans l'Italie, que plusieurs Villes en furent entierement ruïnées ; & celles qui éviterent le fer ou la flâme, demeurerent remplies de tant de divisions, & d'inimitiez, que les habitans avoient tous les jours les armes à la main pour s'égorger les vns les autres.

Ce fut alors que prirent naissance ces deux horribles factions des Guelfes & des Gibelins, qui pendant plus de 260. années ont causé de si grands maux à l'Italie. Ces deux noms odieux & la source de tant de malheurs furent inventez, à ce que dit Platine, dans la ville de Pistoye où estoient deux freres Allemans, l'vn nommé Guelfe & l'autre Gibel, chefs des deux partis. Il y en a qui disent que ce fut l'Empereur qui appella en Allemand ceux de son parti Gibelins, parce qu'il s'appuyoit sur eux, de mesme que les chevrons d'vne maison s'appuyent sur le feste qui les retient par le haut : car Giobel en Allemand, que l'on prononce Gibel, veut dire le feste ou le sommet d'vn édifice. Et ceux qui secouroient le Pape, il les nomma Guelfes qui signifie loups. D'autres asseurent que ce furent seulement des noms que l'Empereur renouvella, & qui avoient esté en vsage en Italie, lors que Roger Roy de Sicile appella à son secours Guelfon Duc de Baviere, pendant qu'il estoit en guerre avec l'Empereur Conrard III. du nom. Car ce Guelfon ayant envoyé des troupes Allemandes pour fortifier le parti de Roger & du Pape, on les nomma Guelfes, & les gens de l'Empereur furent appellez Gibellins, à cause que Henry son fils qui commandoit l'armée se faisoit nommer Gibelin, en memoire d'vne ville ainsi appellée où il avoit pris naissance.

Quoy qu'il en soit, on vit par ces deux noms differens les villes & les campagnes pleines de sang & couvertes de morts & de fugitifs. Les Florentins chasserent de leurs murailles les Nobles qui favorisoient la faction Gibelline. Ceux d'Arezzo & de Sienne firent pareillement sortir de chez eux tous les Guelfes; & à leur exemple les principales villes d'Italie se declarerent la guerre. L'Vmbrie, la Toscane & Viterbe s'estant soustraites de l'obeïssance du saint Siege pour suivre les passions de l'Empereur; ceux de Rome estoient prests de les imiter si le Pape qui les larmes aux yeux porta processionnellement les reliques des Apostres S. Pierre & S. Paul, n'eust émeu le peuple à compassion, & par le discours qu'il leur fit dans l'Eglise de S. Pierre ne les eust entierement persuadez de changer de dessein & de prendre les armes pour la défense de l'Epouse de IESVS-CHRIST; de sorte que Federic s'estant presenté devant Rome ils le repousserent genereusement.

Voilà l'estat où estoit l'Italie au commencement de l'année 1240. quand CIMABVE' vint au monde, lequel estant né pour restablir la Peinture que les desordres & les guerres en avoient bannie, prit cependant naissance dans le temps des plus grands desordres dont l'Italie ait esté jamais affligée.

CIMABVE'.

Comme c'est le premier de tous les Peintres qui a remis au jour vn Art si illustre, c'est avec raison qu'on peut le nommer le Maistre de tous ceux qui ont paru depuis ce temps-là. Il estoit d'vne noble famille de Florence ; Ses parens croyant qu'il avoit vn naturel propre pour les sciences, le mirent d'abord sous des maistres, pour en apprendre les premiers rudimens.

Mais il fit bien-tost paroistre que son esprit estoit moins porté à l'étude des lettres qu'à la recherche des Arts. L'on connut son inclination pour celuy de la Peinture par les griffonnemens dont il remplissoit tous les jours ses livres ; Et comme il avançoit en âge & qu'insensiblement il trouvoit plus de facilité à desseigner, il s'y appliquoit aussi davantage & déroboit les heures de ses leçons pour voir travailler certains Peintres grossiers & ignorans, que ceux qui gouvernoient dans Florence avoient fait venir de Grece & qui peignoient la chapelle

pelle de l'illuftre famille de Gondi, qui eft dans CIMABVE.
l'Eglife de *fancta Maria novella*.

Pymandre m'interrompant, Eft-ce, me dit-il, qu'il y avoit encore dans la Grece des fucceffeurs de ces grands Peintres dont vous m'avez parlé? C'eftoit bien en effet, luy repartis-je, les fucceffeurs de ces fameux Peintres Grecs, mais il y avoit entre les derniers & les premiers la mefme difference qui fe trouvoit entre l'état déplorable où eftoit alors ce païs-là, & l'état floriffant où il avoit efté du temps des Zeuxis & des Appelles. C'eft à dire que ces derniers Peintres dont je parle, n'eftoient que les miferables reftes de ces grands hommes. Cependant comme fi c'euft efté vne fatalité à l'Italie de ne pouvoir poffeder la Peinture que par le moyen des Grecs, ce furent eux qui l'y apporterent pour la feconde fois, & qui dés l'an 1013. firent à Florence & en plufieurs autres lieux des Ouvrages de Mofaïque & de Peinture. Il eft vray que dans leurs Tableaux il n'y avoit que les premiers traits marquez avec de la couleur : mais quoy que ces Peintures fuffent fort groffieres, on ne laiffoit pas de les admirer, & elles fervirent mefme d'exemples aux Italiens, pour apprendre enfuite à peindre & à travailler de Mofaïque.

P.

CIMABVE.

Mais pour revenir à Cimabué, comme ses parens reconnurent le grand amour qu'il avoit pour la Peinture, ils penserent qu'ils devoient laisser agir son esprit du costé où la nature le portoit, & luy permirent de quitter l'étude des lettres pour apprendre cet Art, qui estant alors encore fort imparfait, receut de luy peu de temps aprés plus de politesse & de perfection. C'est à dire, interrompit Pymandre, vne perfection vn peu plus grande que celle de ces vieilles peintures gottiques qui ne sont considerables que pour leur antiquité. Mais comme alors tout le monde estoit assez ignorant en cet Art, je croy qu'il n'estoit pas difficile à Cimabué de s'y faire admirer.

Ie repartis à cela, quoy qu'il n'ait pas mis la Peinture au point où elle est parvenuë depuis, il a eu la gloire neanmoins de l'avoir comme retirée du tombeau ; & les Ouvrages qu'il fit parurent si admirables en comparaison des autres qu'on voyoit en ce temps-là, qu'ayant peint vne Vierge pour mettre dans l'Eglise de *sancta Maria novella* de Florence, tout le peuple fut prendre ce Tableau chez luy, & avec vne joye extraordinaire le porta en pompe au bruit des trompettes jusqu'au lieu où il devoit estre posé.

C'estoit en ce temps-là que *Charles d'Anjou aprés avoir esté couronné Roy de Sicile & de Ierusalem par le Pape Clement IV. & avoir défait Manfroy à Benevent, alla en Toscane où il favorisoit le parti des Guelfes contre les Gibelins. Et comme il passa à Florence les Magistrats crurent ne le pouvoir mieux regaler que de luy faire voir les Tableaux de Cimabué, particulierement celuy dont je viens de parler, auquel il travailloit alors. Et parce que ce Peintre s'estoit retiré dans vne maison hors de la ville pour estre plus en repos, & que personne n'avoit encore veu cet Ouvrage. Il y eut tant de monde qui suivit le Roy quand il alla voir ce Tableau, que presque tout le peuple sortit de Florence. Ce qui donna occasion aux habitans de ce Faux-bourg qui virent avec joye vne si grande Cour chez eux, de nommer ce lieu là, *Il borgo allegri*. Aprés que Cimabué eut fait vne infinité d'Ouvrages, il mourut âgé de 70. ans.

CIMABVE'.
* Frere de S. Loüis.

En l'an 1300.

Dans ce mesme temps il prit aussi envie à vn ANDRE' TAFFI de Florence, d'apprendre cet Art, mais parce qu'il luy sembla que la Mosaïque duroit davantage que la Peinture, il s'y appliqua entierement, & pour en avoir vne connoissance plus parfaite, il alla à

ANDRE' TAFFI.

ANDRE' TAFFI Venise où vn certain APOLLONIVS Peintre Grec travailloit alors dans l'Eglise de S. Marc. Comme il eut contracté amitié avec luy, il fit si bien par argent, par prieres & par promesses, qu'il le mena à Florence, où il apprit de luy de quelle maniere il faut émailler & recuire toutes ces differentes petites pieces qui servent à faire les Tableaux de Mosaïques, & comment on leur donne les couleurs necessaires à representer les differentes teintes que l'on employe dans cette sorte de travail. Aprés que Taffi eut sceu le secret de cet Art, il s'associa avec Apollonius, & ils firent ensemble dans Rome, dans Florence & dans Pise, plusieurs Ouvrages que tout le monde admiroit, parce qu'alors il n'y avoit point d'ouvriers plus excellens qu'eux.

* En 1294. Taffi mourut * âgé de 81. an.

Cependant il sembloit que ces Peintres inspirassent par leurs exemples à tous les Florentins le desir de peindre: car on en vit tout d'vn coup vne GADDO GADDI. infinité qui s'adonnerent à cet Art. GADDO GADDI fut vn des premiers à imiter Cimabué, MARGVARITONE. parce qu'ils estoient amis ; MARGVARITONE originaire d'Arezzo s'estant rendu des plus considerables, fut employé par le Pape Vrbain IV. à faire quelques Tableaux dans l'Eglise de saint Pierre de Rome. Et lors que Gregoire X. re-

venant de Lion où il avoit tenu vn Concile, MARGVARITONE.
alla à Arezzo & y *mourut. Les Aretins choisi- *L'an 1275.
rent ce Peintre pour faire dans la grande Eglise
le tombeau de ce Pape qui avoit donné trente
mille escus pour achever de la bastir. Marguaritone fit sur ce tombeau la statuë de Gregoire en marbre, & embellit de plusieurs Tableaux la Chapelle où estoit cette sepulture.

Mais celuy de tous les Peintres qui eut le plus Ce Peintre mourut âgé de reputation, aprés la mort de Cimabué, fut de 77. ans.
GIOTTO son disciple, qui n'ajoûta pas peu GIOTTO.
aux enseignemens de son Maistre. Il avoit tiré
sa naissance d'vn bourg éloigné de Florence
d'environ cinq lieuës, & il estoit encore tout
jeune quand Cimabué le prit avec luy. Car
l'ayant rencontré dans la campagne qui gardoit des moutons, & qui en les regardant paistre les desseignoit sur vne brique, il conceut
vne si bonne opinion de l'inclination naturelle
de ce jeune enfant, que l'ayant demandé à son
pere il l'emmena chez luy où il le vit s'avancer tellement dans la Peinture, que non seulement il se rendit en peu de temps égal à son
Maistre, mais il le surpassa de beaucoup. Car
il quitta cette maniere rude que ces nouveaux
Grecs, Cimabué, & les autres Peintres pratiquoient en ce temps-là, & fut le premier qui se

P iij

mit à faire des portraits au naturel, dont l'vsage estoit comme perdu.

Ie ne m'arresteray pas à vous faire vn détail des ouvrages qu'il fit à Florence, à Arezzo & en plusieurs autres lieux : je vous diray seulement qu'ayant acquis vne haute reputation en Italie, le Pape Benoist XI. qui succeda à Boniface VIII. voulant non seulement remedier à tous les maux dont l'Italie estoit alors affligée, & à tous les desordres que l'horrible ambition de son predecesseur y avoit causez; mais desirant encore travailler à l'ornement & à la décoration des Eglises, envoya vn Gentilhomme exprés à Sienne pour s'informer quels Peintres il y avoit en plus grande estime, avec vn ordre particulier d'aller à Florence voir les ouvrages de Giotto, dont la reputation avoit fait naistre au Pape le desir de le faire travailler à S. Pierre. Ce fut alors que ce Gentilhomme estant allé trouver Giotto & luy ayant demandé vn dessein de sa main; Ce Peintre qui estoit d'vn temperament jovial & facetieux, luy fit cet O dont l'on a tant parlé & qui mesme donna lieu à vn Proverbe Italien.

Ie vous prie, me dit alors Pymandre, de m'apprendre l'histoire de cet O, dont je n'ay pû encore sçavoir l'origine.

Ie vous la diray si vous le voulez, repartis-je, mais je doute que vous en soyez bien satisfait, car c'est vne de ces sortes d'histoires qui ne signifient pas grand' chose, & dont cependant des Auteurs font quelquefois grand bruit. Vous sçaurez donc que l'Envoyé du Pape ayant veu à Sienne & à Florence tous les Peintres les plus fameux, s'adressa enfin à Giotto, auquel aprés avoir témoigné l'intention du S. Siege, il luy demanda quelque dessein pour le monstrer au Pape, avec ceux qu'il avoit déja des autres Peintres. Giotto qui estoit extrémement adroit à desseigner se fit donner aussi-tost du papier, & avec vn pinceau, sans le secours d'aucun autre instrument, il traßa vn cercle, & en soûriant le mit entre les mains de ce Gentilhomme. Cet Envoyé croyant qu'il se mocquoit, luy repartit, que ce n'estoit pas ce qu'il demandoit, & qu'il souhaitoit vn autre dessein. Mais Giotto luy repliqua, que celuy-là suffisoit; qu'il l'envoyast hardiment avec ceux des autres Peintres & qu'on en connoistroit bien la difference. Ce que le Gentilhomme fit, voyant qu'il ne pouvoit obtenir davantage.

Or on dit que ce cercle estoit si également tracé & si parfait dans sa figure, qu'il parut vne chose admirable quand on sceut de quelle sor-

GIOTTO. te il avoit esté fait. Et ce fut par là que le Pape & ceux de sa Cour comprirent assez combien Giotto estoit plus habile que tous les autres Peintres dont on luy envoyoit les desseins. Voilà l'histoire de l'O de Giotto, qui donna lieu aussi-tost à ce Proverbe Italien : *Tu se' più tondo che l'O di Giotto,* pour signifier vn homme grossier & vn esprit qui n'est pas fort subtil.

Il semble par là, dit Pimandre, que le principal sçavoir de tous ces anciens Peintres consistast dans la subtilité & la délicatesse de leurs traits. Car ce fut encore par des lignes tres-subtiles & tres-deliées qu'Apelles & Protogenes disputerent à qui l'emporteroit l'vn sur l'autre, & Protogenes ne ceda à Appelles que quand celuy-cy eut coupé avec vne troisiéme ligne plus délicate, les deux qu'ils avoient déja tracées l'vne auprés de l'autre. A vous dire le vray, repartis-je, n'y l'O de Giotto ny ces lignes d'Appelles & de Protogenes ne sont point capables de nous donner vne haute idée de leur grand sçavoir.

Il est vray que nous voyons dans les plus anciens Tableaux que les ouvriers avoient vn soin tout particulier de finir & de marquer les choses fort délicatement, taschant de representer jusqu'aux cheveux & aux moindres
poils

ET SVR LES OVVRAGES DES PEINTRES. 121

GIOTTO.

poils par des traits les plus subtils qu'il leur étoit possible. Et il n'y eut, comme je croy, que cette délicatesse de trait & cette parfaite rondeur que Giotto décrivit sans l'aide d'aucun instrument, qui fut cause qu'on admira cet O.

Ce fut donc ensuite de cela que le Pape le fit aller à Rome, où en peu de temps il acheva plusieurs ouvrages, entre autres ce grand Tableau de Mosaïque qui est à present audessus de la grande porte de l'Eglise de S. Pierre. C'est ce qu'on appelle *la Nave del Giotto*, où l'on voit saint Pierre marchant sur les eaux. Il fit encore quelque autre ouvrage dans l'Eglise de la Minerve : mais comme Benoist XI. ne remplit la Chaire de S. Pierre que pendant huit mois & quelques jours ; & que par sa mort les choses changerent de face dans Rome, cela donna occasion à Giotto d'en sortir & de retourner chez luy.

Cependant il n'y demeura pas long-temps, car aprés la mort de Benoist qui arriva à Perouse* où il s'estoit retiré avec le College des Cardinaux, pour travailler à la pacification des troubles d'Italie & aux bons desseins qu'il avoit pour l'Eglise. Aprés la mort, dis-je, de ce Pape, & aprés encore que le Siege eut vaqué prés d'vn an, Bertrand de Gout Archevesque

* A la fin de May. 1303.

Q

de Bordeaux fut élcu souverain Pontife.

Ayant eu la nouvelle de son élection il se fit appeller Clement V. & partit aussi-tost pour se rendre à Lyon, où il appella tous les Cardinaux pour se faire couronner. Si tost qu'il y fut arrivé il fit son entrée avec beaucoup de magnificence, estant accompagné des Rois de France, d'Angleterre & d'Aragon, & fut couronné publiquement & avec grande solemnité dans l'Eglise de S. Iust. Il est vray que la joye de cette feste fut troublée par vn accident qui causa beaucoup de mal & de desordre. Car côme il y avoit vne extraordinaire affluence de peuple qui estoit accouru de toutes parts, & que chacun montoit sur les toits & sur les murs pour voir passer le Pape, il y eut vne vieille muraille de S. Iust qui tomba & dont plusieurs personnes furent ou écrasées ou blessées. Entre autres Iean Duc de Bretagne y fut tué, le Roy y fut blessé, & le Pape renversé de son cheval & rudement foulé ; de sorte mesme que sa thiare estant tombée il s'en perdit vne escarboucle estimée plus de six mille florins d'or ; Il y eut encore plusieurs personnes de marque étouffées.

Aprés que cette pompe eut esté achevée, Clement créa douze Cardinaux tous François, & à la persuasion de Philippes le Bel qui vouloit bien vivre avec luy; laſſé des differends qu'il GIOTTO. avoit eus avec Boniface, il établit * le Siege *L'an 1306. Apoſtolique dans Avignon, qui enſuite fut la demeure ordinaire des Papes pendant 72. ans.

Or comme toute la Cour Romaine ſe rendit alors dans Avignon, il y eut quantité d'Italiens qui la ſuivirent, les vns attachez aux intereſts de leurs Maiſtres, les autres cherchans à faire leur fortune auprés du Pape & des Cardinaux. Ce fut ce qui donna occaſion à Giotto de quitter ſon pays & d'aller à la Cour de Clement, où il fut parfaitement bien receu.

Il commença auſſi-toſt pluſieurs Tableaux pour le Pape & pour des principaux Seigneurs de ſa ſuite. Il fit leurs portraits, entreprit d'autres ouvrages à Fraiſque qu'il acheva heureuſement & qui luy acquirent beaucoup de reputation parmy le monde.

Aprés avoir demeuré quelques années en Provence, il s'en retourna en ſon païs * chargé *L'an 1316. de biens & d'honneurs, vn peu avant la mort de Clement. Mais il ne s'arreſta pas long-temps chez luy, car il s'en alla à Padouë, de là à Verone, puis paſſant à Ferrare il y rencontra le Dante Poëte fameux, qui eſtoit alors exilé de l'Eſtat de Florence. Comme ils eſtoient tous deux d'vne meſme ville & tous d'eux recom-

Q ij

124 ENTRETIENS SVR LES VIES

GIOTTO. mandables par leur merite, ils s'vnirent d'vne amitié si étroite que le Dante ne pouvant se separer de Giotto, l'obligea d'aller avec luy à Ravenne où il demeura quelque temps. Ensuite il alla à Vrbin, à Arezzo, à Faenza, & dans tous ces lieux il y laissa quelques ouvrages de sa main.

Estant de retour chez luy il apprit avec beaucoup de douleur la mort * de Dante son amy.

* Qui arriva l'an 1321.

A quelque temps de là il travailla pour Castruccio que les Luquois quelques années auparavant * avoient élevé sur le trosne de la principauté de Luques, aprés l'avoir retiré des mains d'Vgucion & de son fils Neri, comme ils vouloient le conduire au supplice. Ensuite de cela Robert Roy de Naples ayant mandé à son fils le Duc de Calabre, qui estoit alors à Florence, de luy envoyer Giotto; ce Peintre partit aussitost pour se rendre à Naples, où il fit dans le Chasteau de l'Oue & dans le Monastere de sainte Claire que Robert avoit fait bastir, plusieurs peintures dont le Roy fort satisfait le recompensa royalement.

* En 1316.

Il sortit de Naples pour aller à Rome, & en passāt à Gaïette il y fit aussi quelques Tableaux: Lors qu'il fut arrivé à Rome il ne s'y arresta pas long-temps, parce que Malateste Seigneur de

Rimini l'emmena avec luy. Enfin après avoir GIOTTO. travaillé à Milan & en plusieurs autres lieux d'Italie, il s'en retourna à Florence où il mourut l'an 1336.

Il fut enterré dans l'Eglise de *sancta Maria del fiore*, où long-temps après la Republique de Florence, pour marque de l'estime qu'elle faisoit de ce Peintre, ordonna par vn decret public que son image fust taillée en marbre & mise sur son tombeau. Ce qui fut executé par les soins de Laurens de Medicis, qui avoit vne affection particuliere pour toutes les personnes vertueuses.

Ie puis dire de plus, que Giotto ayant paru dans vn siecle où la Peinture ne faisoit que de renaistre, & ayant beaucoup contribué luy-mesme à la mettre au jour, il s'acquit vne haute reputation parmy tous les grands Seigneurs & tous les hommes doctes. Et comme le Dante estoit son amy intime, on dit qu'il consultoit quelquefois cet excellent Poëte sur les sujets qu'il vouloit peindre; qu'il recevoit de luy des pensées pour la composition de ses Ouvrages, & que les histoires de l'Apocalypse qu'il fit à Naples, estoient de l'invention de Dante.

Mais il faut que je vous dise comme Petrarque qui vivoit aussi en ce temps-là, parle de

Giotto avec Eloge. *Pour passer*, dit ce Poëte, *des Peintres Anciens aux Modernes, & des Estrangers à ceux de nostre Nation: je vous diray que j'ay connu deux fameux & sçavans Peintres, sçavoir Giotto Florentin, dont la reputation est extraordinaire parmy tous ceux de ce temps, & Simon qui estoit natif de Sienne.* Et dans son Testament il y a vn article où il dit: *Et parce que M. Padoüan n'a pas besoin de biens, & que je n'ay rien de plus digne de luy estre presenté que mon Tableau de la Vierge, qui est de la main du celebre Giotto, & qui m'a esté envoyé de Florence par mon amy Michel Vanis, je luy donne cet Ouvrage dont les ignorans ne connoissent pas toutes les beautez, mais dont l'artifice étonne & surprend les Sçavans.*

Veritablement, dit Pymandre, voilà des témoignages tres-autentiques de l'estime qu'on avoit alors de Giotto, & qui luy sont d'autant plus avantageux, qu'estant donnez par vn des plus polis écrivains de ce temps-là, ils survivront ses Peintures & rendront son nom immortel, beaucoup mieux que tous les Ouvrages qu'il a faits.

Ie ne m'arresteray pas, repris-je, à vous faire vn portrait exact de ce Peintre, dont l'esprit vif & l'humeur enjoüée a paru en mille

ET SVR LES OVVRAGES DES PEINTRES. 127
rencontres par les bons mots & les promtes re- GIOTTO.
parties que l'on a écrites de luy. Car je craindrois de vous eftre ennuyeux par le recit de plufieurs chofes qui n'auroient pas en noftre langue toute la grace & l'agréement qu'elles ont dans la langue Italienne. Si je voulois mefme vous divertir par les hiftoires qu'on rapporte de quelques Peintres de ce temps-là, je n'aurois qu'à vous parler de BVONAMICO BVFFALMACCO Florentin, & grand amy de ce Bruno & de ce Calendrin, dont le Bocace a fait de fi plaifans contes.

Ce BVFFALMACCO eftoit difciple d'André BVFFALMACCO Taffi. Comme il travailloit à Pife dans l'Abbaye de S. Paul, Bruno qui peignoit auffi dans le mefme lieu, ne pouvant donner à fes figures ny vn coloris affez vif ny vne expreffion affez forte, confulta là deffus Buffalmacco pour en tirer quelque fecours : mais celuy-cy qui naturellement étoit enclin à faire quelque bon tour, fe fouvenant d'avoir veu des figures peintes par Cimabué, de la bouche defquelles fortoient des rouleaux où il y avoit des paroles écrites. Aprés avoir enfeigné à Bruno la maniere de donner plus de beauté à fon coloris, il luy confeilla pour donner auffi vne plus forte expreffion à fes figures, & faire qu'elles femblaffent

GIOTTO. parler les vnes aux autres, de faire sortir de leur bouche de ces sortes de rouleaux. Et comme Bruno travailloit alors à vne sainte Vrsule, il representa vne femme à genoux, & par le moyen de ces écriteaux on voyoit les demandes & les réponses que ces deux figures se faisoient l'vne à l'autre.

Cette nouvelle maniere d'exprimer les choses parut si belle à Bruno & aux Peintres ignorans de ce temps-là, qu'ils s'en servirent ensuite dans la pluspart de leurs Ouvrages; Et cela merite assez d'estre remarqué, qu'vne chose que Buffalmacco fit alors par raillerie, a esté la cause de ce que beaucoup de Peintres, d'ailleurs assez intelligens, les ont imitez dans vne expression aussi ridicule comme est celle-là. Ce Buffalmacco mourut l'an 1340.

AMBROGIO LORENZETTI. PIETRO CAVALLINI.

Ce seroit abuser de vostre patience que de vous parler d'vn AMBROGIO LORENZETTI Siennois, & d'vn PIETRO CAVALLINI natif de Rome, qui travailloit sous Giotto, lors qu'il fit cette barque de S. Pierre dont je vous ay parlé. Toutefois vous serez peut-estre bien aise de sçavoir qu'outre plusieurs Ouvrages de Mosaïque que le Cavallini a faits dans l'Eglise de S. Paul hors les murs de Rome, le Crucifix qui est dans la mesme Eglise, & que
l'on

ET SVR LES OVVRAGES DES PEINTRES. 129
l'on asseure estre celuy qui parla à sainte Bri- CAVALLINI.
gide* est de la façon de ce Peintre qui travail- *En l'an
loit aussi de Sculpture. 1370.

Ie m'imagine, dit Pymandre, que vous n'avez pas oublié de bien regarder ce Crucifix, & qu'ainsi vous pouvez juger du travail de ce temps-là.

A vous dire vray, luy répondis-je, c'est vn Ouvrage dont le dessein n'est pas fort exquis, cependant il y a quelque chose d'assez hardi dans la disposition du corps; il me souvient que la teste du Christ est tournée d'vne certaine maniere fiere, & que toute la figure est dans vne attitude extraordinaire. C'estoit environ l'an 1364. que le Cavallini travailloit à S. Paul, où est sa sepulture.

Il me semble, dit Pymandre, que vous avez parlé d'vn Simon que Petrarque mettoit en parallele avec Giotto; cependant vous n'en avez rien dit de particulier, quoy que le jugement de ce Poëte luy soit assez favorable.

Ce Peintre, repartis-je, se nommoit SIMON SIMON MEMMI. MEMMI, & estoit originaire de Sienne, mais il fut asseurément bien-heureux d'estre né dans le temps de Petrarque, puisque ses Tableaux ne l'auroient pas si bien fait connoistre que les lettres & les vers de ce sçavant homme.

R

SIMON MEMMI. Il s'adonnoit particulierement à faire des portraits ; & Pandolfe Malateste Seigneur de Rimini souhaitant d'avoir celuy de Petrarque, l'envoya exprés en Provence, où il peignit cet homme si celebre, & la belle Laure dont li estoit alors passionnément amoureux.

Pendant que Simon travailloit à peindre ces deux illustres personnes, Petrarque fit à la loüange du Peintre deux Sonnets, qui sont dans ses œuvres. Ie croy que ce fut aussi dans ce mesme temps qu'il composa cet autre Sonnet contre Rome, qui cōmence *de l'Empia Babilone*, à cause du schisme où elle estoit pendant l'Antipape Nicolas V. qui de simple Cordelier nōmé Pierre Ramuche, fut éleu Pape par la faction de l'Empereur Louis IV. ennemi juré de Iean XXII. Et comme Avignon estoit alors le veritable siege des Papes, Simon y demeura jusqu'au temps que Iean estant venu à mourir, Benoist XI. luy *succeda. Car alors il revint à Sienne où il fit plusieurs Ouvrages. Mais comme il estoit en grande reputation il fut appellé à Florence, où travaillant dans l'Eglise *de sancta Maria novella*, il prit occasion de representer dans vn Tableau qu'il y fit, le Pape Benoist XI. plusieurs Rois, Princes, Cardinaux, & autres personnes illustres, dans

En 1334.

ET SVR LES OVVRAGES DES PEINTRES. 131
les Sciences & dans les Arts ; entre lesquels on voyoit Cimabué, Petrarque & Madame Laure. <small>SIMON MEMMI</small>

Il travailloit à ce Tableau dans le mesme-temps que Petrarque estant allé à Rome y fut couronné Poëte. Car ce fut sous le pontificat de Benoist XI. qu'il receut dans le Capitole la couronne de laurier que le Comte de Languillare alors Senateur, luy mit sur la teste en presence de la Noblesse & de tout le peuple de Rome. Et parce que la ville de Florence prenoit beaucoup de part à l'honneur qu'on faisoit à l'vn de ses Citoyens ; Simon pour les obliger, & pour faire voir à la posterité l'image de celuy qui dans ses vers le rendoit immortel, ne voulut pas manquer de le mettre au nombre des plus grands hommes de ce temps-là. Entre les Tableaux que Simon fit dans l'Eglise *de sancta Maria novella*, il y en avoit vn de l'histoire de S. Reinier de Pise, où il representa le Diable dans vne posture qui merite bien d'estre décrite, pour vous faire remarquer de quelle maniere les Peintres d'alors exprimoient les passions. On y voyoit donc comme S. Reinier chassoit le Diable qui s'étoit presenté devant luy pour le tenter ; Et le Peintre pour faire connoistre la confusion <small>L'an 1338.</small>

& la honte du demon le peignit la teste baissée, les épaules hautes, & le visage couvert de ses mains. Et pensant exprimer encore plus fortement la douleur interieure de cet esprit de tenebres, il luy fit sortir vn rouleau de la bouche, où estoit écrit, *Oï me, non posso più.*

En verité, dit alors Pymandre en riant, ces expressions me font avoir vne mauvaise opinion des portraits de ce Simon ; & pour moy je croirois quasi que pour bien connoistre les personnes qu'il vouloit representer, il faloit que leur nom fust au bas, & qu'il écrivist, Celuy-là est Benoist XI. celuy-cy est Petrarque ; pour ne pas prendre Madame Laure pour le Pape, & Cimabué pour Madame Laure.

Cette sorte d'écriteaux, luy repartis-je, estoit vne coûtume introduite de la sorte que je vous l'ay dit, & quoy qu'elle soit tres-grossiere, elle a duré neanmoins assez long-temps, mesme parmy des Peintres qui n'étoient pas ignorans, & qui peut-estre ne pouvoient pas s'en dispenser. Car il arrive souvent que ceux qui font travailler obligent les Ouvriers à representer les choses à leur fantaisie, & ainsi ceux qui sont trop complaisans font quelquefois des Tableaux où il y a beaucoup à reprendre. Quoy qu'il en soit, Simon

ET SVR LES OVVRAGES DES PEINTRES. 133
aprés avoir vécu foixante ans avec affez de reputation, mourut l'an 1345.

Il avoit vn frere nommé LIPPO, qui peignit affez paffablement, & qui l'ayant furvécu de douze années finit quelques Ouvrages qu'il avoit laiffez imparfaits.

LIPPO.

Ce Simon eut pour amy & pour compagnon TADDEO DI GADDO GADDI Florentin & difciple de Giotto, lequel fuivit d'affez prés la maniere de fon Maiftre, & mefme le furpaffa en certaines chofes. Il conduifit d'autres Ouvrages d'Architecture à Florence, où il fit auffi quelques Tableaux en la compagnie de Simon, & enfin y mourut âgé de cinquante ans.

TADDEO DI GADDO GADDI.

L'an 1350.

ANDRE' ORGAGNA DI CIONE auffi natif de Florence, imitoit la maniere de ces derniers Peintres. Il travailla dans Pife à de grandes compofitions d'hiftoires : entre autres il peignit fur vne muraille proche la grande Eglife le jugement vniverfel ; mais il peignit ce jour terrible d'vne façon toute particuliere. Car d'vn cofté il reprefenta tous les Grands de la terre comme enveloppez au milieu des plaifirs & des délices du fiecle. Là on voyoit à l'ombre d'vne foreft d'orangers, & fur l'herbe émaillée de diverfes fleurs, des Papes, des Rois, & vne infinité d'autres perfonnes de

ANDRE' ORGAGNA.

R iij

toutes conditions qui paſſoient agreablement le temps.

Parmy les branches de ces arbres délicieux il y avoit de petits Amours, dont quelques-vns paroiſſant voler autour de pluſieurs Dames qui eſtoient couchées ſur l'herbe, ſembloient les fraper de leurs fléches. De ces Dames il y en avoit qui eſtoient occupées à voir des danſes; quelques-vnes eſtoient attentives à écouter le ſon des Inſtrumens; & d'autres preſtoient l'oreille aux cajoleries des galans qui eſtoient aſſis auprés d'elles.

André prit ſujet de repreſenter dans ce Tableau pluſieurs perſonnes de qualité qui vivoient en ce temps-là. On y reconnoiſſoit entre autres Caſtruccio Seigneur de Luques qui tenoit vn oiſeau de proye ſur ſon poing.

Ayant ainſi dépeint tous les divers plaiſirs que les perſonnes du monde recherchent le plus, & les ayant exprimez le mieux qu'il luy fut poſſible. Il repreſenta dans vn autre endroit du meſme Tableau, vn lieu deſert & plein de montagnes, où il fit voir vne Image de la façon de vivre de ceux qui s'eſtant retirez du monde pour faire penitence, ne s'occupent qu'à prier Dieu & à travailler à leur ſalut. Il

ET SVR LES OVVRAGES DES PEINTRES. 135

peignit de pieux Hermites & de saints Anacoretes, les vns attachez à la lecture des saintes lettres, les autres à la priere, & à la contemplation, & quelques-vns encore à travailler de leurs mains à de differens Ouvrages, comme faisoient anciennement tous les Moines.

ANDRÉ OR-GAGNA.

Parmy ces devots Solitaires, il representa comme saint Maquaire fit voir à trois Rois qui alloient à la chasse avec leurs maistresses, l'estat miserable de la vie humaine, en leur montrant les corps morts de trois autres Princes. Et l'on dit que le Peintre exprima si bien les differentes actions de ces Princes vivans qui regardoient ces cadavres, qu'on voyoit sur leurs visages l'étonnement & la surprise que leur causoit vn spectacle si affreux. Il representa sous la figure d'vn des Rois cet Vguccion dont je vous ay parlé, lequel se bouchoit le nez avec la main pour ne pas sentir la puanteur de ces corps à demy pouris.

Au milieu de ce Tableau André peignit l'Image de la mort vestuë de noir. Elle tenoit vne faulx, & faisoit voir par son action comme elle venoit d'oster la vie à vne infinité de personnes de toute sorte d'âge, de sexe, & de conditions, qui estoient representez morts & étendus sur la terre. Il y avoit des Anges & des Diables qui tiroient les Ames de la bouche de ces corps. Et l'on voyoit que les vns portoient de ces Ames au Ciel, & que les autres en jettoient dans des gouffres de flâme qui paroissoient au sommet d'vne montagne.

Au haut de ce Tableau André representa IESVS-CHRIST assis sur des nuées au milieu des douze Apostres, & dans l'état terrible où il doit paroistre, lors qu'il viendra pour juger les hommes. Il fit voir dans cette gloire comme les Anges & les Ames bienheureuses joüissent d'vne joye & d'vn plaisir ineffable; & du costé où il peignit l'Enfer, il representa de quelle maniere les damnez y souffrent des peines & des tourmens qui ne se peuvent exprimer.

Il se plaisoit si fort dans ces sortes de compositions, qu'il fit presque la mesme chose à Florence dans l'Eglise de sainte Croix. Il n'y avoit de difference que dans les personnes qui estoient dans l'Enfer & dans le Paradis. Car c'étoit par ce moyen qu'il gratifioit ses amis, où qu'il se vangeoit de ceux qui l'avoient offensé. Parmy les bienheureux il peignit le Pape Clement VI. amy des Florentins, & qui peu de temps auparavant * avoit celebré le Iubilé &
l'avoit

En l'an 1350.

ET SVR LES OVVRAGE DES PEINTRES. 137
l'avoit reduit de cent ans à cinquante. Mais GIOTTINO.
il plaça entre les damnez vn Guardi & quelques autres qui n'eſtoient pas de ſes amis. Ce Peintre vêcut 60. ans & mourut l'an 1389.

Il y avoit encore alors à Florence vn certain THOMAS fils d'Eſtienne, lequel fut ſurnommé le GIOTTINO, à cauſe qu'il imitoit beaucoup GIOTTINO. la maniere de Giotto. Il travailla à Florence & à Rome; toutefois je ne vous parlerois pas de luy, n'eſtoit qu'eſtant dans vne haute reputation lors que les Florentins chaſſerent de leur ville le Duc d'Athenes, ils le choiſirent pour repreſenter dans le Palais du Podeſta le mauvais traitement que receut ce Duc, & tous ceux qui avoient ſuivi ſon parti.

Pour bien juger quelle pouvoit eſtre cette peinture, il faudroit vous en rapporter l'hiſtoire qui n'eſt pas moins funeſte que memorable; mais je craindrois qu'vn ſi long recit ne vinſt à vous laſſer, & meſme ne nous éloignaſt en quelque ſorte du ſujet dont j'ay entrepris de parler.

Ces conſiderations, dit Pymandre, ne doivent pas vous arreſter. Car bien loin de m'ennuyer, je ſeray bien aiſe de me rafraîchir la memoire de cette hiſtoire ſi tragique. Et cette relation ſera meſme comme vn repos parmy les autres choſes que vous avez à dire. Ie repris donc ainſi mon diſcours.　　　　S

GIOTTINO. Les Frescobaldi riches & puissans dans Florence ayant esté chassez de la ville par leurs concitoiens au commencement de Novembre 1340. engagerent ceux de Pise à prendre les armes contre les Florentins dans vn temps où ceux-cy pensant augmenter leur estat, estoient sur le point d'acheter des Princes de l'Esclalle la ville de Parme. Et il s'émeut vne guerre si forte entre les Florentins & les Pisans, que ceux de Florence furent obligez de rompre leur marché avec les Princes de l'Esclalle, pour employer leur argent à secourir la ville de Luques qui estoit assiegée par ceux de Pise, & à se fortifier d'hommes & de munitions pour leur propre défense. Pendant cette guerre ils firent des pertes fort considerables; mais Malateste Seigneur de Rimini estant arrivé à Florence avec des troupes toutes fraîches, il se joignit à eux & leur aida à faire lever le siege de Luques. Dans le mesme téps Robert Roy de Naples amy des Florentins & duquel ils avoient demandé l'assistance, leur envoya Gautier de Bréne Duc d'Athenes, avec quelques compagnies de gens de guerre pour les secourir. Ce General sceut si bien décrediter Malateste comme vn mauvais Capitaine & gagner les bonnes graces des Florentins, qu'ils luy donnerent le gouvernement de leur ville &

le commandement general de leurs armées.

Cependant comme les hommes ne font jamais contens de leur fortune presente, le Duc porta aussi-tost ses pensées plus haut, qu'à estre seulement Gouverneur de la ville & de l'estat de Florence; Il crût qu'il faloit s'en faire Souverain, & il avoit tant de personnes auprés de luy & mesme des Florentins qui le fortifioient dans cette pensée, qu'il ne fit point difficulté d'entreprendre vn si hardi dessein.

Voyant donc les peuples dans vne disposition assez favorable pour luy; comme le temps auquel la magistrature des Vingt venoit à changer, il sceut agir de telle sorte à l'endroit de quelques principaux Citoyens, & gagna si bien le peuple, qu'il se fit élire * Seigneur pendant sa vie de la ville & de l'estat de Florence nonobstant la resistance des Senateurs.

*Le 8. Sept. 1342.

Aussi-tost aprés cette élection on ne manqua pas d'arborer ses armes & des banderoles au haut de la tour du Palais. Il crea de nouveaux Officiers tels qu'il les voulut choisir. On ordonna des Festes & des réjoüissances publiques pendant huit jours entiers; & dans ce nouveau changement ces peuples firent paroître tant de témoignages de joye, qu'ils sembloient avoir entierement perdu le souvenir de

S ij

GIOTTINO tous leurs maux paſſez,& ne penſer plus qu'aux biens dont ils eſperoient de joüir à l'avenir. L'Eveſque meſme de Florence eſtant monté en chaiſe ce jour-là, qui eſtoit la Feſte de la naiſſance de la Vierge, s'étendit ſi fort ſur les loüanges de ce nouveau Seigneur, qu'il en fit le principal ſujet de ſon Sermon.

Mais comme les hommes s'aveuglent aiſément dans leurs proſperitez, & que ſouvent lors qu'ils croyent aſſeurer davantage la grandeur de leur fortune, ils la détruiſent entierement ; parce qu'en penſant fortifier leur autorité par de nouveaux moyens, ils renverſent les fondemens ſur leſquels ceux qui les ont élevez ont pretendu qu'ils demeuraſſent établis. Auſſi le Duc d'Athenes que les Florentins avoient eux-meſmes choiſi pour eſtre leur Seigneur, ne croyant pas eſtre aſſez bien affermi par la voix & le conſentement du peuple, penſa qu'il devoit tout de nouveau jetter luy-meſme les fondemens de ſa Principauté, & ſe faire l'Artiſan de ſa ſouveraine grandeur : Et que pour cela il pouvoit ſe ſervir de toutes les choſes propres à parvenir à vne ſi haute entrepriſe. Mais comme il eſt tres-difficile qu'vn Seigneur étranger, & qui ne fait, pour ainſi dire, que de naiſtre, puiſſe eſtre également agreable à tout vn peuple, parce qu'il ne luy eſt pas aiſé d'obliger également tout le monde, & que ne pouvant ſatisfaire tous ceux qui aſpirent aux charges, ny recompenſer d'ailleurs ceux qui en ſortent; il ſe trouve toûjours que le parti des mal contens eſt beaucoup plus grand que celuy de ceux qui ſont ſatisfaits.

GIOTTINO.

Ainſi le Duc d'Athenes ne fut pas long-temps Seigneur de Florence, qu'il ſe vit preſque autant d'ennemis ſur les bras, qu'il y avoit d'habitans dans la ville. Les Grands ne manquoient pas de faire remarquer tous ſes defauts, & comme ſa conduite & ſes mœurs n'eſtoient pas exemtes de blâme, ils découvroient au peuple le mal qu'il faiſoit, & imputoient à ſa mauvaiſe conduite tous les deſordres qui arrivoient dans l'Eſtat.

Le Duc qui n'ignoroit pas les mécontentemens des principaux Citoyens n'en témoignoit rien neanmoins; au contraire il diſſimuloit ſi bien tout ce qu'il ſçavoit, que pour les perſuader eux-meſmes qu'il ne les croyoit pas capables de conſpirer contre luy, il fit publiquement mourir pluſieurs perſonnes, qui penſant luy rendre ſervice luy avoient donné avis des conſpirations qu'on faiſoit contre luy. Matteo di Marozzo fut l'vn de ceux-là, il le

GIOTTINO. fit pendre & traiſner par les ruës, croyant que la veuë d'vn ſpectacle ſi horrible donneroit aux Florentins de plus puiſſans témoignages de la confiance qu'il avoit en eux.

Mais comme il ne changeoit pas pour cela ſa maniere ordinaire d'agir; ſa conduite & celle de tous ceux qui avoient part au gouvernement des affaires, éloigna ſi fort l'affection que les peuples avoient euë d'abord pour luy, & aigrit tellemēt les eſprits des principales familles, qu'il ſe forma tout d'vn coup trois differens partis, qui ſans ſe communiquer rien les vns aux autres conjurerent également ſa ruïne. Et ce qu'il y a de remarquable, eſt que le chef d'vn des partis eſtoit Angelo Accioli, ce meſme Eveſque qui avoit loüé le Duc avec tant d'excés lors qu'il fut creé Seigneur de Florence.

Tous les conjurez convenoient enſemble de le perdre; mais tous cherchoient des moyens differens. Comme cette grande affaire ne put eſtre traitée ſi ſecretement que le Duc n'en euſt avis; il fit prendre deux des conjurez de l'vn des trois partis, & aprés leur avoir fait ſouffrir la geſne, il apprit de leur bouche que leur chef eſtoit Antonio de gli Adimari.

Quoy que le Duc fuſt aſſez ſurpris quand il ſceut le nombre & la qualité des conſpirateurs,

ET SVR LES OVVRAGES DES PEINTRES. 143

il creut neanmoins qu'il n'eſtoit pas à propos GIOTTINO. de témoigner ouvertement tout ce qu'il ſçavoit de cette conjuration. Mais qu'il devoit donner ordre à ſa ſeureté, & ſe rendre le plus fort dans la ville avant que de rien entreprendre contre ſes ennemis. Il ſe contenta donc de faire citer Antonio, lequel s'aſſeurant ſur ſon merite, ſur la faveur du peuple, & ſur la grandeur de ſa famille, comparut à l'aſſignation. Les autres ſe cacherent & ne voulurent pas paroiſtre.

Pendant ce temps-là le Duc ſe fortifia dans ſon Palais, écrivit aux Bourgs & aux Villes voiſines pour avoir des troupes; & il fut ſi promtement ſervy qu'ayant découvert la conjuration le 18. Iuillet, le 25. du meſme mois il avoit auprés de luy plus de 600. chevaux, & autant de gens de pied, ſans les autres troupes qui luy venoient encore d'ailleurs. De maniere que penſant eſtre en eſtat de faire tout ce qu'il voudroit dans Florence, il ordonna à trois cens des principaux de la ville de ſe trouver dans ſon Palais le jour ſuivant, qui eſtoit la feſte de ſainte Anne, afin d'aviſer avec eux ce qu'il faloit faire ſur le ſujet des priſonniers qu'on avoit arreſtez. Mais ſon intention eſtoit tout autre, car en les faiſant venir chez luy, il

GIOTTINO. prétendoit s'en faisir, & se rendant plus puissant qu'auparavant, détruire tous ceux qui par leur noblesse, par leurs biens, ou par leurs amis luy estoient suspects, & pouvoient servir d'obstacle à ses grands desseins.

Il y avoit sur la liste de ceux qu'il avoit mandez, vne grande partie des conjurez. De sorte que comme chacun y voyoit non seulement son nom en écrit, mais aussi celuy de ses compagnons, & encore de plusieurs personnes qu'ils sçavoient bien n'estre pas amis du Prince, ils soupçonnerent qu'il y avoit quelque dessein formé. D'abord ils n'osoient se découvrir les vns aux autres, ils se regardoient seulement plus fixement qu'à l'ordinaire, & taschoient d'apprendre sur leurs visages les sentimens de leur cœur. Cependant comme si par ce silence ils se fussent mutuellement communiquez leurs intentions, ils commencerent à ouvrir la bouche & à se demander ce qu'ils devoient faire dans cette occasion, puisque déja on voyoit la ville pleine de troupes étrangeres, & que le jour suivant il en devoit encore arriver d'autres. Ainsi chacun déclarant ses craintes, & les paroles passant de bouche en bouche, la ville se trouva en peu d'heure dans vne apprehension terrible.

Le

ET SVR LES OVVRAGES DES PEINTRES. 145

Le peril qui menaçoit les trois partis des con- GIOTTINO. jurez les obligea de s'vnir enſemble pour penſer à leur mutuelle conſervation. Aprés avoir choiſi pour Chefs les Adimari, les Medicis, & les Donati, ils reſolurent qu'au lieu de comparoiſtre le jour ſuivant, il faloit faire vn ſoûlevement general dans la ville; prendre les armes, baricader les ruës, attaquer le Palais, & s'aſſurer de la perſonne du Duc.

Le lendemain matin on vit l'execution de ce deſſein; toute la ville fut en armes; le peuple ſe ſaiſit des places, des portes & des lieux les plus avantageux; & tout boüillant de cette fureur ordinaire aux premiers mouvemens d'vne populace échauffée, il environna le Palais pour ſe ſaiſir du Duc, & pour tirer des priſons Antonio de gli Adimari. L'on n'entend par tout qu'vn bruit confus de voix & de cris, & ces peuples tranſportez de rage contre le Duc, ne le menacent pas moins que de le mettre en pieces & de le manger tout vivant, luy qu'vn peu auparavant ils avoient receu chez eux avec tant d'acclamations & élevé avec tant d'honneur à la ſouveraine dignité de leur Eſtat.

Au commencement de cette rumeur, ceux du Palais ſe mirent en eſtat de ſe défendre, &

T

il se fit entre eux & le parti du peuple de rudes escarmouches qui durerent jusqu'à la nuit, où il demeura de part & d'autre quantité de gens sur la place.

Comme le Duc vid que ses affaires n'alloient pas bien & que le parti du peuple grossissoit toûjours, il voulut essayer si par douceur il pourroit remedier au mal qui le menaçoit en traittant avec ses principaux ennemis. Mais les choses ne sont plus en estat de remedes, ils ne l'écoutent pas, & sont d'autant plus hardis à poursuivre ce qu'ils ont commencé, qu'ils se voyent secondez d'vn puissant secours, que ceux de Sienne leur avoient envoyé, avec six personnes des plus considerables de leur ville en qualité d'Ambassadeurs.

Les Florentins se voyant donc assez forts pour tout entreprendre, & n'ayant besoin que de Chefs pour conduire l'Estat de la Republique, l'Evesque fit sonner la cloche, & le peuple s'étant assemblé, on éleut quatre Citoyens pour gouverner avec l'Evesque. Cependant on ne laissoit pas d'attaquer jour & nuit le Palais du Duc, & de faire dans la ville vne exacte recherche de tous ceux qui avoient esté attachez à son service. On trouva trois de ses creatures qui furent mises en pieces. Et s'estant saisi d'vn

ET SVR LES OVVRAGES DES PEINTRES. 147

GIOTTINO.

Henry Feï comme il tâchoit de se sauver en habit de Religieux, on le pendit la teste en bas, on luy ouvrit le ventre, & aprés avoir esté quelque temps exposé en cet estat à la veuë de tout le monde, les enfans le traînerent par les ruës, & enfin le jetterent dans la riviere.

Le Duc qui voyoit exercer tant de cruautez à l'endroit des siens, n'avoit pas peu de sujet de craindre pour sa personne : il tâchoit donc d'employer toutes sortes de moyens pour faire son accommodement ; & pour en venir à bout, non seulement il avoit recours aux bons Offices des Ambassadeurs de Sienne, mais encore à l'entremise de l'Evesque. D'abord le peuple fermoit l'oreille à toutes sortes de propositions: & comme enfin il consentit avec beaucoup de difficulté que le Duc sortist de la ville la vie sauve, il s'opiniastra toutefois à ne vouloir faire aucun traité avec luy, qu'auparavant il ne leur mist entre les mains le Conservateur & son fils, & Cerretieri Visdomini. Cette proposition parut si rude au Duc de voir qu'on l'obligeast à livrer luy-mesme ses amis, que ne pouvant se resoudre d'estre ainsi le ministre de leur mort, il demeura deux jours sans y vouloir consentir. Mais enfin le premier jour d'Aoust, les Bourguignons qui estoient avec luy, sçachant que

T ij

son accommodement avec les Florentins ne manquoit à se faire qu'à cause qu'il refusoit de leur livrer ces trois hommes, ils furent le trouver, & aprés luy avoir representé qu'il n'estoit pas juste qu'ils perissent tous de faim, pour l'amour de trois scelerats qu'il vouloit sauver, il y en eut quelques-vns d'entre eux qui en murmurant s'échaperent de luy dire, qu'ils estoient resolus non seulement de laisser perir ces trois personnes, mais luy-mesme encore, plûtost que de souffrir davantage la misere où ils estoient ; De sorte que e Duc se vit contraint de consentir qu'on les livrast entre les mains des Florentins, & dés-le soir mesme les Bourguignons prirent le fils du Conservateur & le poussant hors du Palais, le jetterent en proye à la rage du peuple.

Ce malheureux n'avoit pas dix-huit ans accoplis, & comme c'estoit sur luy que son pere & vn de ses oncles fondoient leurs esperances & mettoient toute la grandeur de leur maison, le Duc en leur consideration l'avoit fait Chevalier il n'y avoit pas long-temps. Mais comme parmi le peuple, il y avoit des parens & des amis de ceux qui avoient esté mal traitez par le Duc & par ses creatures, ou qui avoient esté tuez & blessez les jours precedens, ils n'eurent nul

ET SVR LES OVVRAGES DES PEINTRES. 149
égard ny à l'âge, ny à la bonne mine de ce jeu- GIOTTINO.
ne homme; ils le receurent comme vne victime
qu'on leur mettoit entre les mains pour estre
offerte aux mânes des défunts; & aprés luy
avoir donné mille coups d'épée & de pique
au travers du corps, ils ne crurent pas avoir
assez satisfait à leur vengeance, qu'en presence
de son miserable pere ils ne l'eussent mis en
pieces & déchiré avec leurs mains & avec leurs
dents.

Ils n'eurent pas si tost achevé ce cruel carnage
qu'ils se preparerent pour vn autre. Et comme
si le sang qu'ils venoient de succer, & dont ils
avoient les mains & la bouche toute teinte, les
eust davantage alterez, ils se mirent à crier
avec plus de force & à demander le pere qu'on
leur livra aussi-tost, & qu'ils traiterent encore
plus cruellement que le fils. Il y en eut que la haine & la fureur rendirent si inhumains & si barbares, que non contents de s'estre ainsi souillez
la bouche & les mains, ils voulurent que leurs
entrailles eussent part au carnage; & qui pour
rassasier la faim dont leurs cœurs estoient tour-
mentez, mangerent de la chair de leurs ennemis. Mais ce qui est de plus difficile à croire,
c'est que non seulement dans la chaleur de cette vengeance ils dévoroient cette chair à de-

T iij

my vivante, mais il y eut mesme des hommes, si on les peut nommer tels, qui en emporterent des morceaux dans leurs maisons, & qui de sens rassis les firent rostir sur les charbons & les mangerent avec plaisir.

Cependant ce peuple s'estant lassé dans vn si horrible massacre, ou plûtost s'estant comme enyvré dans le sang de ces deux miserables, ne se souvint plus de demander le troisiéme qu'on luy avoit promis, lequel se sauva à la faveur de la nuit, & par le moyen de ses amis.

Le troisiéme jour d'Aoust on dressa les articles entre les Florentins & le Duc, qui demeura encore trois jours avec sa famille dans le chasteau, doù il sortit de grand matin.

Aprés le recit de cette histoire & aprés tant de cruautez dépeintes, vous ne devez pas estre surpris quand je vous metteray comme devant les yeux la Peinture que le Giottino en fit dans le palais du Podesta, par le commandement de ceux qui gouvernoient.

De quelles couleurs, dit Pymandre, pût-il se servir pour bien exprimer vn si horrible carnage, & quels traits pouvoient assez bien representer la rage d'vn peuple irrité, & faire voir côme il avoit si-tost passé de l'amour à la haine?

Il ne pensoit pas, repartis-je, à peindre les

ET SVR LES OVVRAGES DES PEINTRES. 151
actions de ses compatriotes. Il representa le GIOTTINO.
Duc d'Athenes, & comme ce n'estoit pas vne
personne d'vne taille avantageuse ny d'vne mi-
fort relevée, il luy fut bien facile d'en former
vne laide figure, sans s'éloigner beaucoup
de la ressemblance. Car les Florentins voulant qu'il en fist vn sujet de mépris & de ri-
sée, il le peignit d'vne taille fort petite, le
teint brun, la barbe longue & claire; & pour
le rendre plus difforme il marqua davantage
toutes les parties qui pouvoient contribuer à
faire voir ses defauts.

Il ne se contenta pas de faire son portrait tel
que je viens de dire, il voulut encore faire
vne Image de son esprit & representer les qualitez de son ame aussi-bien que les traits de son
visage. Pour cela il environna sa teste des animaux les plus cruels & dont la nature pouvoit
convenir aux mauvaises qualitez qu'on luy at-
tribuoit, & les entrelassant les vns avec les autres il le representa couronné de la mesme
maniere que l'on peint d'ordinaire les Furies in-
fernales.

L'Image de ce Duc estoit accompagnée
de celles du Conservateur dont j'ay parlé,
de Visdomini, de Maladiasse, de Ranieri da
san-Geminiano & de plusieurs autres de ses

creatures qui n'estoient pas peints d'vne maniere moins desavantageuse. Car pour leur donner aussi vne coëffure ridicule, mais pourtant differente de celle du Duc, il leur mit sur la teste vne espece de mitre, dont en Italie l'on marque par opprobre ceux qui sont convaincus de crimes. Outre cela chacun avoit les armes de sa maison auprés de soy, & il y avoit de grands rouleaux où estoit écrit des choses qui avoient rapport aux figures & aux vestemens qu'on leur donnoit.

Cette Peinture parut admirable à tout le peuple, non seulement à cause que le Peintre avoit pris beaucoup de soin à la bien finir, mais parce que le sujet leur remettoit devant les yeux vne action qu'il avoit executée avec beaucoup de plaisir.

Giottino fit quantité d'autres Tableaux à Florence, mais il suffit de vous avoir parlé de celuy-cy. Cependant comme il estoit d'vn temperament délicat, il mourut fort jeune l'an 1356.

Ie ne m'artesteray pas à vous parler de plusieurs autres Peintres qui vivoient en ce temps-là, quoy qu'il y en ait eu quelques-vns qui se soient rendus considerables. * Car le nombre en estoit si grand dans l'Italie, que dés l'année 1350.

ET SVR LES OVVRAGES DES PEINTRES. 153
1350. ceux qui travailloient à Florence établirẽt   Berna de Sienne.
entre eux vne Confrairie sous la protection de   Dvccio aussi Siennois, &
S. Luc, afin d'avoir lieu de conferer plus souvent   Antonio Viviziano.
les vns avec les autres : & mesme de temps en
temps ils élisoient des Officiers pour avoir soin
de tout ce qui regardoit leur compagnie dont
IACOBO CASENTINO fut vn des premiers.   Iacobo Casentino.

  Il ne faut pas que j'oublie de vous parler
d'vn Peintre qui parut sur la fin du quatorziéme siecle. Il se nommoit SPINELLO,   Spinello.
& estoit natif d'Arezzo. Il fit plusieurs tableaux en divers lieux de la Toscane, & c'est
de luy dont on raconte vne histoire assez plaisante. On dit qu'estant déja âgé de plus de 77.
ans il fit dans la ville d'Arezzo vn tableau où
il representa comme les mauvais Anges s'estant
voulu élever au dessus de Dieu furent précipitez dans les abysmes de l'enfer. Parmy tous ces
demons & dans le lieu le plus bas il peignit Lucifer sous la forme d'vne beste monstreuse, &
prit tant de soin à rendre cette figure horrible
que son imagination demeura toute remplie
des especes d'vn sujet si épouvantable. De sorte qu'vne nuit en dormant il luy sembla voir
le Diable tel qu'il l'avoit peint, qui l'interrogeoit en quel lieu il l'avoit veu si difforme, &
pourquoy il le representoit d'vne maniere si

V

offenfante. Il s'éveilla auffi-toft, mais tellement furpris & épouvanté, que ne pouvant ouvrir la bouche pour s'écrier, ce fut par le tremblement de tous fes membres que fa femme qui eftoit couchée auprés de luy s'apperceut de la peine où il eftoit. Sa frayeur fut fi grande qu'il en penfa mourir; & mefme depuis ce temps-là il eut toûjours la veuë égarée, l'efprit à demy perdu, & ne vefcut pas long-temps.

Il me femble qu'il feroit affez inutile de vous parler d'vn GERARDO STARNINA qui alla travailler en Efpagne; d'vn LIPPO; d'vn LORENZO Religieux de l'Ordre de Camaldoli; d'vn TADDEO BARTOLO; d'vn LORENZO DI BICCI difciple de Spinello; d'vn PAOLO qui fut furnommé VCCELLO à caufe qu'il faifoit fort bien des oifeaux. Si ce n'eft pour vous remarquer que ce dernier fut vn des premiers Peintres qui s'étudia à obferver exactement la perfpective dans fes ouvrages : Et le temps qu'il employa à ce travail fut caufe qu'il n'apprit pas fi parfaitement les autres parties de la Peinture. Cependant comme il arrive fouvent que l'on a plus d'envie de faire les chofes qui font les plus difficiles, & que l'on fçait le moins, il entreprit vn jour de reprefenter Saint Thomas qui met fon doigt dans le cofté de Noftre

ET SVR LES OVVRAGES DES PEINTRES. 155
Seigneur. Et afin qu'on ne vist pas son Ou- PAOLO VCCEL-LO.
vrage avant qu'il fust fait, il fit fermer le lieu
où il travailloit. Le Donatelle qui estoit vn
Sculpteur alors en grande reputation l'ayant
rencontré luy demanda quel Tableau il faisoit
& qu'il cachoit avec tant de soin. Paolo luy
répondit qu'il le verroit quand il seroit achevé;
l'ayant finy & exposé au jour il ne manqua pas
d'en avertir le Donatelle, & de luy en demander son avis ; mais celuy-cy après l'avoir long-
temps consideré ne luy dit autre chose, sinon
qu'il découvroit son tableau lors qu'il devoit
le cacher. Cet avertissement affligea si fort ce
pauvre homme qu'il se retira tout confus en
sa maison, où depuis ce temps-là il ne fit autre chose que des ouvrages de perspective.

Outre ceux que j'ay nommez il y eut encore Il mourut l'an 1432.
MASSOLINO qui fit voir beaucoup de diffe- MASSOLINO.
rence entre ses tableaux & ceux des autres
Peintres qui avoient esté avant luy. Car il
donna plus de majesté à ses figures, il les vestit
d'habits mieux agencez ; representa plus de
passion dans leurs visages, plus de vie dans leurs
yeux, & enfin peignit avec plus de perfection
toutes les autres parties du corps.

Il eut pour disciple MASACCIO qui le sur- MASACCIO.
passa comme il avoit surpassé les autres. Et c'est

V ij

MASACCIO. à celuy-cy qu'on donne la gloire d'avoir comme ouvert la porte à ceux qui l'ont suivy, pour les faire entrer dans la bonne & veritable maniere de peindre. Il surmonta ce qu'il y a de plus rude & de plus difficile dans cet art, & fut le premier qui fit paroistre ses figures dans de belles attitudes ; qui leur donna de la force, du mouvement, du relief & de la grace. Il representa aussi les racourcissemens mieux que tous les Peintres qui l'avoient precedé. Cependant il n'eut presque pas le loisir d'executer toutes ses belles pensées, ny de connoistre jusqu'où il pouvoit porter la perfection de la Peinture, parce qu'il mourut l'an 1443. lors qu'il n'estoit encore que dans la vingt-sixiéme année de son âge. Son Epitaphe fait par Annibal Caro, est vn glorieux Eloge de ce Peintre, & vn monument eternel de sa vertu. Comme il contient en peu de mots les riches talens qu'il avoit receus du ciel, vous ne serez pas fasché de l'entendre. La voicy dans sa langue.

Pinsi' e la mia pittura al ver' fù pari,
L'atteggiai, l'avivai, le diedi il moto,
Le diedi affetto ; Insegni del Buona roto
A tutti gl' altri, e da-me solo impari.

Aprés la mort de Gregoire XI. qui transporta le siege à Rome, qui avoit esté si long-temps

dans Avignon. Vrbain VI. Napolitain fut éleu MASACCIO.
Pape, & quelques mois aprés les Cardinaux
estant sortis de Rome mal-contens d'Vrbain
nommerent Clement VII. qui tint son siege
dans Avignon, d'où nasquit ce Schisme si cruel
& si scandaleux, pendant lequel on vit trois
Papes partager entre eux cette souveraine puissance que IESVS-CHRIST a laissée au legitime
successeur de saint Pierre. Cette division dura
prés de cinquante ans. Et l'Eglise ne fut dans vn
parfait repos que quand par vne faveur toute
particuliere de Dieu, Nicolas V. fut éleu Souverain Pontife. Car quelque temps aprés la
mort d'Eugene IV. Felix IV. s'estant départy L'an 1447.
de ses pretentions luy ceda entierement le Siege. Et l'on reconnut que Nicolas meritoit d'autant plus cette supréme dignité que luy-mesme
s'en estoit estimé indigne, & qu'il avoit fait
tout son possible pour s'en décharger sur vn autre. Mais les Cardinaux qui en firent choix, for-
çant ses inclinations par leurs prieres, le conjurerent de ne s'opposer pas aux mouvemens du
saint Esprit, & de n'arrester point le cours de
la Providence divine; Ils publierent hautement
au sortir du conclave, que les hommes n'avoient
point eu de part à son Election, & qu'il avoit
esté visiblement nommé de Dieu pour gouverner l'Eglise.

MASACCIO. En effet il s'en acquitta si dignement que pendant les huit années de son Pontificat, il travailla de toute sa force à procurer le repos à l'Italie; à mettre la paix entre les Rois & les Princes Chrestiens, & à regler les choses Ecclesiastiques. Il aimoit les hommes doctes & vertueux, il leur conferoit les premieres charges & les Benefices les plus considerables; & par ce choix si judicieux, il taschoit d'encourager tout le monde à meriter de pareilles recompenses en s'en rendant dignes par leur science & par leur vertu.

Ce fut sous son Pontificat que les belles lettres & les langues Grecque & Latine qui avoient esté comme mortes, & comme ensevelies dans l'oubly depuis six cens ans, reprirent vne nouvelle vie, & parurent avec leur premier éclat; il eut tant d'amour pour les sciences qu'il envoya dans toutes les parties du monde, des hommes habiles chercher les Livres anciens qui s'estoient égarez par les desordres des guerres & par l'ignorance des peuples. Il embellit de bastimens & d'ouvrages publics la ville de Rome, & fit faire plusieurs peintures dans le Palais du Vatican. PIETRO DELLA FRANCESCA Florentin fut vn de ceux qui travaillerent dans les chambres de ce Palais. Il

PIETRO DELLA FRANCESCA.

ET SVR LES OVVRAGES DES PEINTRES. 159

y fit deux tableaux qui depuis furent mis à bas lors que par le commandement de Iules II. Raphaël peignit en leur place le miracle du faint Sacrement arrivé à Bolfene, & faint Pierre dans la prifon.

Ie croy, dit Pymandre, qu'on n'avoit pas regret aux ouvrages de Pietro, puis qu'on mettoit en leur lieu ceux d'vn fi excellent homme. Cependant, repartis-je, il y avoit des teftes qui eftoient affez belles, & que Raphaël mefme fit copier : mais je croy à dire vray que ce fut pour garder la reffemblance des perfonnes de haute qualité que Pietro y avoit peints. Car on y voyoit Charles VII. Roy de France, lequel en l'an 1449. fit tenir vn Concile à Lion en faveur de Nicolas V. où ce Roy, L'Empereur & le Concile prierent Felix de fe départir de fes pretentions, & de ceder entierement la dignité de Pape à Nicolas, afin de faire ceffer le Schifme, ce qu'il fit volontairement, quoy qu'il y euft plus de neuf ans qu'il poffedaft cette fouveraine charge par l'élection qu'en avoit fait le Concile de Bafle, lors qu'il dépofa Eugene IV. De forte que le Pape Nicolas V. avoit fait faire le portrait du Roy, & ceux de plufieurs perfonnes de marque en reconnoiffance des fervices qu'ils avoient rendus

PIETRO DELLA FRANCESCA.

à l'Eglise en sa personne. Les copies de tous ces portraits que Raphaël gardoit tres-cherement, tomberent aprés sa mort entre les mains de Iules Romain son disciple.

{PIETRO DELLA FRANCESCA.}

Pietro ayant achevé les ouvrages que le Pape luy avoit commandez retourna en son païs, où il fit plusieurs tableaux, & laissa quelques éleves qui n'ont pas eu grand nom. Celuy que l'on remarque le plus, est vn certain LORENTINO D'ANGELO Aretin, qui finit à Arezzo quelques Peintures que Pietro avoit commencées, & qui estoient demeurées imparfaites par sa mort. Ie ne croy pas que ce Lorentino fust vn fort habile homme ; neanmoins comme Pietro della Francesca estoit sçavant dans les Mathematiques dont il avoit mesme écrit plusieurs livres, Lorentino s'estoit aussi appliqué à cette étude si necessaire aux Peintres; mais soit qu'il ne fust pas fort bon praticien, il n'eut pas grand' vogue, ou du moins il ne tira pas grand avantage de son travail. On dit qu'il estoit si pauvre qu'à peine avoit-il dequoy vivre ; & si je vous rapportois ce qu'on a écrit de luy, vous jugeriez qu'il faloit assurément qu'il fust fort necessiteux, & peut-estre fort ignorant.

{LORENTINO D'ANGELO.}

Pendant que Pietro della Francesca travailloit à Rome, il y avoit à Florence vn bon
Religieux

ET SVR LES OVVRAGES DES PEINTRES. 159
Religieux de l'Ordre de S. Dominique nommé Frere Iean Angelic da Fiesole, que l'on mettoit au rang des meilleurs Peintres d'alors. Sa reputation estoit si grande, que Nicolas V. l'appella auprés de luy pour peindre sa Chapelle, & faire quelques Ouvrages de miniature dans des livres d'Eglise. Frere Iean estant à Rome lors que l'Empereur Federic III. y arriva avec Eleonor fille du Roy de Portugal, & que le Pape leur donna la benediction Nuptiale & leur mit la Couronne sur la teste, il fit le portrait de Federic ; & dans vn Tableau où il representa quelque chose de la vie de Iesvs-Christ, il prit sujet d'y peindre au naturel, le Pape, l'Empereur, & plusieurs personnes de qualité. Il y mit aussi Frere Antonin Religieux de son Ordre, & qui par son moyen fut Archevesque de Florence quelque temps aprés.

Car le Pape ayant reconnu que Frere Iean Angelic estoit non seulement vn tres-excellent Peintre, mais vn tres-bon Religieux, il voulut luy donner l'Archevesché de Florence qui vint à vacquer. Mais il refusa ce present qui à tout autre eust paru fort avantageux ; & ayant representé à sa Sainteté avec vne humilité sincere, qu'il n'avoit pas les

Frere Iean Angelic.

qualitez necessaires à vn Pasteur, il la supplia de conferer cette charge si importante à vn autre, luy faisant connoistre que Frere Antonin estoit tres-capable de soûtenir vn si pesant fardeau. Ainsi il trouva moyen de s'en décharger sur les épaules de son amy, auquel le Pape donna cet Archevesché. La nomination que Frere Iean en fit fut tres-avantageuse à l'Eglise de Florence ; car ce Prelat y vescut dans vne si haute reputation de doctrine & de sainteté, qu'il merita d'estre canonisé aprés sa mort.

Au reste si nous n'avons pas des Ouvrages de Frere Iean Angelic pour les considerer, ce que l'on a écrit de luy est vne peinture qui merite d'estre regardée, puis qu'il est encore plus rare de trouver des Ouvriers recommandables par leur vertu & par la sainteté de leur vie, qu'il n'est difficile de rencontrer des productions d'esprit admirables par leur excellence.

Comme il n'y a rien de plus dangereux à vne ame qui abandonne toutes les choses de la terre pour ne penser ~~plus~~ qu'aux choses du ciel, que la paresse & l'oisiveté ; & les saints Peres ne recommandant rien tant aux personnes retirées du monde que de s'occuper par le travail de leurs mains ; Ce bon Frere avoit choisi cet exercice comme le plus conforme à

ET SVR LES OVVRAGES DES PEINTRES. 161

ses inclinations ; & il l'aimoit d'autant plus qu'en y employant quelques heures du jour, il trouvoit dequoy s'entretenir dans de saintes pensées, ses Ouvrages mesme luy fournissant des sujets pour élever son esprit à Dieu dans la speculation qu'il faisoit des beautez de la nature & des miracles de l'Art.

FRERE IEAN ANGELIC.

Car Frere Iean estoit vn veritable Religieux, qui détaché entierement des soins & de l'embaras du monde se renfermoit tout en luy-mesme, & ne pensoit en aucune maniere aux choses du siecle.

Il observoit si exactement sa regle, & vivoit dans vne si grande simplicité, qu'vn jour le Pape l'ayant arresté à dîner avec luy, il fit difficulté de manger de la viande, par ce qu'il n'en avoit pas la permission de son Superieur, ne faisant pas reflexion sur l'autorité de celuy qui le traitoit.

Il évitoit toutes les actions qui regardoient les affaires temporelles, hors celles où il pouvoit servir les pauvres dans leur necessité. Aprés avoir satisfait à tous les devoirs ausquels sa regle l'obligeoit, il s'occupoit à peindre, & dans vn divertissement si innocent, il choisissoit toûjours pour son sujet quelque Histoire sainte. Ce travail luy estoit si agreable, qu'il le

X ij

preferoit aux emplois les plus confiderables de fon Ordre, à caufe qu'il y joüiffoit de la douceur de la folitude & du repos de l'efprit.

Si fes amis luy demandoient de fes Ouvrages il les prioit de le faire trouver bon à fon Superieur, ne voulant pas difpofer de la moindre chofe fans fa permiffion. Enfin comme il fit toûjours paroiftre beaucoup d'humilité & de modeftie dans toutes fes actions, de mefme l'on vit dans fes Tableaux vne facilité toute particuliere à bien reprefenter la devotion & la pieté des Saints. Et l'on remarquoit fur leurs vifages vn air & vn je ne fçay quoy de divin que tous les autres Peintres n'exprimoient point fi dignement. Il achevoit tous fes Ouvrages fur la premiere idée qu'il en avoit conceuë, & jamais ne reformoit fes premieres penfées par de nouvelles. Lors qu'il prenoit le pinceau pour travailler, il fe mettoit en priere, & on l'a vû tout baigné de l'armes pendant qu'il travailloit à vn Crucifix, dans le fouvenir qu'il avoit des peines que ce divin Sauveur avoit foufferteſ fur la Croix.

Ce bon Religieux aprés avoir ainfi vefcu avec beaucoup de fainteté mourut âgé de 68. ans, & fut enfeveli dans l'Eglife de la Minerve à Rome.

Vous remarquerez s'il vous plaiſt que de tous les Peintres dont j'ay parlé juſqu'à preſent, il n'y en a pas vn qui ait eu l'vſage de peindre à huile, & que tous leur Tableaux eſtoient à fraiſque ou à détrempe. Ce n'eſt pas qu'ils ne connuſſent bien qu'il manquoit quelque choſe à la perfection de cet Art, & que leur maniere de peindre eſtoit tres-imparfaite & tres-incommode, parce qu'ils ne pouvoient pas tranſporter leurs Ouvrages ny les nettoyer ſans ſe mettre au hazard de les gâter. Cependant ils n'avoient pû encore y trouver de remede, bien que pluſieurs d'entre eux euſſent employé beaucoup de temps à en faire la recherche.

<small>FRERE IEAN ANGELIC.</small>

Lors qu'en Flandre vn Peintre qui eſtoit en aſſez grande reputation en ce païs-là, & qui ſe plaiſoit dans les ſecrets de la Chymie, reconnoiſſant auſſi bien que les autres l'incommodité qu'il y avoit de travailler à détrempe, s'apperceut aprés pluſieurs eſſais & diverſes experiences, qu'en broyant les couleurs avec de l'huile de noix ou de lin, il s'en faiſoit vne Peinture ſolide, qui non ſeulement reſiſtoit à l'eau, mais encore qui conſervoit vne vivacité & vn luſtre qui n'avoit pas beſoin de vernix. Il vit de plus, que le mélange & les teintes des couleurs ſe faiſant bien mieux avec de l'huile qu'autrement, les Tableaux avoient beaucoup plus d'vnion, plus de force & plus de douceur.

Comme il fut extrémement joyeux d'avoir fait vne découverte si vtile & si avantageuse, il acheva plusieurs Ouvrages dans cette nouvelle maniere; entre lesquels il y eut vn Tableau qu'il jugea digne d'estre presenté à Alfonce I. Roy de Naples. Il estoit composé de plusieurs Figures assez bien travaillées. Mais son coloris tout extraordinaire fut ce qui agrea le plus au Roy, & qui surprit tous les sçavans de ces quartiers-là.

ANTONELLO DA MESSINA Peintre assez habile, fut vn de ceux qui admira davantage ce beau secret. Il avoit étudié à Rome, & aprés avoir travaillé à Palerme, s'étoit retiré à Messine lieu de sa naissance. Estant venu à Naples pour quelques affaires, il oüit parler du Tableau que le Roy avoit receu de Flandre; & comme il avoit beaucoup de curiosité pour tout ce qui regardoit sa profession, ce que les autres Peintres luy raconterent de la maniere dont il estoit peint, luy fit desirer de le voir. Il s'en alla au Palais, où aprés avoir consideré cet Ouvrage, il en fut si touché, qu'il resolut d'abandonner toutes ses

ET SVR LES OVVRAGES DES PEINTRES. 165
affaires & d'aller jusques en Flandre pour ap- Antonello da Messina.
prendre vn si beau secret. Il se mit en chemin;
& lors qu'il fut arrivé chez IEAN DE BRVGE
qui en estoit l'inventeur, il n'épargna rien pour
acquerir son amitié, & luy fit si bien la cour
qu'il apprit de luy cette nouvelle maniere de
peindre.

Il s'arresta en Flandre jusqu'à la mort de
son nouveau maistre, aprés laquelle il retourna en Sicile, où il ne demeura pas long-
temps. Car il s'en alla à Venise croyant y pouvoir mener vne sorte de vie plus conforme à
son humeur. Ce fut là qu'il fit plusieurs Tableaux pareils à ceux qu'il avoit déja faits en
Flandre.

Comme il avoit appris de Iean de Bruge le
secret de peindre à huile, il y eut aussi vn nommé Dominique Peintre Venitien, qui l'obligea par ses caresses & par l'amitié qu'ils con-
tracterent ensemble, à luy en faire part.

Or comme les Italiens sont redevables à Antonello, d'vn secret si rare, & par le moyen
duquel on a depuis perfectionné tant de beaux
Ouvrages; Ils eurent beaucoup d'estime pour
luy pendant sa vie, & en ont toûjours parlé
aprés sa mort.

Alors m'estant vn peu aresté: Il me semble,

dit Pymandre, que jusques icy vous n'avez fait mention que des Peintres d'Italie, quoy qu'il y en eust plusieurs qui travailloient en Flandre, & que ce fut là qu'on trouva l'invention de peindre en huile comme vous venez de dire.

Il est vray, repartis-je, que l'Art de Peindre s'estoit répandu en divers endroits de l'Europe, & que les Flamans ont esté des premiers qui s'y sont attachez avec beaucoup d'amour. Mais les Ouvriers & les Ouvrages de ce temps-là n'ont pas esté assez recommandables pour qu'on en ait conservé la memoire. Et ce Iean de Bruge n'a esté mis au rang des excellens, que pour avoir contribué à perfectionner cet Art par le secret qu'il trouva d'employer les couleurs avec de l'huile.

Ie ne vous rapporteray rien à present de luy ny des autres Peintres qui ont travaillé au deçà des Monts. Ie remets à vous en parler quand j'auray achevé ce que j'ay à vous dire de ceux qui ont paru en Italie, dont je ne croy pas devoir interrompre la suite.

Cependant, repliqua Pymandre, j'ay pensé plusieurs fois vous faire quelque demande sur le sujet des Peintres de Flandre. Mais puis que vous ne faites que differer, & que vous me promettez de satisfaire là dessus ma curiosité, j'attendray

ET SVR LES OVVRAGES DES PEINTRES. 167
tendray patiemment & j'écouteray avec plai- ANTONELLO DA MESSINA.
sir le reste de vostre discours.

Afin, repartis-je, de ne vous pas ennuyer en m'arrestant à plusieurs Peintres Italiens dont les Ouvrages ne se voyent plus, & qui mesme ont esté comme effacez par ceux qui ont paru depuis; je vous diray peu de chose de PHILIPPE LIPPI Florentin, qui pour avoir porté quel- Frere PHILIPPE que temps l'habit de Carme fut appellé Frere Philippe. Ie prendray seulement occasion de vous faire remarquer en la personne de ce Peintre, combien la Peinture a de charmes, & qu'elle est capable d'adoucir les esprits mesme les plus barbares, & d'amolir les cœurs les plus endurcis.

Car vn jour que Frere Philippe estoit en la Marche d'Ancone, & qu'il s'estoit mis avec quelques-vns de ses amis dans vne petite barque, pour se promener le long des costes de la mer, ils se trouverent surpris par des brigantins Mores, qui les mirent tous à la chaîne & les menerent en Barbarie.

Il y avoit dix-huit mois que Frere Philippe estoit dans l'esclavage, lors qu'il s'avisa vn jour de prendre du charbon & de tracer contre vne muraille le portrait du maistre qu'il servoit. Il le representa si bien & avec les mesmes habits

168   Entretiens svr les Vies

Frere Philippe qu'il portoit d'ordinaire, que ce Barbare en fut d'autant plus furpris, qu'il n'avoit jamais veu rien de pareil. De façon qu'admirant ce portrait, il obligea Philippe à luy en faire encore quelques autres, dont il le recompenfa bien. Car il luy donna gratuitement la liberté, & le fit conduire feurement jufques dans Naples.

    Lors qu'il y fut établi, il travailla pour le Duc de Calabre, qui fut depuis Alfonfe Roy de Naples, & fit enfuite plufieurs Tableaux en divers endroits d'Italie. On remarque qu'il a efté le premier qui a peint des Figures plus grandes que le naturel.

    Il fut auffi employé par le Pape Eugene IV. qui l'eftimoit beaucoup à caufe de fon fçavoir feulement, car n'eftant pas d'vne vie fort reglée, il ternit par fes mauvaifes mœurs l'honneur qu'il auroit pû meriter par fa fcience. Il eftoit tellement abandonné aux débauches honteufes & aux plaifirs infames, qu'on croit mefme que ce fut la caufe de fa mort, & qu'il fut empoifonné par les parens d'vne femme qu'il voyoit trop librement.

L'an 1438. étant âgé de 57. ans.

    Il y avoit encore en ce temps-là ANDRÉ DEL CASTAGNO qui travailla beaucoup à Florence, & qui fut le premier des Peintres de Tofcane qui fceut la maniere de peindre à

Andre' del Castagno.

ET SVR LES OVVRAGES DES PEINTRES. 169

huile. Car comme Dominique Venitien qui l'avoit apprise d'Antonello da Messina, & duquel je vous ay parlé, vint à Florence, André del Castagno rechercha aussi-tost sa connoissance, & ne le quitta point qu'il n'eust appris sa nouvelle maniere de peindre, que Dominique luy communiqua d'autant plus volontiers qu'André luy témoignoit vne amitié tout-à-fait sincere. Cependant l'estime que les Florentins avoient alors pour les Ouvrages de Dominique, fit naistre dans l'esprit d'André vne jalousie si horrible, que sans avoir égard aux obligations qu'il avoit à ce Peintre, ny à l'amitié qu'il luy avoit tant de fois jurée, il resolut de l'assassiner.

Vn soir que Dominique se promenoit par les ruës avec vne guitarre à la main, ce faux amy s'étant déguisé alla l'attendre dans vn endroit écarté ; & comme il vint à passer par là il mit si secretement à execution son détestable dessein, que le pauvre Dominique n'ayant point reconnu son meurtrier, & ne se doutant en aucune façon de l'horrible perfidie d'André, se fit porter chez ce cruel amy où il mourut entre ses bras. L'on n'auroit jamais sceu l'auteur de cet assassinat, si André par le remors de sa conscience ne l'eust déclaré luy-mesme lors qu'il se vit au lit de la mort.

ANDRE' DEL CASTAGNO.

Ce miserable homme se voyant donc comme en possession de joüir tout seul de l'honneur & des avantages qu'il croyoit luy avoir esté ostez par Dominique, se mit à faire plusieurs Ouvrages dans Florence.

Ce fut luy qui travailla à cette funeste Peinture que la Republique fit representer contre le Palais du Podesta, lors qu'en l'année 1478. les ennemis des Medicis executerent contre eux vne horrible conjuration.

Il y avoit long-temps que les Medicis estoient considerables dans Florence, & qu'ils y paroissoient comme les protecteurs de la liberté, & les ennemis capitaux de la faction des Gibellins. Cosme avoit acquis par sa prudente conduite vne autorité si grande dans la ville, qu'il disposoit à sa volonté du Senat & de tout le peuple. C'estoit vn homme liberal & magnifique, qui par ses bastimens & ses autres dépenses publiques secouroit les pauvres & se rendoit le bien-facteur de toutes les personnes de merite. Estant mort en 1464. il laissa vn fils nommé Pierre qui herita de son credit & de son autorité, aussi-bien que de ses grandes richesses & de ses nobles inclinations. Ce Pierre eut pour successeur dans l'administration de la Republique, Laurens de Medicis son fils, qui avec

Iulien son frere, travaillerent beaucoup à la grandeur de l'Estat. Mais comme l'Estat ne pouvoit s'accroistre sans que l'autorité des Medicis s'élevast en mesme-temps, leur élevation ne manqua pas d'augmenter l'envie de leurs ennemis. De sorte qu'vn nommé Pazzi qui estoit le chef de la faction Gibelline, ne pouvant plus souffrir leur puissance, conjura contre ces deux freres Laurens & Iulien.

Il sçavoit que le Pape Sixte IV. estoit leur ennemy, parce que Laurens s'estant toûjours opposé aux desseins que les Papes avoient sur l'Estat de Florence, avoit encore depuis peu presté de l'argent sous main au Seigneur d'Imola, pour empescher qu'il ne vendist cette ville à Sixte. Ainsi Pazzi pour mieux autoriser son dessein le découvrit au Pape, auquel il fit entendre que les Florentins luy seroient fort obligez, si par son moyen ils pouvoient estre délivrez de la tyrannie des Medicis. Et que pourveu que S. S. voulust le favoriser de sa protection, & approuver la conjuration formée contre eux, il promettoit de luy livrer dans peu la ville de Florence.

Le Pape écouta volontiers cette proposition, mais ne voulant pas qu'on creust qu'il eust prêté l'oreille à vn si lasche attentat, il donna secrettement la conduite de toute cette affaire à Ierofme de la Roüere fon parent.

Les chefs de la confpiration eftoient, Frodefque Salviati Archevefque de Pife, & ancien ennemy des Medicis, Francefque Pazzi, & vn Poggio, fils de ce Poggio celebre orateur, lefquels appuyez du Cardinal Raphaël de la Roüere, qui alla exprés de Pife à Florence pour les encourager par fa prefence & par fa dignité, travaillerent à cette entreprife fi importante, dans laquelle ils ne trouvoient aucun obftacle.

Le jour fut pris au Dimanche 26. Avril; Et comme Laurens & Iulien entendoient la Meffe que l'Archevefque de Pife celebroit dans l'Eglife de fainte Reparée, & dans le temps mefme qu'il levoit la fainte Hoftie, les conjurez fe jetterent fur eux, tuerent Iulien fur la place, & blefferent cruellement Laurent, qui fe fauva dans la Sacriftie.

Auffi-toft le bruit de cet horrible affaffinat s'épandit dans la ville, & les amis des Medecis avec tous les Cytoyens eftant accourus pour les fecourir, ils fe faifirent de l'Archevefque de Pife qu'ils trouverent couvert d'vne Iaque de maille, de ce Poggio, & de ceux de leur fuite, qu'ils pendirent à l'heure mefme aux fene-

ſtres du Palais. Ils prirent enſuite Antoine Vo- ANDRE' DEL CASTAGNO.
lateran, vn Preſtre qui avoit frappé Laurent, &
Pazzi qui avoit tué Iulien, auſquels ils firent
ſouffrir le ſupplice.

Monteſicco homme d'eſprit, & qui eſtoit vn
des principaux de la conjuration, ayant eſté
mis à la torture découvrit tout le complot,
aprés quoy luy & tous ſes complices endure-
rent le meſme genre de mort que les autres.

Iamais Florence n'avoit veu dans ſes murailles vn ſpectacle plus funeſte; Il y eut plus de
trois cens conjurez qui furent tuez ſur la place,
ou pendus aux feneſtres du Palais. Le Cardinal
de la Roüere s'eſtant jetté à l'Autel fut ſauvé
par les prieres de Laurent en conſideration du
Pape.

Cependant Sixte n'eut pas plûtoſt appris
cette nouvelle, qu'il employa les foudres de
l'Egliſe, les armes de l'eſtat Eccleſiaſtique, &
celles de Ferdinand Roy de Naples, pour venger la mort de l'Archeveſque & des Preſtres
tuez en cette rencontre; & il y eut vne guerre contre ceux de Florence dont pourtant le
ſuccés ne fut pas deſavantageux à Laurent,
mais comme cela n'eſt pas du ſujet dont j'ay
entrepris de parler ; je vous diray ſeulement
qu'André del Caſtagno par l'ordre du Senat

representa au naturel tous ceux de cette conjuration, qu'il prit d'autant plus de soin de bien peindre, qu'en cette rencontre il rendoit service aux Medicis, dont il estoit creature. Quoy que le Tableau qu'il fit, fust vn Tableau assez desâgreable, puis qu'on n'y voyoit qu'vne multitude de gens pendus : toutefois les sçavans en l'Art de peinture trouverent dans cet Ouvrage des choses qui les satisfirent au delà mesme de tout ce qu'André avoit fait auparavant. Mais ce travail où il avoit pris tant de peine luy acquit vn nouveau nom, car depuis ce temps-là on ne l'appella plus *Andrea del Castagno*, mais *Andrea de gl'Impiccati*.

Durant que ce Peintre vécut il demeura en estime parmy tout le monde, mais comme l'on apprit à sa mort le crime horrible qu'il avoit commis en la personne de son meilleur amy, ce fut avec la haine & l'indignation publique qu'on l'enterra dans l'Eglise de *sancta Maria la nuova*, où le pauvre Dominique avoit aussi sa sepulture.

Vasari rapporte qu'il y eut vn VITTORE PISANO ou PISANELLO qui travailla sous André del Castagno, & qui finit quelques Ouvrages demeurez imparfaits par sa mort; Et qu'ensuite le Pape Martin V. passant à Florence

ET SVR LES OVVRAGES DES PEINTRES. 175
rence l'emmena à Rome. Mais comme Vasari PISANELLO.
n'est pas toûjours fort exact en ce qu'il écrit,
il n'a pas pris garde qu'André a survécu Martin V. de plus de quarante cinq ans, puis que
ce Pape mourut en 1431. & qu'André travailloit
encore à Florence en 1478. Ainsi ce ne fut pas
ce Pape qui mena le Pisanello à Rome, ou bien
cela arriva long-temps devant la mort d'André. Mais sans nous arrester à ces circonstan-
ces qui sont peu importantes à nostre sujet, on
sçait par les écrits de plusieurs sçavans hommes, que Pisanello estoit estimé tres-bon Peintre & tres-excellent Sculpteur, principalement pour les medailles. Il fit celles de quelques Princes & grands Seigneurs de son temps.
Dans vne lettre que Paul Ioye écrit à Cosme
de Medicis, il luy mande qu'entre les medailles
qu'il a de la façon de Pisano, il conserve tres-
cherement celles d'Alphonse Roy de Naples,
du Pape Martin V. de Sultan Mahomet, qui
prit la ville de Constantinople en ce temps-là; En l'an 1453.
de Sigismond Malateste, de Nicolo Piccinino,
fameux Capitaine, de Iean Paleologue, qui
fut le dernier Empereur Chrestien de Constantinople, & que le Pisano fit lors que cet
Empereur se trouva au Concile assemblé à Florence sous le Pape Eugene IV.

Z

GENTILE DA FABRIANO.

Mais Il y eut GENTILE DA FABRIANO, que Martin V. fit travailler à S. Iean de Latran. Il peignit auſſi dans ſainte Marie Major, proche le tombeau du Cardinal Adimari, vne Vierge que Michel Ange eſtimoit beaucoup. Et en parlant de Gentil il avoit accouſtumé de dire que les Ouvrages de ſa main convenoient fort bien au nom qu'il portoit. Ce Gentil travailla encore en pluſieurs endroits d'Italie; neanmoins eſtant devenu paralytique ſur la fin de ſes jours, ſes derniers Tableaux n'étoient pas ſi achevez que ſes premiers. Il mourut âgé de 80. ans.

GOZZOLI.

LORENZO COSTA.

Il y avoit encore en ce temps-là vn GOZZOLI qui a travaillé à Rome, & a Piſe; vn LORENZO COSTA de Ferrare, qui a peint à Bologne & à Mantouë, & qui eut pour diſciple Hercule de Ferrare, & le Doſſe dont il y a dans le cabinet du Roy vn Tableau repreſentant la Nativité de Noſtre Seigneur.

Afin, me dit Pymandre, de mieux remarquer le progrés de la Peinture, dites-moy je vous prie ce que vous avez trouvé de plus excellent dans les Ouvrages de ces Peintres que vous avez nommez les derniers.

On peut dire, luy repartis-je, qu'ils travailloient d'vne maniere moins ſeche & moins bar-

bare queles premiers. Mais à vous dire vray, il y Lorenzo Costa.
a eu de si excellens hommes depuis ceux-là, que
je ne me suis jamais guere appliqué à considerer
ce qui reste d'eux. Et vous voyez bien que si
je vous en parle, c'est plustost pour vous faire
souvenir de ce qu'ils ont fait, que pour vous
faire admirer l'excellence de leurs Ouvrages.
Mais j'auray bien-tost lieu de vous entretenir
de personnages plus connus & plus sçavans.

 Car du temps que ce Dominique qui fut assassiné par André del Castagno, travailloit encore à Venise, il avoit pour concurrent IAC- Iacqves Bellin.
QVES BELLIN originaire de Venise & disciple de Gentil da Fabriano. Ce Iacques eut
deux fils IEAN & GENTIL ausquels ayant Iean & Gentil Bellin.
appris les principes de la Peinture, ils y reüssirent si heureusement qu'en peu de temps ils
surpasserent de beaucoup celuy qui leur avoit
mis le pinceau à la main.

 Mais quoy que ce bon homme ne fust plus
capable de les enseigner par l'exemple de ses
Ouvrages, il ne laissoit pas de les instruire par ses
paroles & par ses bons avis; Il les encourageoit
autant qu'il pouvoit à s'avancer dans cet Art,
qui sembloit comme leur tendre les bras, leur
mettant sans cesse devant les yeux l'exemple
des Peintres de Toscane qui se perfectionnoient
de jour en jour.

IEAN & GEN-TIL BELLIN.

Aussi ce furent ces deux freres qui eurent la gloire de faire paroistre dans Venise les plus beaux Ouvrages qu'on y eust encore veus. Comme la Republique reconnut leur merite, elle creut ne devoir pas perdre l'occasion de leur donner de l'employ. Ayant jugé à propos de representer ce que les Venitiens avoient fait de plus glorieux dans la paix & dans la guerre, on choisit Iean & Gentil pour en faire des Tableaux dans la grande sale du Conseil, où l'on fit travailler vn certain VIVARINO qui estoit alors en reputation, afin qu'à l'envy les vns des autres ils s'efforçassent à mieux faire.

Le sujet qu'on leur proposa, fut ce qui se passa à Venise lors que le Pape Alexandre III. s'y retira durant la cruelle persecution que luy fit l'Empereur Federic Barberousse.

L'an 1159. Aprés la mort subite d'Adrian IV. Alexandre III. ayant esté élu par les Cardinaux contre le consentement de l'Empereur, il se forma aussi-tost dans l'Eglise vn schisme qui dura seize ans, pendant lequel on vit trois Antipapes se

Victor. IV. Paschal III. & Caliste III. succeder les vns aux autres & posseder la Chaire de S. Pierre, qu'Alexandre seul avoit droit de remplir. Car l'Empereur ayant fait élire Octavien Citoyen Romain & confirmer son élection dans vne assemblée de Prelats tenuë à Pavie, cet Antipape prit le nom de Victor IV. & monté sur vn cheval blanc fut conduit en triomphe par toute la ville, & proclamé souverain Pontife.

JEAN & GENTIL BELLIN.

Certes quand je pense aux divers troubles qui ont successivement agité l'Italie, & de quelle maniere les guerres & les desordres ont renversé tout ce qu'elle avoit receu autrefois de grand & de magnifique; je ne puis que je ne déplore ses malheurs & ses disgraces, & que je ne regrette ce qu'elle a perdu dans la destruction & le bouleversement de tant de Palais & de villes entieres, où nous eussions pû voir encore aujourd'huy des marques de l'ancienne grandeur Romaine.

Car ce fut au commencement de ce schisme que Milan fut rasée par l'Empereur Federic, & cette ville si puissante & si riche qui commandoit à tous ses voisins, fut détruite de fond en comble. Il est vray que la grandeur de sa fortune & l'excés de ses prosperitez l'avoient renduë si superbe, qu'elle traitoit toutes les autres villes avec mépris; & que l'orgueil de ses habitans avoit déja donné sujet à l'Empereur de leur faire la guerre, & de les châtier par de grands tributs qu'il leur imposa, aprés les avoir défaits proche le lac d'Ise & L'an 1160.

contraints de souffrir sa domination.

Cependant au lieu de devenir plus sages par les maux qu'ils avoient endurez, le déplaisir de se voir privez de leur ancienne liberté entretenoit dans leurs cœurs vne si forte haine contre Federic, qu'vn jour l'Imperatrice sa femme ayant eu la curiosité d'aller à Milan pour voir cette ville si fameuse ; les ressentimens du peuple se réveillerent de telle sorte dans leur ame, & toute la ville s'émeut d'vne si horrible maniere contre cette Princesse que l'ayant prise ils la mirent sur vne Asnesse, le visage tourné du costé de la queuë, qu'ils luy donnerent en main au lieu de bride : & en cet estat la promenerent par toute la ville. Mais vne si haute insolence ne demeura pas long-temps impunie : car l'Empereur justement irrité de l'affront fait à sa femme, les ayant assiegez & forcez de se rendre, rasa leur ville jusqu'aux fondemens, & à peine épargna-t-il les Eglises. Ainsi ces miserables peuples furent contraints de s'enfuir comme des vagabonds, & regardant avec larmes la désolation de leur ville, reconnurent la grandeur de leur faute par l'excés de leur chastiment.

Et parce que Federic ne creut pas pouvoir reparer l'injure faite à l'Imperatrice, qu'en cou-

ET SVR LES OVVRAGES DES PEINTRES. 181
vrant d'opprobre & d'infamie la memoire de ces peuples, il fit labourer la ville par des bœufs, comme vn champ de terre, où par indignation il fit semer du sel au lieu de bled. Il y a mesme des Auteurs qui ont écrit qu'aprés tout cela, ceux qui furent pris ne purent sauver leur vie, qu'à cette condition honteuse, qu'ils tireroient avec les dents vne figue du derriere de l'asnesse sur laquelle ils avoient mis l'Imperatrice, & il y en eut qui aimerent mieux souffrir la mort, qu'vne si grande ignominie. C'est de là qu'est venu cette sorte d'injure qui se pratique encore aujourd'huy parmy les Italiens; lors qu'en se monstrant vn doigt entre deux autres, ils se disent par mocquerie: *voilà la figue.* Neanmoins de la maniere qu'ils prononcent cette raillerie, il semble qu'ils luy veulent donner vn autre sens encore moins honneste.

Mais pour revenir à ce qui regarde le Pape Alexandre, aprés avoir esté contraint de quitter l'Italie, de passer en Sicile, de venir en France, & de retourner à Rome; enfin il fut obligé d'en sortir pour se sauver à Venise, où il demeura quelque-temps déguisé dans vn Monastere en qualité de Cuisinier. Ayant esté reconnu, le Duc & le Senat furent le prendre & le

Jean & Gentil Bellin.

Krantius lib. 6. hist. Sax.

conduisirent dans l'Eglise de S. Marc avec grande solemnité. C'est cette action qui fait le sujet d'vn des Tableaux que Iean Bellin peignit dans la sale du Conseil.

Or comme l'Empereur eut appris qu'Alexandre estoit à Venise, il dépescha des Ambassadeurs pour demander qu'on le mist entre ses mains. Mais les Venitiens s'estant déclarez pour le Pape, il envoya aussi-tost contre eux vne armée navalle, dont il donna le commandement à Otton son fils, avec ordre toutefois de ne pas s'engager dans vn combat qu'il ne l'eust joint. Ce Prince enflâmé de cette ardeur de jeunesse, qui fait souvent faire des actions précipitées, n'eut pas assez de patience pour attendre son pere, il livra la bataille aux Venitiens sur la mer Adiatique, où ayant esté vaincu, il demeura prisonnier.

Cette disgrace obligea Federic à faire la paix avec le Pape: & Ziano alors Duc de Venise en fut le mediateur.

L'on voyoit donc d'vn costé de la sale le premier Tableau que Gentil Bellin y fit, où il representa le Pape qui donnoit au Doge vn cierge beni, pour porter dans la solemnité des processions qui se firent alors. Là il peignit la place & le Palais de S. Marc, d'vn costé on voyoit

ET SVR LES OVVRAGES DES PEINTRES. 183

voyoit quantité de Prelats qui environnoient le Pape, & de l'autre le Doge accompagné des Senateurs & de la Noblesse.

JEAN & GEN-
TIL BELLIN.

Dans vn autre Tableau il representa d'vn costé comme l'Empereur receut favorablement les Ambassadeurs de Venise ; & de l'autre il fit voir ce mesme Empereur tout en colere qui se prepare à faire la guerre. Cet Ouvrage estoit d'autant plus agreable, qu'il estoit rempli de plusieurs figures & de divers bastimens fort bien mis en perspectives.

Ce Peintre representa dans le Tableau suivant comme le Pape exhorte le Doge & la Noblesse à se bien défendre, lors que pour resister à l'Empereur ils équipperent à frais communs vn armement de 30. galeres. Alexandre paroissoit assis dans la place de S. Marc, environné de plusieurs Seigneurs, & d'vne affluence de peuple.

Dans vn autre Tableau il peignit le Doge couvert de ses armes, qui accompagné de plusieurs Soldats, va recevoir la benediction du Pape. Ce Tableau fut estimé vn des plus excellens que Gentil eust fait, tant pour l'expression du sujet, que pour la disposition des figures. Neanmoins celuy qui suivoit, & où il avoit representé le côbat naval donné entre l'Empereur & les Veni-

A a

tiens, ne fut pas moins admiré de tout le monde. Car il faisoit voir les galeres de Venise qui attaquoient celles de l'Empereur; On remarquoit la forme des vaisseaux, la multitude des soldats & des matelots ; leurs manieres differentes de combattre & d'agir ; le mouvement de la mer, la fureur des vagues, l'agitation des navires, le débris des mats, des rames & des cordages, la cheute des morts, la fuite des vaincus, la douleur des blessez, le courage des victorieux, & generalement tout ce qu'il y a de remarquable dans vne pareille occasion, où la differente fortune des deux partis luy donnoit lieu d'exprimer vne infinité de diverses choses.

Dans le Tableau d'aprés, il peignit de quelle maniere le Pape receut le Doge lors qu'il revint victorieux. On voyoit comme Alexandre luy donna vne bague d'or pour épouser la mer, ce qu'ont fait depuis tous ses successeurs pour marque de la veritable & perpetuelle domination que les Venitiens avoient legitimement meritée sur cet Element. Dans vn autre endroit de ce mesme Tableau, le jeune Otton paroissoit à genoux devant le Pape, que plusieurs Cardinaux & Prelats environnoient. Le Doge estoit vn peu à costé accompa-

ET SVR LES OVVRAGES DES PEINTRES. 185
gné de ses Capitaines & de ses soldats. Quoy que le Peintre n'eust representé dans cette histoire que les poupes de quelques galeres; on ne laissoit pas neanmoins de reconnoistre celle du General, où il avoit mis tout au haut vne Victoire qui avoit vne Couronne sur la teste & qui tenoit vn Sceptre dans sa main.

IEAN & GEN-TIL BELL. N.

Ces Peintures ornoient vn des costez de la grande Sale du Conseil, & l'autre costé estoit peint de la main de Iean Bellin, horsmis quelques Tableaux que le Vivarino y fit pour continuer l'histoire de Gentil; & qui sont ceux-cy.

Le premier representoit le Pape dans sa chaise environné de plusieurs Senateurs. Le Prince Otton estoit à ses pieds, qui s'offrant d'aller luy-mesme trouver l'Empereur son pere pour le porter à faire la paix, s'engage par serment de revenir bien-tost se mettre entre les mains du Pape & des Venitiens.

La Peinture qui suivoit celle-là, faisoit voir comme Otton estant arrivé auprés de Federic se jette à ses genoux & luy baise la main; & l'on remarquoit sur le visage de l'Empereur avec combien de joye il recevoit son fils. Cet Ouvrage estoit embelli de plusieurs bastimens & de quantité de Figures qui representoient au na-

A a ij

turel les principaux Seigneurs de Venise qui avoient accompagné le Prince.

Le Vivarino ne pût finir que ces deux Tableaux, parce qu'il demeura malade & mourut peu de temps aprés.

Iean Bellin acheva donc le reste de cette histoire, & dans le Tableau qui suivoit, ceux dont j'ay parlé, il representa le Pape Alexandre dans l'Eglise de S. Marc, lors que Federic fut enfin contraint de s'humilier devant le Successeur des Apostres, & de soûmettre à ses pieds cette teste orgueilleuse, qui pendant dix-sept ans avoit si cruellement persecuté le Chef de l'Eglise.

L'on voyoit dans cette Peinture le Pape qui presentoit à Federic son pied pour le baiser ; & l'on dit que ce fut dans ce moment qu'Alexandre voyant l'Empereur à ses pieds & se souvenant de tant de peines qu'il avoit souffertes, prononça avec quelque sorte de colere & de ressentiment ce Verset d'vn Pseaume de David: *Super aspidem & basiliscum ambulabis, & conculcabis leonem & draconem.* A quoy l'Empereur avec vne presence d'esprit admirable, vn air grave & riant luy répondit, *Non tibi, sed Petro.* Alexandre luy repartit avec plus d'émotion, *Et mihi, & Petro.* Federic ne repliqua

ET SVR LES OVVRAGES DES PEINTRES. 187

rien pour n'irriter pas davantage le Pape ; mais il receut avec humilité la penitence qu'il luy imposa ; & ainsi la paix fut concluë entre eux.

IEAN & GENTIL BELLIN.

 Le Tableau qui represente cette action estoit encore plus beau que les autres, parce qu'on dit qu'il avoit esté retouché de la main du Titian disciple de Iean Bellin.

 Il y avoit encore trois Tableaux qui suivoient ce dernier. Dans le premier on voyoit le Pape disant la Messe dans l'Eglise de S. Marc. Dans le second, il estoit representé au milieu de l'Empereur & du Doge, ausquels il donnoit à chacun vn ombrarelle ou parasol, aprés en avoir reservé deux pour luy. Et dans le dernier Iean Bellin avoit peint comme le Pape accompagné du mesme Empereur & du Doge, arrivé à Rome où tout le Clergé & tout le peuple viennent le recevoir.

L'an 1175.

 Iean & Gentil firent plusieurs autres Ouvrages tres-considerables, desquels neanmoins je ne vous parleray point. Ie vous diray seulement que Mahomet alors Empereur des Turcs ayant veu des Portraits & quelques autres Tableaux de la main de Iean Bellin, dont vn Ambassadeur de Venise luy avoit fait present, fut si surpris de la beauté de ces Peintures, qu'il admira

A a iij

comment vn homme mortel estoit capable de faire vn Ouvrage qu'il regardoit comme vne chose toute divine. Desirant d'en voir l'auteur & de le faire travailler, il écrivit à la Republique, & la pria de le luy envoyer. Mais parce que Iean estoit déja fort âgé & que les Venitiens ne vouloient pas se priver d'vn si excellent homme, ils firent partir Gentil, qui aprés avoir fait plusieurs Portraits pour le Grand Seigneur, en receut de tres-grandes recompenses & retourna à Venise avec des Lettres de recommandation à la Republique, qui luy assigna vne pension considerable pendant sa vie.

Pour Iean Bellin il demeura toûjours à Venise où il finit ses jours aussi-bien que son frere. Gentil estoit âgé de 80. ans quand il * mourut, & Iean qui le survécut en avoit 90.

Ie sçay bien, dit Pymandre, que beaucoup de sçavans hommes ont parlé de Iean avec éloge; entre autres le Cardinal Bembo & l'Arioste; mais je ne croy pas avoir jamais rien veu de la main de ces Peintres, & je pense que leurs Tableaux sont rares en ces quartiers.

L'on voit, repartis-je, dans le Cabinet du Roy les portraits de ces deux freres dans vn mesme Tableau que Gentil a fait, lors qu'ils estoient encore fort jeunes.

IEAN & GEN-
TIL BELLIN.

Quand Loüis XI. Roy de France alla à Venise on luy fit present d'vn Christ mort, peint par Iean Bellin, & qui estoit dans l'Eglise de S. François.

Il me souvient d'avoir veu à Rome dans la Vigne Aldobrandine, vne Baccanale que ce mesme Peintre avoit commencée pour Alfonse I. Duc de Ferrare ; mais sa mort l'ayant empesché de la finir, le Titian y fit vn païsage admirable. Il est vray que les Figures de Bellin paroissent d'vne maniere fort seiche auprés de l'Ouvrage du Titian, & on voit que Iean n'avoit pas encore acquis cette tendresse & cette belle façon de peindre, qui depuis a rendu la pluspart des Peintres de Lombardie si recommandables.

Cependant ce fut dans ce temps-là qu'il s'établit en Italie deux Ecoles de Peinture qui étoient assez differentes l'vne de l'autre, quoy qu'elles eussent de mesmes principes & vne fin toute semblable, ne cherchât qu'à se perfectionner davantage. L'vne estoit l'Ecole de Venise & de toute la Lombardie ; l'autre l'Ecole de Florence & de Rome. Car bien qu'il y ait encore eu de la difference entre celle de Rome & celle Florence, ce ne fut neanmoins que du temps de Raphaël que l'Ecole de Rome changea de maniere, & parut comme la plus parfaite & la plus excellente de toutes.

Il y avoit donc à Florence COSME ROSSELLI, lequel ayant esté appellé à Rome par le Pape Sixte IV. pour peindre sa Chapelle avec plusieurs autres * Peintres y fit trois Tableaux, où il representa Pharaon englouti par les eaux de la mer rouge, IESVS-CHRIST preschant sur le bord de la mer Tyberiade, & le mesme Sauveur faisant la Cene avec ses Apostres.

Et parce que le Pape avoit proposé vn prix pour celuy qui feroit le mieux; Rosselli qui n'estoit ny abondant en inventions, ny sçavant dans le dessein, pensa qu'il devoit avoir recours à la beauté des couleurs. Il chercha les plus vives, & employa l'azur le plus excellent qu'il rehaussa encore par l'éclat de l'or qu'il y mit, s'imaginant bien que le Pape qui n'estoit pas assez connoissant dans le dessein, ne jugeroit de ses Ouvrages que par leur lustre & la vivacité des couleurs. Ce qui arriva en effet, car Sixte ayant fait découvrir les Tableaux de sa Chapelle, ceux que le Rosselli avoit faits le toucherent si fort, que non seulement il les estima incomparablement plus que les autres, mais il obligea

IEAN & GENTIL BELLIN.

COSME ROSSELLI.

* Alexandre Boticelle, Dominique Ghirlamdaye, l'Abbé de S. Clement, Luc de Cortone, & Pierre Perugin.

ET SVR LES OVVRAGES DES PEINTRES. 191
obligea mesme les autres Peintres à retoucher ceux qu'ils avoient faits, voulût qu'ils y missent de l'or & de l'azur afin de les rendre plus semblables à ceux de * Rossi, dont il ne consideroit pas les autres parties qui estoient beaucoup au dessous de ce que les autres Peintres avoient fait.

COSME ROSSELLI.

* Il mourut âgé de 68. ans l'an 1484.

Voyez-vous, interrompit Pymandre, combien il est important à vn Peintre d'employer toûjours des couleurs qui soient bien vives & bien éclatantes ?

Remarquez plûtost, luy repartis-je, combien il importe à vn excellent homme d'avoir pour Iuge de son travail des personnes connoissantes, qui sçachent en quoy consiste la perfection de l'Art, & qui ne s'arrestent pas à la superficie des choses.

Il y a peu de gens, reprit Pymandre, capables de cette haute connoissance, & cependant il faut qu'vn Peintre fasse des Tableaux qui soient agreables à tout le monde.

Ie sçay bien, luy dis-je, que tous ceux qui regardent vn Ouvrage n'en connoissent pas le merite. Mais ne m'avoüerez-vous pas qu'il vaut mieux faire quelque chose dont les sçavans soient satisfaits, que de plaire à vne multitude d'ignorans ? Vous sçavez bien que le Poëte Anthimachus ayant assemblé vn jour quantité

Bb

{COSME ROS-SELLI.} de personnes pour lire en leur presence vne piece qu'il avoit composée, & voyant que ses Auditeurs l'avoient tous quitté, à la reserve de Platon : Ie ne laisseray pas, dit-il, de continuer ma lecture, parce que Platon vaut tout seul des milliers d'Auditeurs. En effet vn Poëme & vn Tableau sont des productions dont tous les hommes ne sçavent pas le prix, qui dépend de l'approbation d'vn petit nombre de personnes sçavantes.

Ie croy, repliqua Pymandre en riant, qu'en cette autre rencontre le Pape estoit le Platon de ce Peintre, puis que travaillant pour luy, il ne cherchoit qu'à luy plaire, pour recevoir la recompense qu'il en esperoit. Mais je ne veux pas vous interrompre, ny m'engager dans vn party que je ne pourrois soûtenir long-temps avec honneur. Aprés cela Pymandre m'ayant convié de continuer mon discours, je le repris de la sorte.

{DOMINIQVE GHIRLANDAI.} DOMINIQVE GHIRLANDAï Florentin, fut vn de ceux que Sixte IV. employa, & qui dans la mesme Chapelle où le Rosselli avoit travaillé, fit deux Tableaux. Dans l'vn il representa comme Nostre Seigneur appella S. Pierre & S. André, & dans l'autre il y peignit la Resurrection du mesme Sauveur. Il eut pour disciple Michel-Ange, & aprés avoir vécu 44 ans, il mourut à Florence l'an 1493.

 Ie ne m'arresteray pas à vous parler ny de D. BARTOLOMEO Abbé de S. Clement, ny d'vn GERARDO, ny D'ALEXANDRE BOTICELLE, je vous diray seulement qu'AN-DRE' VEROCHIO fut le premier qui moula les visages des personnes mortes pour en garder la ressemblance, & qu'il eut pour disciples Pietre Perugin, & Leonard de Vinci. Ce dernier fut cause que son maistre quitta entierement la palette & les pinceaux pour s'attacher tout-à-fait à la Sculpture. Car comme André Verochio travailloit à vn Tableau auquel il se faisoit aider par Leonard; Celuy-cy quoy que fort jeune, fit vn Ange si bien desseigné & si bien peint, qu'il effaçoit tout le reste de l'ouvrage; de sorte qu'André se voyant surpassé par son éleve resolut de ne plus faire de Tableaux.

 Il alla à Venise où la Republique l'avoit appellé pour faire en bronze vne figure équestre qu'elle vouloit élever à la gloire de Barthelemy de Bergame vaillant Capitaine. Comme André eut fait le modelle du cheval, & qu'il commençoit à travailler à la statuë que l'on devoit poser dessus, quelques-vns des princi-

DOMINIQUE GHIRLANDAI.

D. BARTOLOMEO.
GERARDO.
ALEXANDRE BOTICELLE.
ANDRE' VEROCHIO.

paux Senateurs formerent vne cabale dans le conseil, pour faire qu'vn autre Sculpteur nommé Vellano de Padouë, travaillast à la figure du Capitaine, & qu'André ne fist que celle du cheval. Mais André n'eut pas si tost appris cette resolution qu'il rompit la teste & les jambes du modelle du cheval qu'il avoit fait, & sans parler à personne sortit de Venise & s'en alla à Florence. La Seigneurie se trouvant offensée de son procedé, luy fit témoigner son ressentiment, & mesme vsant de menaces, luy fit dire qu'il ne fust pas si hardi que de retourner à Venise, par ce qu'elle luy feroit couper le col. A cela André répondit assez galamment, qu'il s'en donneroit bien de garde, sçachant qu'il n'estoit pas en leur pouvoir de ratacher la teste d'vn homme quand ils l'auroient vne fois separée de son corps, & encore vne teste telle qu'estoit la sienne. Mais qu'il avoit cet avantage sur eux, qu'il pouvoit rejoindre au corps de son cheval la teste qu'il avoit rompuë, & mesme y en mettre vne beaucoup plus belle. Cette réponse ne dépleut pas aux Venitiens, au contraire elle adoucit leur esprit irrité, & s'estant raccommodez avec André, ils luy firent vne composition si avantageuse, qu'estant retourné à Venise il acheva son premier model-

le & le jetta en bronze. Il ne put neanmoins fi- <small>ANDRE' VE-ROCHIO.</small>
nir l'Ouvrage entier, car s'eſtant échauffé &
refroidi en travaillant, il demeura malade d'vne
pluresie dont il mourut âgé de 56. ans.

Mais de tous ces Anciens Peintres, celuy qui
a le mieux ſceu l'Art de la Peinture fut ANDRÉ <small>ANDRE' MAN-TEGNE.</small>
MANTEGNE. Il nâquit à Padouë, & lors
qu'il n'eſtoit encore qu'vn enfant qui gardoit
les brebis dans la campagne, il prenoit plaiſir
à deſſeigner. Comme on l'eut mis ſous vn maî-
tre* pour apprendre à peindre, il employa ſon <small>* Iacques Squacione.</small>
temps ſi vtilement, que bien-toſt après non
ſeulement il ſurpaſſa ſon maiſtre, mais ſe rendit égal aux Peintres les plus ſçavans. De ſorte qu'à l'âge de 17. ans il fut choiſi par ceux
de Padouë pour faire le Tableau du grand Autel de l'Egliſe de ſainte Sophie.

Entre les Ouvrages qu'il a faits, on eſtime
particulierement le triomphe de Ceſar, qu'il
peignit à Mantouë dans vne ſalle de Louis Marquis de Gonzague. Car comme il eſtoit plus
ſçavant dans la perſpective que les autres
Peintres de ce temps-là, tout ce qu'il peignit
eſtoit deſſeigné & reduit au point de veuë d'vne
maniere qui n'eſtoit pas ordinaire alors. Auſſi
cette peinture plût ſi fort à ce Seigneur,
qu'outre les recompenſes qu'il luy donna, il le
fit Chevalier de ſon Ordre.

ANDRE' MANTEGNE.

Ce fut aprés qu'il eut fini ce travail que le Pape Innocent VIII. le fit aller à Rome, où il peignit vne petite Chapelle qui est à *Belvedere*, mais avec tant de soin & tant de plaisir, que cet ouvrage paroist de miniature. Aussi s'attachoit-il beaucoup à finir ce qu'il faisoit, & sur tout à mettre exactement tous les corps en perspective. Vous avez pû voir au Palais Mazarin vn Christ mort qui paroist couché de son long, & que l'on voit racourci depuis le dessous des pieds jusqu'au haut de la teste; Il y a aussi vne Vierge de sa façon dans le cabinet du Roy. Et vous pourriez remarquer dans ce Tableau combien les Peintres de ce temps-là s'attachoient particulierement à finir toutes les parties des corps, & mesme celles qui sont dans l'ombre aussi-bien que celles qui sont les plus éclairées. Ie ne veux pas les priver de la reputation qu'ils ont acquise par leurs veilles : mais pourtant les Tableaux des grands Peintres qui sont venus depuis, effacent extrémement leurs Ouvrages.

Cependant André Mantegne a merité d'estre mis au nombre de ceux qui ont bien disposé les figures, qui ont desseigné correctement, & qui ont exprimé leurs sujets avec beaucoup de science. Il mourut à Mantoüe âgé de 66. ans.

Ce Philippe Lippi qui avoit esté Carme, & PHILIPPE LIPPI. duquel je vous parlois tantost, laissa vn fils nommé PHILIPPE qui fut Peintre comme son pere, & qui fit beaucoup d'Ouvrages en divers endroits d'Italie.

Pendant qu'il estoit à Florence, il y eut des Peintres & des Sculpteurs qui allerent en Hongrie travailler pour le Roy Matthias Corvinus. Philippe fut sollicité d'estre de la partie, mais aimant mieux demeurer chez luy que d'aller si loin, il se contenta de faire quelques Tableaux pour ce Prince, auquel il les envoya avec plusieurs autres raretez. Ce Roy estoit fils de Iean Huniades, autrefois l'effroy & la terreur des Ottomans, & qui dans les fossez de Bellegrade fit mourir vn si grand nombre de ces infidelles. Matthias estant parvenu à la couronne de Hongrie, remporta tant de victoires sur ses ennemis, qu'il s'acquit la reputation d'vn des plus grands Princes de son temps. Il avoit vne ame vrayement royale, le cœur grand, l'esprit vif, & le jugement solide. Il aimoit les lettres, & les croyoit si necessaires à former vn grand Prince, qu'il estimoit que sans elles il estoit presque impossible, quelque experience que l'on eust, de sçavoir jamais ce que les histoires enseignent & font voir en peu de temps.

C'est pourquoy il attiroit de toutes parts auprés de luy des personnes sçavantes dans les Sciences & dans les Arts, & prenoit tant de plaisir à s'entretenir avec eux, qu'il assistoit souvent à leurs assemblées.

Si-tost qu'il avoit quelque moment de loisir il l'employoit à lire les histoires, s'enfermant pour cela dans cette magnifique Bibliotheque qu'il avoit fait bastir à Budes, où il fit vn amas de tous les plus rares & plus excellens livres qu'il pût rencontrer. Et mesme dans la grande place de la ville il avoit fait faire des boutiques pour toutes sortes d'Artisans qui venoient là, non seulement d'Italie, mais de tous les autres endroits de l'Europe. Il disoit souvent que la grandeur d'vn Roy paroissoit en trois choses; à vaincre l'ennemy commun des Chrestiens, à faire des actions dignes d'être écrites, & à estre liberal envers les personnes sçavantes.

Aussi c'estoit sur ces belles maximes que ce Prince élevoit la gloire de son regne; & par le concours de tant de personnes extraordinaires qui remplissoient sa Cour, il rendit son Royaume si poli & si florissant, qu'on disoit alors que le Roy Matthias avoit fait d'vn Royaume de plomb, vn Royaume d'or. Mais lors qu'il pensoit

penſoit à rendre ſa vie encore plus illuſtre en faiſant vne guerre tres-ſanglante contre le Turc, il mourut d'vne apoplexie dans la 56. année de ſon âge, aprés avoir glorieuſement regné trente-ſix ans.

PHILIPPE LIPPI.

La nouvelle de ſa mort fit ceſſer pluſieurs Ouvrages que l'on faiſoit pour luy à Florence. Et ce Gerardo dont je vous ay parlé ayant a- chevé quelques Miniatures qu'il avoit com- mencées pour ce Prince, Laurens de Medicis les acheta avec d'autres pieces de Sculptu- re & de Peinture qu'on avoit faites pour en- voyer en Hongrie. Ce Philippe aprés avoir vécu 45. ans mourut à Florence le 13. Avril 1505.

Mais il faut que je vous parle de BERNAR- DIN PINTVRICCHIO qui a peint dans la Librairie du Dome de Sienne l'hiſtoire du Pape Pie II. appellé auparavant Eneas Sylvius.

PINTVRIC- CHIO.

Le Cardinal François Picolomini ſon Neveu qui depuis fut auſſi Pape & porta le nom de Pie III. fit faire cet ouvrage qui eſt conſide- rable non ſeulement à cauſe des ſujets qui ſont hiſtoriques & inſtructifs, mais parce que Ra- phael en fit la pluſpart des deſſeins. Quoy qu'il fuſt fort jeune en ce temps-là, & qu'il travail- laſt encore avec le Pinturicchio ſous Pietre

Cc

Perugin leur maiſtre, on ne laiſſe pas d'y reconnoiſtre beaucoup de cette facilité & de cette grace qui paroiſſoit dans toutes les choſes que Raphael a faites & qui rendent ceux-cy tres-agreables. Et de vray ils me plurent ſi fort en les voyant qu'il me ſemble les avoir encore devant les yeux, tant ils s'imprimerent alors fortement dans ma memoire. Mais je ne vous en parleray pas de crainte de vous ennuyer, ayant d'ailleurs aſſez d'autres choſes à vous faire remarquer.

Ie vous prie, me dit Pymandre, que cela ne vous empeſche pas d'en rapporter quelque choſe : car je ne doute pas que le recit de ces Peintures ne ſoit tres-agreable & tres-divertiſſant.

Ie vous diray donc, repris-je, puiſque vous le ſouhaitez ainſi, que dans le premier Tableau le Pinturicchio a traité deux ſujets. L'vn eſt la naiſſance d'Eneas en l'an 1405. l'on y voit ſon pere Sylvius Picolomini & ſa mere Victoria repreſentez au naturel. Mais pour mieux vous expliquer ces Peintures il faut que je vous marque ſuccinctement quelque choſe de la vie d'Eneas Sylvius.

Comme il avoit vn naturel admirable pour toutes les Sciences, il eſtoit encore fort jeune lors qu'il compoſa pluſieurs livres de poëſies

Latines & Italiennes. Aprés s'estre rendu sça- PINTVRIC-
vant dans les belles lettres, il se mit à appren- CHIO.
dre le droit, mais il quitta cette étude pour accompagner Dominique Capranicus lors qu'il
passa par Sienne pour aller au Concile de Basle
se plaindre du Pape Eugene qui luy avoit refusé le chapeau de Cardinal, dont le Pape Martin l'avoit honoré. On voit dans ce Tableau
comme le Cardinal Capranicus & Eneas sont
en chemin, & comme ils passent les Alpes couverts de neges & de glaçons.

Lors qu'Eneas fut arrivé à Basle & qu'il eut
fait connoistre son merite & sa grande capacité, il ne demeura pas long-temps sans employ;
car s'étant attaché à l'Evesque de Novarre, &
ensuite au Cardinal de sainte Croix, il alla en
Flandre avec celuy-cy. Estant de retour à
Basle il fut choisi pour Secretaire du Concile
qui se servit de luy dans les negociations les
plus importantes.

L'on voit dans le second Tableau de cette
Librairie comme le Concile l'envoye en qualité de Legat à Strasbourg, à Trente, à Constan-
ce, à Francfort, & à la Cour du Duc de Savoye.

Vous sçavez-bien qu'Amedée Duc de Savoye aprés la mort de sa femme quitta le titre
de Duc & laissa le gouvernement de ses Estats

à Louis son fils ; Que s'étant retiré dans vn lieu nommé Ripaille situé sur le lac de Lausane, avec douze anciens Chevaliers, il s'y établit comme dans vne espece d'hermitage. Là ils gardoient toutes les apparences exterieures de Solitaires fort devots. Cependant c'estoit vn sejour agreable où ils faisoient bonne chere, & vivoient d'vne maniere si délicieuse, que de là est venu le nom de faire ripaille, pour dire faire vne grande chere.

{{Pinturicchio.}}

Le Concile de Basle ayant donc déposé Eugene, éleut en sa place ce Duc de Savoye. Il se nomma Felix, & ayant choisi Eneas pour son Secretaire, l'envoya en qualité de son Nonce Apostolique vers l'Empereur Federic III. Cette légation fait le sujet du troisiéme Tableau que le Pinturicchio a peint dans cette bibliotheque.

L'Esprit & l'humeur d'Eneas furent si agreables à Federic qu'il l'arresta auprés de luy, luy donna la couronne de Poëte, & le fit l'vn de ses Secretaires & Conseillers d'Estat. Aussi Eneas faisoit paroistre tant d'intelligence dans les affaires les plus difficiles où il estoit employé, qu'il passoit pour vn des plus grands hommes de ce temps-là. C'est dans le quatriéme Tableau que le Peintre a representé comme l'Empereur l'envoya vers le Pape Eugene. Ses amis firent PINTVRIC-CHIO. ce qu'ils purent pour le dissuader de ce voyage, parce qu'ils craignoient qu'ayant combatu comme il avoit fait dans le Concile l'autorité d'Eugene, ce Pape n'en eust du ressentiment & ne le fist emprisonner quand il seroit à Rome. Mais la crainte de ses amis n'en fit naistre aucune dans son ame; Il fut trouver le Pape, se presenta devant luy avec vn courage intrepide, & lors qu'il eut justifié sa conduite par vn discours tres-eloquent, il traita du sujet de son Ambassade.

Aprés la mort d'Eugene il fut nommé à l'Evesché de Trieste par le Pape Nicolas V. & ensuite à celuy de Sienne.

Dans le cinquième Tableau on voit comme Federic voulant aller à Rome se faire couronner Empereur, il envoya Eneas à Talamone qui est vn port de mer sur l'Estat des Siennois, pour recevoir l'Imperatrice Eleonor qui venoit de Portugal.

La sixiéme histoire represente Eneas qui reçoit les ordres de l'Empereur pour aller vers le Pape Calixte IV. le porter à faire la guerre au Turc. L'on voit dans vn endroit de ce Tableau le mesme Pape qui l'envoye traiter de la paix entre les Siennois, le Comte de Petigliano

PINTVRIC-CHIO.

& d'autres Seigneurs, laquelle ayant esté concluë on resolut de porter les armes du costé d'Orient; & ce fut alors qu'Eneas estant retourné à Rome receut du Pape le chapeau de Cardinal.

Dans le septiéme Tableau on remarque comme aprés la mort de Calixte, Eneas fut éleu Pape & nommé Pie. II.

L'an 1458.

Lors que la mort de Calixte arriva, Eneas estoit aux bains de Viterbe où il avoit commencé de travailler à l'histoire de Boheme. Mais il quitta les bains & les livres pour se rendre promtement à Rome & se trouver à la creation d'vn nouveau Pape. Sa presence estant desirée vniversellement de tout le monde, chacun fut au devant de luy, & bien-tost aprés il fut élevé à la dignité de Souverain Pontife.

Aprés avoir rendu graces à Dieu de sa promotion & donné ordre aux choses qui regardoient l'Estat Ecclesiastique, il tourna toutes ses pensées à la paix & à l'avancement des affaires de la Chrestienté. Il convoca vn Concile Oecumenique dans la ville de Mantouë pour porter les Princes Chrestiens à faire la guerre aux infideles. Cette action fait le sujet du huitiéme Tableau, où le Peintre a representé comme Louis Marquis de Gonzague le reçoit

ET SUR LES OUVRAGES DES PEINTRES. 205
avec une magnificence extraordinaire.

PINTURIC-
CHIO.

La canonisation qu'il fit de sainte Catherine de Sienne Religieuse de l'Ordre de S. Dominique, est peinte dans le neufiéme Tableau. Et dans le dixiéme qui est le dernier, on y voit la mort de ce Pape, laquelle arriva à * Ancone lors qu'ayant par ses soins composé une puissante armée de toutes les forces de la Chrêtienté, il en attendoit la jonction pour la faire partir. Le Peintre a représenté comme un hermite de Camaldoli homme de sainte vie, voit dans le mesme moment que le Pape meurt, les Anges qui portent son ame dans le Ciel.

* Le 16. Aoust. 1464.

Outre cela il a peint le convoy qui se fit du corps de Pie, lors qu'on le transfera d'Ancone à Rome, où il a mis une infinité de Prelats & de Seigneurs qui regrettent la mort d'un si grand Pape.

Ce qu'il y a dans tout cet Ouvrage de plus digne d'estre remarqué, c'est la quantité de personnes que le Pinturicchio a peint au naturel qui vivoient de ce temps-là. Et pour ce qui est de la Peinture elle est considerable par le soin qu'il a eu de finir beaucoup ses figures, de n'employer que des couleurs fines & éclatantes, & encore de les enrichir d'or dont il a relevé les draperies.

PINTVRIC-CHIO.

Comme le Pinturicchio avoit travaillé à Rome avec Pietre Perugin du temps du Pape Sixte, il s'eſtoit fait connoiſtre à Dominique de la Roüiere Cardinal de ſaint Clement. Ce fut ce qui luy donna occaſion de faire pluſieurs Ouvrages dans le Palais de ce Cardinal. Il fit quelques Tableaux à *Belvedere* ſous le Pontificat d'Innocent VIII. Entre autres il peignit vne * loge où il repreſenta les villes de Rome, de Milan, de Genes, de Florence, & pluſieurs autres, & les accompagna de païſages faits de la meſme maniere que les Flamands travailloient alors, car ces ſortes d'Ouvrages n'eſtoient pas encore en vſage parmy les Italiens. Neanmoins comme cela parut vne choſe nouvelle, tout le monde en fut aſſez ſatisfait ; Il fit pluſieurs autres Peintures dans le Vatican pendant le Siege d'Innocent. Et lors qu'Alexandre VI. eut ſuccedé à Innocent, il choiſit le Pinturicchio pour peindre les appartemens où il demeuroit d'ordinaire, & ceux de la Tour Borgia.

Ce Peintre pour plaire davantage aux perſonnes qui ne connoiſſent pas l'excellence de cet Art, faiſoit de relief tous les ornemens de ſes peintures, & outre cela les enrichiſſoit d'or, afin que ces Tableaux euſſent & plus de force & plus d'éclat, & meſme quand il repreſentoit des

* Les Italiens nomment *loges* les galleries ou Coridors qui ſervent à communiquer à divers appartemens.

des bastimens, il les faisoit relevez comme s'ils eussent esté de basse taille. Ie vous laisse à juger de l'effet que cela pouvoit faire, lors qu'on voyoit des choses qui au lieu de paroistre fort éloignées, avançoient beaucoup plus que les figures qui estoient peintes sur le devant du Tableau.

PINTVRIC-CHIO.

Cependant il acheva de la sorte plusieurs Ouvrages pour Alexandre VI. qui luy fit peindre son histoire dans vn appartement bas qui regarde sur le jardin du Vatican. Ce fut là qu'il representa au naturel quantité de personnes de marque; Entre autres Isabelle Reine d'Espagne, le Comte de Petigliano, Iean Iacques Trivulce, & Cesar Borgia. Et sur la porte d'vne des chambres il peignit dans vn mesme Tableau Iulie Farnese en Vierge, & Alexandre qui l'adoroit.

Ie pourrois vous parler d'vne infinité d'autres Peintures que le Pinturicchio a faites en divers lieux d'Italie, mais comme cela ne vous seroit qu'ennuyeux, je les passeray sous silence, & vous diray seulement la cause de sa mort, comme vne chose curieuse à sçavoir.

Estant à Sienne, les Religieux de saint François qui desiroient avoir vn Tableau de sa façon, luy donnerent vne chambre chez eux

D d

PINTVRIC-CHIO. pour travailler, & pour le loger plus commodement ils prirent soin d'en oster tous les meubles, horsmis vne vieille armoire qui leur sembla trop difficile à transporter. Le Pinturicchio qui estoit naturellement fantasque, s'en trouvant embarassé se plaignit si souvent de l'incommodité qu'il en recevoit, qu'enfin les Religieux resolurent de la mettre ailleurs. Mais en voulant la changer de place il s'en rompit vne piece dans laquelle il y avoit 500. écus d'or cachez. Cela surprit tellement le Pinturicchio, & luy causa vn tel déplaisir de n'avoir pas découvert & profité de ce tresor, que ne pouvant penser à autre chose, ny oublier cette perte qu'il croyoit avoir faite ; il en* mourut de déplaisir.

* Environ l'an 1513 âgé de 59. ans.

Il faloit, dit alors Pymandre, que ce Peintre eust beaucoup d'amour pour l'or. Et je ne m'estonne plus qu'il prit tant de plaisir à le voir briller dans ses Ouvrages, où il y avoit sans doute plus de richesse que de science. Car il est bien rare qu'vn homme qui aime si fort les biens de la terre, ait autant de passion pour les biens de l'esprit.

Ie n'ignore pas, luy repartis-je, qu'il ne soit difficile d'avoir deux grandes passions à la fois, & qu'il ne faille que celle qui nous doit porter à devenir sçavans, commande à toutes les au-

ET SVR LES OVVRAGES DES PEINTRES. 209
tres : mais je sçay bien aussi qu'il n'y a guere PINTVRICde personnes exemtes de l'amour des richesses; CHIO.
& que bien des hommes les recherchent pour
eux - mesmes , dans le temps qu'ils enseignent
aux autres à les fuïr & à les méprifer; Neanmoins je vais vous faire voir que s'il y a eu des
Peintres capables de se faire mourir par avarice, il y en a eu d'assez jaloux de leur gloire,
pour mourir seulement de la douleur qu'ils ont
euë , lors qu'ils ont creu que leur reputation
estoit diminuée par celle d'vn autre.

FRANÇOIS FRANCIA de Bologne fut FRANCIA.
vn de ceux-cy. Quoy qu'il eust vne naissance
fort mediocre, il avoit neanmoins l'ame belle
& les sentimens genereux. D'abord il apprit à
travailler d'Orfevrerie & à peindre d'émail sur
les métaux. Ensuite il se mit à graver des coins
pour faire des medailles, à quoy il reüssit si
bien qu'il se rendit vn des plus recommandables en cet Art. Neanmoins comme il avoit
l'esprit capable de plus grandes choses, il ne
pût s'arrester à vn travail où il se voyoit borné,
& où il n'avoit pas d'autre occasion de faire
connoistre son genie, qu'en gravant des portraits. Il voulut donc s'adonner à peindre. Desseignant fort bien & ayant pour amis les meilleurs Peintres de ce temps-là, il se fit bien-tost

D d ij

FRANCIA. instruire de quelle maniere il faut employer les couleurs. Il estoit âgé pour lors d'environ 40. ans, mais ny son âge ny les difficultez qu'il y a de se rendre parfait dans cet Art ne le rebuterent point ; au contraire il travailla avec tant de vigilance & d'amour, qu'il se rendit en peu de temps vn des plus excellens Peintres d'Italie.

Ie ne vous parleray point de tous les Tableaux qu'il a faits, je vous diray seulement que pendant qu'il travailloit dans son pays, qu'il y goûtoit vn doux repos, & jouïssoit de la gloire qu'il s'estoit acquise par ses études, Raphael d'Vrbin possedoit dans Rome toute l'estime & toute la reputation qu'vn excellent Peintre peut acquerir ; de sorte que tous ceux qui venoient rendre visite à Francia ne l'entretenoient d'autre chose que du merite & des ouvrages de Raphael. Et comme chacun est bien aise de loüer son pays, ceux de Bologne qui alloient à Rome ne manquoient pas aussi de dire à Raphael mille biens de Francia, & de faire valoir l'excellence de ses Peintures. Ainsi les amis de ces deux grands hommes leur donnoient moyen de se connoistre par les images qu'ils en faisoient ; & mesme ils leur firent concevoir vne estime si particuliere l'vn pour

ET SVR LES OVVRAGES DES PEINTRES. 211
l'autre qu'ils s'écrivirent & se lierent d'vne ami- FRANCIA.
tié tres-forte.

Francia entendant toûjours parler des Tableaux de Raphael avoit vne extréme passion d'en voir, mais estant déja vieux & incommodé il ne pouvoit se resoudre à sortir de Bologne où il vivoit avec beaucoup de douceur, pour aller jusques à Rome dont il craignoit les incomoditez du chemin.

Or il arriva vne rencontre qui le réjouit extrémement, parce qu'elle luy donnoit moyen de bien voir ce qu'il avoit tant de fois souhaité. Car Raphael ayant fait vn Tableau de sainte Cecile pour mettre dans vne Chapelle à Bologne, il l'adressa au Francia comme à son amy, le priant de vouloir se donner la peine de le placer, & mesme de corriger les defauts qu'il y verroit.

Aussi-tost Francia tira le Tableau de sa caisse avec vne joye qui ne se peut exprimer, & le mit dans vn jour commode pour le bien voir. Mais il n'eut pas jetté les yeux dessus, que rempli d'admiration & surpris d'étonnement il connut combien il estoit inferieur à Raphael. Il est vray que cet Ouvrage est vn des plus beaux que Raphael ait faits. De sorte que le pauvre Francia tout confus & à demy mort de voir vn

D d iij

Tableau dont la beauté furpaſſoit ſi fort tous ceux qui ſortoient de ſa main, & qu'il voyoit autour de luy comme obſcurcis par l'éclat de celuy-là, le fit porter dans l'Egliſe de S. Iean au lieu où il devoit eſtre poſé.

Et parce qu'il luy ſembla qu'il ne ſçavoit plus rien d'ans l'Art de la Peinture, luy qui avant cela avoit vne ſi bonne opinion de ſon ſçavoir, & que de plus ſon âge trop avancé luy oſtoit toute eſperance de rien apprendre davantage; il s'abandonna tellement à la douleur, que s'étant mis au lit à quelques jours de là, il ne fit plus que languir, & mourut quelque temps aprés de melancholie.

I'admire, me dit alors Pymandre, les divers mouvemens des hommes & leurs differentes inclinations, meſme dans ce qui regarde vne ſemblable profeſſion. Vous voyez qu'en l'vn l'avarice l'excitoit à travailler, & qu'en l'autre le deſir de ſurpaſſer tous ceux de ſa profeſſion, eſtoit ce qui luy donnoit de l'émulation. Il eſt vray que ce dernier me paroiſt digne de quelque loüange, puiſque l'ambition ſervoit à la grandeur de ſon Art : mais l'autre faiſoit ſervir l'Art à la paſſion qu'il avoit pour les richeſſes.

Cependant, pourſuivy-je, n'admirez-vous pas auſſi comment les hommes arrivent ſouvent à vn mesme but par des chemins differens. Il y en a que l'amour de la gloire conduit par des voyes plus belles & plus honnestes ; Le desir du gain ou la crainte de la pauvreté mene les autres par des sentiers plus détournez & des routes plus obscures, & tous ne laissent pas neanmoins d'arriver au lieu qu'ils se sont proposé, beaucoup de personnes mesme ayant acquis du merite & du sçavoir en cherchant seulement à se tirer de l'indigence.

C'est ce qu'on a remarqué dans PIETRE PERVGIN, qui estant sorti de Perouse sa patrie dans vn estat extrémement pauvre & dépourveu de tout secours, s'en alla à Florence où n'ayant pas seulement vn lit pour se coucher, il prit vne si forte resolution de se perfectionner dans la Peinture dont il avoit déja quelques commencemens, qu'il passoit les jours & les nuits à étudier. Aussi acquit-il par ce moyen vne si forte habitude à travailler, qu'il ne pouvoit estre vn seul moment sans s'occuper à desseigner ou à peindre. Comme il avoit beaucoup souffert dans la necessité où il s'étoit trouvé, il avoit sans cesse devant les yeux l'image affreuse de sa misere passée ; ainsi pour n'y retomber pas il faisoit des choses qu'il n'auroit peut-estre jamais entreprises s'il eust eu moyen de s'entretenir d'ailleurs.

C'est pourquoy il est arrivé souvent que les biens & les commoditez de la vie ont fermé le chemin de la Vertu à des esprits capables de grandes choses. Au lieu que la pauvreté les y auroit conduits avec honneur.

Or ce fut la crainte d'estre pauvre & le desir d'acquerir du bien qui donnerent tant de courage à Pietre Perugin, qu'il se perfectionna dans son Art, & fut vn de ceux qui firent les plus beaux Ouvrages de son temps. Il est bien vray qu'il passa les bornes d'vne legitime prévoyance, & que son trop grand amour pour les richesses soüilla son ame & ternit beaucoup sa reputation. Car quoy qu'il eust assez d'affection pour la Peinture, on peut dire neanmoins qu'elle n'estoit chez luy que la servante des richesses dont il estoit luy-mesme l'esclave. C'est pourquoy bien qu'on fist estat de ses Tableaux & qu'ils fussent en grande recommandation, on n'avoit pas pour luy toute l'estime qu'on auroit euë, estant tellement attaché au gain & à l'interest, qu'il eust fait toutes choses pour avoir de l'argent qui estoit son Idole. Aussi dit-on qu'il ne connoissoit guere d'autre Divinité, & que ne croyant point d'autre vie aprés celle-cy, il ne cherchoit qu'à establir toute sa fortune

ET SVR LES OVVRAGES DES PEINTRES. 215

fortune sur la terre. Les grands soins qu'il y apportoit luy firent acquerir beaucoup de biens en peu de temps. Sa plus grande dépense estoit pour sa femme ; estant jeune & belle il l'aimoit avec beaucoup de passion, & se plaisoit si fort à la voir brave, qu'il prenoit soin luy-mesme de la parer.

Ie ne sçay pas si son amour & tous ses soins reüssissoient fort bien auprés d'elle ; mais je sçay bien qu'il ne fut pas trop aimé de ceux de sa profession, particulierement de Michel-Ange avec lequel il avoit toûjours quelque differend.

Quant à ses Ouvrages il y en a vne infinité en Italie, & mesme vous pouvez en avoir veu à Paris. Il fit vn saint Sebastien pour vn Bourgeois de Florence qui le vendit depuis au Roy François I. 400. ducats d'or, & qui estoit estimé vn de ses meilleurs Ouvrages.

Parmy les Tableaux du Roy il y a vn S. Ierôme de sa façon. Sa maniere est seiche, mais pourtant meilleure que celle de Varrochio qui estoit son maistre. Il a fait de grandes compositions d'histoires, & l'on voit des tapisseries tres-belles & tres-riches qui sont de son dessein.

Ce qui a le plus honoré sa memoire est d'avoir

E e

PIERRE PERVGIN.

PIETRE PE-RVGIN. eu pour disciple Raphael d'Vrbin. Enfin aprés avoir vécu 78. ans, il mourut l'an 1524.

Il y avoit alors dans toutes les villes d'Italie vne infinité de sçavans hommes, qui sembloient disputer les vns aux autres l'avantage de peindre le mieux. Ie serois trop long si je m'arrestois à vous parler de tous ceux qui entroient en lice: car comme le nombre en estoit fort grand, beaucoup sont demeurez bien loin derriere les autres, qui n'ont eu que l'honneur de s'estre voulu signaler par leur courage. On voyoit à Verone FRANÇOIS TVRBIDO, dit LE MORE. MORE, qui a fait de fort beaux portraits. Il mourut en 1521. âgé de 81. an.

LVC SIGNO-RELLI. Il y avoit aussi à Cortone vn LVC SIGNO-RELLI, qui peignit à Rome dans la Chappelle du Pape Sixte, deux Tableaux que l'on estimoit beaucoup plus que ceux des autres Peintres dont je vous ay parlé.

LEONARD DE VINCI. Mais de tous ceux qui ont paru en ce temps-là, il n'y en a point qui ait possedé vne si parfaite connoissance de la Peinture que LEONARD DE VINCI, & je ne sçay pas mesme si depuis luy il y en a eu d'aussi sçavans dans la theorie de cet Art. Iamais homme ne receut du Ciel tant de graces ensemble. Il estoit bien fait de corps & beau de visage, & avec cela il

ET SVR LES OVVRAGES DES PEINTRES. 217

LEONARD DE VINCI.

conservoit vn air noble & gracieux ; mais sur tout il avoit l'ame belle & l'esprit rempli de sentimens hauts & relevez. Il estoit si fort & si robuste qu'il n'y avoit point de mouvement, pour rapide qu'il fust, qu'il n'arrestast. On dit que d'vne main il tournoit en façon de vis le batant d'vne cloche, & ployoit vn fer de cheval comme s'il n'eust esté que de plomb. Ayant vn amour particulier pour les plus beaux Arts, il apprit en peu de temps la Musique, & à joüer de divers instrumens. Il aimoit la Poësie & faisoit fort bien des vers, & pour n'ignorer rien de tout ce qu'vn jeune homme peut sçavoir, il s'exerça à monter à cheval & à tirer des armes. Dans toutes ces choses où il ne s'adonnoit que comme en passant, il y reüssit neanmoins si bien qu'il surpassa de beaucoup ceux mesme qui en faisoient vne entiere profession.

Il étudia avec grand soin l'Anathomie & les Mathematiques, particulierement la Geometrie & l'Optique, comme des parties essentielles à la Peinture. Il s'appliqua aussi à l'Architecture, & travailla fort bien de Sculpture. Mais à mesure qu'il s'instruisoit dans les Sciences & dans les Arts pour se faire grand Peintre, il formoit ses mœurs & faisoit pro-

E e ij

vision de vertus pour devenir vn fort honneste homme. Aussi avoit-il vne maniere de traiter avec le monde si douce & si agreable, qu'il charmoit tous ceux qui conversoient avec luy.

Tant de rares qualitez le firent bien-tost connoistre dans l'Italie, & Louis Sforce, dit le More, alors Duc de Milan, & amateur des beaux Arts, l'appella auprés de luy, où il travailla à plusieurs Ouvrages.

Ce Duc composa vne Academie de Peintres & d'Architectes, dont Leonard eut la direction. Et parce qu'il estoit bon ingenieur & sçavant dans les Mecaniques, ce fut par son moyen & sous sa conduite que l'on fit ce Canal qui amene les eaux de l'Adda jusques à Milan, ce qui avoit jusques alors paru vne entreprise, non seulement tres-difficile, mais comme impossible. Cependant il surmonta toutes les difficultez que d'autres y avoient rencontrées, & trouva le moyen de faire monter & descendre les vaisseaux par dessus les montagnes & dans les vallées.

Il estoit grand observateur des choses naturelles, & ne les consideroit pas seulement pour les representer mieux dans ses Ouvrages, mais pour en connoistre les causes ; En philoso-

ET SVR LES OVVRAGES DES PEINTRES. 219
phant ainſi ſur toutes ſortes de ſujets, il s'ac- LEONARD DE VINCI.
quit vne connoiſſance ſi parfaite de ſon Art,
qu'il a ſurpaſſé tous les Peintres qui avoient eſté
avant luy, & a laiſſé à la poſterité des témoignages de ſon grand eſprit & des marques de
ſes continuelles études. Vous avez peut-eſtre
veu ce qu'il a écrit ſur la Peinture dont je vous
parlois tantoſt, & qu'on a donné depuis quelque temps au public. Il avoit fait outre cela
pluſieurs autres traitez qui ont eſté perdus aprés
ſa mort, ou qui ſont entre les mains de perſonnes qui les gardent ſecretement.

M. Iabac qui a travaillé ſi heureuſement à
faire vn amas tres-conſiderable de Tableaux
rares & excellens, dont l'on peut dire qu'il a
enrichi la France & orné le cabinet du Roy,
a fait auſſi vn recueil d'vn tres-grand nombre
de deſſeins de la main des meilleurs maiſtres.
Il y en a entre autres pluſieurs qui ſont de Leonard & qu'il conſerve cherement. Parmy les
Tableaux du Roy l'on en voit trois de ce grand
Peintre, ſçavoir vn ſaint Iean au deſert, vne
Vierge & vne ſainte Anne, & vne autre Vierge à genoux.

Il y a encore de luy dans le cabinet de M. le
Marquis de Sourdis, vne Vierge tenant vn petit
Ieſus entre ſes bras. Ie ne pretends pas vous en

E e iij

rapporter vne infinité d'autres qu'il a faits, celuy qu'on a le plus estimé, est vne Cene qu'il peignit à Milan, où il a representé tant de belles & differentes expressions sur les visages des Apostres, qu'on regarde ce travail comme son chef-d'œuvre; il y en a vne copie dans l'Eglise de S. Germain de l'Auxerrois, qu'on estime beaucoup. Aussi de toutes les parties de la Peinture c'estoit celle de l'expression qu'il possedoit le plus : Car comme il avoit l'imagination vive & qu'il faisoit de profondes meditations sur toutes choses, il entroit si avant dans les passions & dans les sentimens les plus cachez de tous les hommes, & se les representoit si fort devant les yeux, qu'il ne manquoit jamais de les bien figurer quand il entreprenoit de les peindre.

Comme il se formoit toûjours des idées convenables à la dignité de ses sujets, il en avoit vne si belle & si haute de l'humanité du Fils de Dieu, que voulant la representer dans cette Cene qu'il fit à Milan, il ne l'acheva point, parce que l'Art & les couleurs ne pouvoient assez dignement exprimer ce qu'il s'estoit figuré de la beauté & de la Majesté du Sauveur du monde.

Il est vray aussi que ces grandes idées qu'il

ET SVR LES OVVRAGES DES PEINTRES. 221
avoit de la perfection & de la beauté des choses, a esté cause que voulant terminer ses Ouvrages au delà de ce que peut l'Art, il a fait
des figures qui ne sont pas tout-à-fait naturelles. Il en marquoit beaucoup les contours, il
s'arrestoit à finir les plus petites choses, & mettoit trop de noir dans les ombres; En cela
il ne laissoit pas de faire connoistre sa science
dans le dessein & dans l'entente des lumieres,
par le moyen desquelles il donnoit à tous les
corps vn relief qui trompe la veuë. Mais sa
maniere de travailler les carnations ne represente point vne veritable chair, comme le Titien faisoit dans ses Tableaux. On voit plûtost
qu'à force de finir son Ouvrage & d'y arrester
le pinceau trop long-temps, il a fait des choses si achevées & si polies qu'elles semblent de
marbre.

Comme l'esprit de l'homme est limité &
qu'il ne peut posseder toutes choses souverainement, on doit cependant avoir vne haute estime pour Leonard, puis qu'il a eu vne connoissance si grande de son Art, qu'il n'a fait de
fautes que quand il a voulu mettre les choses
dans vne trop grande perfection.

Estant fort inventif & fort ingenieux à composer des machines, ceux de Milan le prierent

LEONARD
DE VINCI.

de travailler à quelque chose d'extraordinaire & de magnifique, lors que le Roy Louis XII. fit son entrée dans leur ville. Ce qu'il acheva de plus considerable fut la figure d'vn lyon remplie de ressorts si justes & si secrettement ajustez, qu'aprés avoir marché plusieurs pas devant le Roy, lors qu'il entra dans la sale du Palais, cet Automate s'arresta tout court, & ouvrant son estomac fit paroistre les armes de France.

Environ vn an aprés arriva la défaite du Duc de Milan, qui fut * amené prisonnier en France, où il mourut à Loches. Cette disgrace des Sforces & les troubles qui estoient alors dans la Lombardie, furent cause que l'Academie qui s'estoit établie à Milan pour la perfection des Arts, se dissipa peu à peu ; Cependant il y avoit des Peintres qui s'estoient rendus excellens sous la conduite de Leonard, entre autres François Melzi, Cesar Sesto, Bernard Loüino, André Salario, Paul Lomazzo, & quelques autres Milanois, qui avoient si bien pris sa maniere, que souvent l'on a fait passer leurs Ouvrages pour estre de luy-mesme ; & j'en ay veu plusieurs de la main des disciples qu'on disoit estre du maistre, afin de les rendre plus considerables & de plus grand prix.

Pymandre

*L'an 1500.

Pymandre m'interrompant là-dessus, Il est vray, me dit-il, que jay remarqué souvent des curieux qui ne considerent les Tableaux que quand ils sçavent le nom de ceux qui les ont faits, & ne les estiment que par la reputation de leurs Auteurs, sans regarder ce qu'il y a de bon ou de mauvais.

    Ce que vous dites, repris-je alors, est le defaut de ceux qui ne se connoissent point ou que fort peu en Peinture : car les bons Peintres & les personnes intelligentes dans cet Art, ne s'informent pas toûjours si exactement du nom de celuy qui a fait vn Ouvrage qu'on leur monstre ; ils l'estiment par son propre merite & selon les beautez qu'ils y remarquent. Vous avez veu je m'asseure cet *Ecce Homo* d'André Salario, qui est dans le cabinet de M. le Duc de Liancourt ; Quoy qu'il ne soit que du disciple de Leonard, neanmoins on en fait beaucoup plus de cas que de plusieurs autres Tableaux qui sont de la main de Leonard. Mais cet abus qui se trouve parmy la pluspart des curieux ne se reformera pas si-tost ; il semble mesme qu'il y a quelque sorte de raison de laisser dans l'esprit des moins connoissans l'estime qu'ils ont pour le nom de ces grands hommes, quand ils n'ont pas assez de lumiere pour juger plus particulierement de l'excellence des Ouvrages.

Les changemens arrivez à Milan obligerent donc Leonard d'en sortir & d'aller à Florence. Là il fit plusieurs portraits, entre autres celuy de Lise femme de François Gioconde : c'est celuy-là mesme qui est dans le cabinet du Roy, & que l'on connoist assez par la Gioconde de Leonard. Cet Ouvrage est vn des plus achevez qui soit sorti de ses mains. On dit qu'il prit tant de plaisir à y travailler, qu'il fut quatre mois à le faire ; & pendant qu'il peignoit cette Dame, il y avoit toûjours quelqu'vn auprés d'elle qui chantoit ou qui joüoit de quelque instrument, afin de la tenir dans la joye & empescher qu'elle ne prist cet air melancolique où l'on tombe aisément, lors qu'on est sans action & sans mouvement.

Veritablement, dit Pymandre, si j'ose en dire mon avis, il employa heureusement le temps qu'il y mit, n'ayant rien veu de plus finy ny de mieux exprimé. Il y a tant de grace & tant de douceur dans les yeux & dans les traits de ce visage, qu'il paroist vivant ; & il semble en voyant ce portrait, que ce soit en effet vne femme qui prend plaisir qu'on la regarde.

Il est vray, repartis-je, qu'il paroist assez que

ET SVR LES OVVRAGES DES PEINTRES. 225
Leonard eut vn soin tout particulier de la bien LEONARD DE VINCI.
finir. Aussi le Roy François Premier conside-
rant ce Tableau comme vne des choses les plus
achevées de ce Peintre, le voulut avoir, & en
paya quatre mille écus.

Vers l'an 1503. Ceux de Florence ayant fait
choix de Leonard pour peindre dans le Palais la
grande sale du Conseil, il fit vn dessein qui fut
trouvé admirable. Et ce fut en ce temps-là que
Raphael vint la premiere fois à Florence ; Il n'a-
voit pas encore vingt ans, & sortoit de dessous
Pietre Perugin. Mais comme alors on ne parloit
que du dessein de Leonard, dont la reputation
estoit repanduë par toute l'Italie, il avoit vn
desir tres-grand de voir cet excellent homme,
qui estoit déja âgé de plus de 60. ans.

Raphael demeura surpris en voyant les Ouvrages de Leonard, & l'on peut dire qu'ils furent pour luy comme vne lumiere qui éclaira
son esprit, & qui luy faisant discerner le bien
d'avec le mal, le porta tout d'vn coup à quitter cette maniere seiche & dure qu'il avoit apprise sous Pietre Perugin, & à imiter ces ten-
dresses & cette douceur qu'il remarqua dans les
Tableaux de Leonard.

Il profita encore beaucoup des differentes
contestations qui arriverent entre Leonard &

Ff ij

Michel-Ange, qui n'avoit alors que 29. ans. Car ceux de Florence ayant donné à celuy-cy vn des coſtez de la ſale où Leonard devoit peindre, afin d'y repreſenter auſſi vne hiſtoire, Michel-Ange en fit le deſſein; Et comme la jalouſie ſe met aiſément parmy les perſonnes d'vne meſme profeſſion; elle s'accreut de telle ſorte entre ces deux ſçavans hommes, qu'ils en devinrent ennemis. Raphael profitoit de leurs jalouſies, parce que les amis de l'vn & de l'autre prenoient à tâche de faire voir les perfections ou les defauts de leurs Ouvrages, chacun ſelon le parti qu'il tenoit.

Leonard demeura à Florence juſques en 1513. où il travailla pour pluſieurs particuliers. Ce fut en ce temps-là qu'il fit pour vn Gentilhomme du Duc de Florence nommé Camille de gli Albizzi, vne teſte de S. Iean Baptiſte qui eſt à preſent à l'Hoſtel de Condé dans le cabinet de M. le Prince.

Aprés la mort de Iule II. Leon X. ayant eſté créé Pape, Leonard alla à Rome pour rendre ſes reſpects à S. S. qui eſtoit alors le pere & le protecteur des ſçavans. Il accompagnoit le Duc Iulien de Medicis, & pour le divertir pendant le chemin il faiſoit avec vne certaine pate de cire diverſes ſortes de petits animaux qu'il faiſoit voler en l'air & enfuite defcendre à terre. Comme il fçavoit vne infinité de fecrets, & qu'il eftoit fort ingenieux, il prenoit fouvent plaifir à divertir fes amis par diverfes petites machines qu'il inventoit.

Eftant arrivé à Rome on dit que le Pape luy ayant ordonné de travailler, il fe mit auffi-toft à diftiller des huiles pour faire du vernix, ce que Leon X. ayant fceu il conceut vne mauvaife opinion de fon fçavoir, & dit qu'il ne croyoit pas que Leonard fuft capable de rien faire de bien, puis qu'il fongeoit à finir fon Ouvrage avant que de l'avoir commencé.

Cependant l'émulation qui eftoit toûjours entre Leonard & Michel-Ange, fit que celuycy partit auffi de Florence pour fe rendre à la Cour du Pape. Et comme leur inimitié caufoit tous les jours quelques nouveaux differens & que les Eleves de l'vn & de l'autre travailloient fans ceffe à diminuer leur reputation; cela dépleut de telle forte à Leonard, que fe voyant appellé en France par le Roy François I. qui avoit veu de fes Ouvrages à Milan, il fe refolut de quitter l'Italie, & quoy qu'il euft plus de 70. ans il ne voulut pas perdre vne occafion fi favorable & fi glorieufe, comme eftoit celle de fervir vn fi grand Prince.

LEONARD. DE VINCI.

L'estime que le Roy eut pour vn si sçavant homme, parut par les carresses que ce Prince luy fit à son arrivée, & par les graces qu'il en receut pendant le peu de temps qu'il vécut. Ie croy que vous avez oüy dire que le Roy estant allé le visiter dans sa maladie, il voulut se lever à demy sur son lit, & que pensant témoigner à S. M. le ressentiment qu'il avoit de l'honneur qu'elle luy faisoit, il perdit la parole & *âgé de 75. ans.* expira entre ses bras.

Ne vous semble-t-il pas, me dit alors Pymandre, qu'il y a des temps, où plus qu'en d'autres, il paroist des hommes excellens en toutes sortes de professions ; & mesme que quand les vns se sont signalez dans les armes par leur valeur, il y en a d'autres qui se sont rendus recommandables dans les Sciences & dans les Arts, par la beauté de leur esprit, & par la force de leur genie ? Hier vous me fistes remarquer que les plus sçavans Peintres de la Grece vivoient du temps d'Alexandre, & vous m'aprenez aujourd'huy que les plus sçavans qui ayent travaillé depuis ces Anciens, ont paru dans l'Europe lors qu'elle estoit gouvernée par de tres-grands Princes. Car n'estoit-ce pas encore dans ce mesme temps-là qu'Albert Dure estoit en credit, & que le Primatice travailloit à Fontainebleau.

Ce siecle, répondis-je, produisit en effet les plus grands hommes que nous ayons eus dans la Sculpture & dans la Peinture, & mesme dans tous les autres Arts. Car comme il est constant que le dessein est la seule regle qui donne la veritable forme aux beaux Ouvrages, on voit que tous ceux de ce temps-là estoient conduits par cette regle infaillible qui les a rendus si recommandables. Les tapisseries, les vases d'or & d'argent, les émaux, les vitres & les graveures d'alors, monstrent bien que tous les Ouvriers cherchoient à se perfectionner dans leur profession. Mais pour voir toutes ces choses dans leur plus beau lustre, il faut descendre encore vn peu plus bas, & vous reconnoistrez qu'elles ont receu leur perfection des Raphaels, des Iules Romains, & des autres Peintres dont nous n'avons rien dit. Ie n'oublieray pas *l'Abbé de saint Martin qui ne vint en France que long-temps aprés la mort de Leonard, & pour vous satisfaire je parleray d'Albert & des autres sçavans Peintres qui ont travaillé avec estime au deça des monts.

*Le Primatice.

Demeurons donc encore quelque temps dans l'Italie pour y remarquer que si Florence & Rome possedoient de si excellens Peintres, Venise & les villes de la Lombardie en voyoient aussi croistre chez eux, dont la reputation se devoit bien-tost répandre de toutes parts.

Ie croy vous avoir dit que Iean Bellin avoit comme donné le commencement à vne maniere de peindre, qui s'est beaucoup perfectionnée & qui a esté toute particuliere aux Peintres de ces quartiers là. Mais en 1478. GIORGE qui depuis fut nommé GIORGION, prit naissance à Castel-Franco dans le Trevisan. Non seulement il surpassa de beaucoup Iean Bellin, mais encore il se rendit si admirable à bien manier les couleurs, qu'il effaça par ses Ouvrages celles de tous les autres Peintres qui travailloient alors. Car après avoir veu les Tableaux de Leonard, il quitta aussi-tost la maniere seche de ceux qui l'avoient precedé, & apprit par les Peintures de cet excellent homme comment il faut perdre & noyer les teintes les vnes avec les autres, pour attendrir les carnations & donner plus de relief aux figures. Il comprit si bien l'art de bien faire paroistre les jours & les ombres, qu'il y joignit encore celuy d'accorder toutes les fortes couleurs ensemble, & de leur conserver cette vivacité & cette fraicheur qui plaist si fort à la veuë.

Il fit plusieurs Tableaux en divers lieux d'Italie, particulierement des portraits. Celuy de Gaston

ET SVR LES OVVRAGES DES PEINTRES. 231

Gaston de Foix Duc de Nemours que vous avez GIORGION.
veu autrefois dans le cabinet de M. le Duc de
Liancourt, & qui est aujourd'huy dans celuy
du Sieur Iabac, est vn des plus beaux qu'il
ait faits. Vous pouvez voir aussi dans le mesme lieu deux paysages de sa main. Et dans
le cabinet du Roy il y a vn Tableau de plus de
quatre pieds de long, sur trois pieds & demy
de haut, composé de plusieurs figures si admirablement peintes, qu'on les prend souvent
pour estre du Corege, tant le Giorgion s'est
surpassé luy-mesme dans cet Ouvrage. Cependant quoy qu'il fust vn tres-bon Peintre, il n'é-
toit pas neanmoins excellent, ny dans l'invention ny dans l'ordonnance. On ne voit pas
mesme de luy beaucoup de grands Tableaux,
si ce n'est quelque chose à fraisque qu'il a fait
à Venise ; aussi ne peut-on pas dire qu'il ait
esté assez grand desseignateur pour entreprendre de grands Ouvrages. Peut-estre qu'il
se fust perfectionné d'avantage s'il eust vécu
plus long-temps : mais estant mort à l'âge de L'an 1511.
34. ans, il a cessé de travailler lors qu'on ne fait
quasi que commencer à bien juger des choses.
Il laissa deux fameux Eleves, sçavoir Sebastien
de Venise, qui fut nommé à Rome Fratel del
Piombo ; & le celebre Titien, qui n'ayant pas

Gg

GIORGION. seulement égalé son maistre, mais de beaucoup surpassé, me donnera lieu de vous entretenir de son excellente façon de peindre, lors que je vous auray encore parlé de quelques autres.

Alors Pymandre me dit : Comme j'ay souvent veu admirer les Ouvrages de Giorgion, & du Titien, & encore ceux du Corege, souffrez que je vous interrompe vn moment pour vous demander quelle difference vous mettez entre ces trois Peintres, & quel avantage les vns ont eu sur les autres : car je les ay toûjours oüy estimer comme les plus excellens de la Lombardie. Cela n'empeschera pas que vous ne me disiez aprés ce qui regarde l'histoire de leur vie & de leurs Ouvrages.

Il est vray, repartis-je, que ces trois Peintres ont esté les premiers qui ont mis l'Ecole de Lombardie dans vne haute reputation. Le Giorgion, comme je vous ay dit, surpassa par la beauté & par le maniement de son pinceau, tous ceux qui l'avoient precedé. Il sceut si bien mesler les couleurs les vnes avec les autres, & en ménager la force, que ses Tableaux parurent plus beaux que tous ceux qu'on avoit veus auparavant. Il disposa & vestit ses portraits d'vne maniere avantageüse, & trouvant l'art de manier les cheveux, il leur donna vne molesse

ET SVR LES OVVRAGES DES PEINTRES. 233
& vn certain tour qui est assez difficile à bien GIORGION.
representer.

Pour le Titien, non seleument il posseda toutes ces parties qu'il reconnut en son maistre, mais il en eut encore d'autres que le Giorgion n'avoit pas, & qui l'ont mis beaucoup au-dessus de luy.

Quant au COREGE sa maniere est differen- ANTONIO DA
te de celle du Titien, en ce qu'il n'a pas sceu CORREGIO.
cette harmonie de couleurs, cette belle conduite de lumieres, & cette fraischeur de teintes si admirable qu'on remarque dans les Tableaux du Titien, où il semble qu'on voye du sang dans ses carnations, tant il les represente naturelles. Mais en recompense le Corege a eu l'imagination plus forte, & a desseigné d'vn goust beaucoup plus grand & plus exquis; Et quoy qu'il ne fust pas tout-à-fait correct dans son dessein, il y a neanmoins de la force & de la noblesse dans tout ce qu'il a fait. S'il fust sorti de son pays & qu'il eust esté à Rome, dont l'Ecole estoit beaucoup plus excellente pour le dessein que celle de Lombardie, on ne doute pas qu'il ne se fust formé vne maniere qui l'auroit rendu égal à tous les plus grands Peintres de ces temps-là, puis que sans avoir veu ces belles Antiques de Rome, ny profité des exemples

que les autres Peintres ont eus, il s'eſt tellement perfectionné dans ſon Art, que perſonne depuis luy n'a ſi bien peint, ny donné à ſes figures tant de rondeur, tant de force, & tant de cette beauté que les Italiens appellent *morbidezza*, qu'il y en a dans les Peintures qu'il a faites. Ce qu'il a peint à fraiſque au dôme de Parme, eſt vn de ſes plus grands Ouvrages. On voit par le ſoin qu'il a pris de raccourcir toutes ſes figures, que c'eſtoit la partie qu'il croyoit eſtre la plus difficile. Il y a encore pluſieurs Peintures de luy dans d'autres Egliſes de Parme, parce que c'eſt la ville où il a toujours travaillé, & en quelques endroits de la Lombardie; mais il eſt vray que le nombre en eſt petit, & que de tous les grands Peintres, il eſt celuy qui en a laiſſé le moins, à cauſe, comme je croy, qu'il eſtoit long-temps à les faire, & qu'il eſt mort dés l'âge de 40. * ans. La piece la plus finie que j'aye veuë de luy, eſt vn petit Tableau qui eſtoit à Rome dans le Palais du Cardinal Antoine Barberin. C'eſt vne figure nuë repreſentant vn des Diſciples de Noſtre Seigneur, qui laiſſe aller ſon manteau entre les mains des Iuifs qui le pourſuivent dans le jardin des Olives. Cette Peinture m'a paru autrefois ſi belle que je ne me ſouviens pas d'avoir rien veu de ſi agreable.

ANTONIO DA CORREGIO.

* Il faut voir dans le cabinet du Roy ce beau Tableau de Spoſaliſſe que M. le Cardinal Antoine Barberin donna autrefois à M. le Cardinal Mazarin. Vne Venus qui dort, & deux autres Tableaux à détrempe.

* Environ l'an 1523.

Il y avoit de son temps vn Milanois nommé ANDRÉ GOBBE, qui finissoit beaucoup ses Ouvrages dont le coloris estoit fort agreable. Mais le grand nombre de Peintres qui travailloient à Florence, m'oblige de retourner de ce costé là, pour vous dire que ce Cosme Rosselli, dont je vous parlois tantost, laissa trois disciples qui eurent assez de reputation. Le premier fut MARIOTTO ALBERTINELLI, qui fit plusieurs Tableaux à Florence, & qui ne vécut que 45. ans. L'autre se nommoit Baccio, autrement frere Barthelemy de S. Marc. Et le dernier Pierre de Cosimo.

Aprés que BACCIO eut quitté Rosselli, il étudia la maniere de Leonard de Vinci, & en peu de temps il se perfectionna de telle sorte, que Raphael mesme ne negligea pas d'imiter son coloris, lors qu'il sortit de l'école de Pietre Perugin. Neanmoins Baccio n'estoit pas en reputation de bien desseigner le nud. On remarque qu'il n'a peint de figures nuës qu'vn S. Sebastien, encore estoit-ce pour monstrer qu'il n'ignoroit pas entierement comment il faut representer vn corps. Peut-estre que ce fut par vn scrupule de conscience qu'il ne fit pas d'autres nuditez. Car il estoit fort devot, & mesme intime amy du P. Savonarole, qui preschoit alors à

FRERE BAR-THELEMY. Florence contre les mauvaises mœurs de ce temps-là. Et parce qu'il y avoit dans l'Italie vn fort grand desordre, mesme parmy les gens d'Eglise; on y faisoit servir jusques aux plus beaux Arts pour satisfaire aux passions les plus déreglées. La Musique & la Peinture qui n'ont rien que de relevé & de divin, estoient comme des esclaves employées dans des vsages profanes & scandaleux, les débauchez s'en servant à chatoüiller lascivement leurs oreilles, & à exposer continuellement devant leurs yeux des objets les plus des-honnestes & les plus infames.

Ce fut ce qui obligea ce grand Prédicateur d'employer toute la force de son éloquence à déclamer contre les Peintures lascives, contre les airs & les chansons dissoluës, & contre les livres de Romans, qui ne traitant que d'amours & d'aventures chimeriques, ne servent à ce qu'il pretendoit qu'à corrompre les esprits, & y glisser vn poison d'autant plus subtil, qu'il est preparé avec plus d'artifice. Il faisoit voir combien il est dangereux de garder dans les maisons de sales nuditez, & de les laisser exposées à la veuë des jeunes gens. Et comme le temps du Carnaval arriva, & qu'en ces jours-là on avoit de coûtume d'allumer des feux de joye dans les ruës, à l'entour desquels il se

ET SVR LES OVVRAGES DES PEINTRES. 237

trouvoit des hommes & des femmes qui en dansant chantoient des chansons dissoluës ; Le P. Savonarole qui avoit converti beaucoup de personnes par la force de ses prédications, fit en sorte qu'il y en eut plusieurs qui porterent aux lieux mesme où les feux estoient allumez, des Tableaux & des Statuës lascives, & des chansons & des Romans des-honnestes, dont ils firent des sacrifices à Dieu.

FRERE BARTHELEMY.

Baccio fut vn des premiers qui brûla tous les desseins qu'il avoit de cette nature, ce que firent aussi vn nommé Laurens de Credi & quelques autres Peintres, que l'on appelloit alors par mocquerie les Pleureux ; de sorte que ce soir-là il y eut vn embrasement fameux de Tableaux, de Statuës, de desseins & de livres.

Pymandre se tournant vers moy : Ie m'imagine, me dit-il, que vous ressentez de la douleur de cette perte, & que tous ceux qui aiment la Peinture, n'en aiment pas mieux Savonarole.

Pour moy, repartis-je, quelque estime que j'aye pour les belles choses, je ne condamne point le zele de ce Religieux. Il avoit moins d'amour pour les Statuës & pour les Tableaux que pour la gloire de Dieu, & croyoit en les mettant dans le feu, détruire autant d'Idoles de la vanité & de la concupiscence de ces hommes charnels. I'avoüe que ceux qui ont vne forte passion pour la Peinture, ne pourroient sans beaucoup de peine se priver de ces beaux Ouvrages où l'Art a mis ses derniers efforts : Mais aussi ceux qui ne l'aiment qu'à cause d'elle-mesme, en regardent les traits d'vne autre maniere, que ceux qui n'ont des Tableaux que pour y voir des images des-honnestes.

Ie vous diray mesme en passant que les excellens Peintres peuvent faire des figures dont la nudité n'offensera point les yeux les plus chastes, & que ce ne sont pas les plus sçavans dans ce bel Art, qui s'arrestent à representer des figures & des actions scandaleuses. Cependant Baccio se contenta de peindre des portraits, & de representer des histoires où il n'y avoit aucunes nuditez.

Bien qu'il soit assez difficile, interrompit Pymandre, que les sens ne soient pas émeus lors qu'ils découvrent ces Peintures lascives, il est certain neanmoins qu'il y a des personnes qui portent dans le fond de leur cœur la cause de toutes leurs mauvaises actions. Et ce Tableau où le Pape Alexandre VI. avoit fait peindre Iulie Farnese en Vierge, comme vous disiez tantost, luy estoit vn sujet, peut-estre, beaucoup plus dangereux que toutes les Statuës &
les

les autres nuditez dont son Palais estoit rempli.

Vous parlez, répondis-je, d'vn Pape dont la vie a esté si scandaleuse, qu'on n'oseroit y penser sans vn ressentiment de colere & d'horreur. Son exemple avoit tellement corrompu la la cour Romaine, que Dieu ayant suscité Savonarole pour prescher contre les vices qui la deshonoroient ses prédications ne servirent qu'à irriter davantage les hommes vicieux, particulierement le Pape qui estoit informé de tout ce qu'il disoit. De sorte qu'ayant écrit à ceux de Florence de s'en saisir & de luy faire son procés comme à vn temeraire & vn seditieux ; vn jour que la Republique étoit assemblée, il s'y trouva plusieurs ennemis de Savonarole, entre autres vn Cordelier qui se mit à disputer contre luy, & à le traiter d'heretique & de seducteur, offrant mesme de le soûtenir jusqu'à entrer dans le feu. Comme Savonarole ne vouloit pas répondre de son costé à de si grands emportemens, il ne put empescher le zele de son compagnon, qui pour ne pas abandonner la verité, s'engagea de la défendre par la mesme voye que le Cordelier la vouloit combattre ; Et alors le compagnon du Cordelier fit la mesme offre pour le parti contraire. On arresta dans l'assemblée le jour

& le lieu que ces deux Freres devoient se presenter, & ils ne manquerent pas de s'y trouver. Mais le Dominiquain ayant apporté avec soy la Sainte Hostie, le Cordelier & la Republique voulurent qu'il la quittast, disant que c'estoit mettre en compromis la foy que l'on a pour cet Auguste Sacrement, laquelle pourroit diminuer dans l'esprit des personnes simples & ignorantes, si l'Hostie venoit à brûler. Ce que le Frere ayant refusé de faire, chacun retourna dans son Convent.

Mais les ennemis de Savonarole trouvant dans ce refus vn nouveau pretexte d'émouvoir la populace contre luy, obtinrent vne commission de la Republique pour le prendre dans son Monastere. Ce fut alors que Baccio se retira auprés de luy avec cent cinquante de ses amis, pour le défendre & tâcher de luy sauver la vie. Quoy qu'ils fissent toute la resistance qui leur fut possible, & que dans la violence qu'on employa pour s'en saisir il y eut plusieurs personnes tuées de part & d'autre, toutefois ils ne peurent long-temps soûtenir l'attaque de ceux qui les assiegeoient de toutes parts, ny empescher que Savonarole & deux de ses compagnons ne fussent pris & n'endurassent de tres-cruels tourmens avant que d'estre pendus & brûlez, comme ils furent ensuite.

Le peril où Baccio se vit dans cette fascheu- FRERE BAR-THELEMY.
se rencontre, luy fit promettre à Dieu de prendre
l'habit de S. Dominique, & d'en faire les
vœux ; ce qu'il accomplit peu de temps aprés,
& se nomma FRERE BARTHELEMY. Il
ne laissa pas de s'exercer toûjours dans la Peinture,
& ce fut depuis qu'il fut Religieux qu'il
fit ce Tableau de S. Sebastien, dont je vous ay
parlé. On dit que l'ayant exposé dans l'Eglise
de S. Marc, les Religieux reconnurent qu'il y
avoit quelques femmes à qui la beauté de cette
Image avoit donné occasion d'offenser Dieu ;
ce qui fut cause qu'ils l'osterent & le mirent dans
leur Chapitre, où il ne fut pas long-temps, parce
qu'ils le vendirent à vn particulier qui l'envoya
en France. Le Roy* eut ce Tableau avec *Louis XII.
vn autre composé de plusieurs figures, que ce
Peintre avoit peint dans l'Eglise de S. Marc,
lors qu'il commençoit à frequenter avec Raphael.
Enfin aprés avoir fait quelques Eleves
qui imiterent sa maniere, il mourut le 8. Octobre
1517. âgé de 48. ans.

Le troisiéme Eleve de Rosselli, fut donc ce
PIERRE surnommé de COSIMO à cause PIERRE DE COSIMO.
de son Maistre. Comme toutes les personnes
n'ont pas de semblables inclinations ; on voit
aussi que la pluspart des Peintres se proposent

des sujets fort differens les vns des autres. Pierre qui avoit vn amour pour les choses fantasques, & où l'imagination travaille davantage, representoit ordinairement des Baccanales, afin d'avoir la liberté en peignant des Faunes & des Satyres, de faire voir des figures & des actions tout extraordinaires. Il desseignoit des monstres & prenoit des corps & mesme des jours & des ombres, ce qu'il y remarquoit de plus étrange & de moins commun. On le voyoit souvent arresté à considerer dans les animaux, dans les plantes, & dans vne infinité d'autres choses, ce qu'il y a de plus particulier, & où il semble que la Nature se jouë quand elle les produit. D'autres fois il demeuroit des heures entieres à regarder des murailles, principalement celles que le temps a rendu pleines de taches ou d'ordures, y cherchant comme dans des nuages ce que le hazard represente de plus bizarre. Son esprit estant toûjours rempli de mille extravagances, il estoit suivi de tous les jeunes hommes de ce temps-là, qui luy faisoient la cour pour avoir des sujets de balet & de mascarades. En effet il estoit si abondant en ces sortes de choses, qu'encore que les Chars de Triomphe fussent déja en vsage dans Florence aux jours de carnaval, ce fut luy neanmoins

qui les rendit plus communs & mieux accom- PIERRE DE COSIMO.
modez qu'ils n'avoient encore esté, & qui sceut
disposer les habits, la musique & les autres ornemens
selon la nature du sujet, dont la beauté
consiste principalement dans l'invention &
dans la bisarerie des choses qui le composent.

On parle d'vne sorte de Mascarade qu'il inventa
sur la fin de ses jours, qu'il rendit considerable
par la representation d'vn Spectacle tout
extraordinaire. Vn peu avant le carnaval il s'enferma
dans vne grande sale, où il disposa si secretement
toutes les choses necessaires à son
dessein, que personne ne s'en apperceut.

Le jour des réjouïssances estant venu, ou
plûtost la nuit qui suivit ce jour, devenant
fort obscure, le Triomphe qu'il avoit préparé
commença de paroistre dans les ruës de
Florence. C'estoit vn Char peint de noir &
semé de croix blanches & d'os de mort. Il
estoit tiré par quatre buffles, & tout au haut
il y avoit vne Figure tenant vne faux à la main.
Cette Figure representoit la Mort qui avoit sous
ses pieds plusieurs sepulchres, d'où sortoient à
demy des corps morts & tout décharnez. Vne
infinité de gens vestus de noir & couverts de
masques, faits comme des testes de mort, marchoient
devant & derriere ce Char avec des

H h iij

flambeaux à la main. Comme ces lumieres éclairoient cette machine avec vne force si juste & dans vne distance si bien ménagée, que toutes choses paroissoient naturelles, vous pouvez penser qu'il n'y avoit rien de plus surprenant ny de plus épouyantable.

Ie vous avoüé déja, interrompit Pymandre, que l'invention de cette Mascarade me semble fort étrange, & ne tomberoit pas dans l'esprit de tous les gens qui ne cherchent qu'à se divertir.

Ce n'est pas tout, repartis-je, pendant que ce Triomphe cheminoit dans les ruës, on entendoit de temps en temps certaines trompettes sourdes, dont le son lugubre & enroüé servoit de signal pour faire arrester ce Char & tout le cortege qui l'environnoit. C'estoit alors qu'on voyoit ces sepulchres s'ouvrir, & qu'il en sortoit, comme par vne resurrection, des corps semblables à des squeletes qui chantoient d'vn ton triste & languissant, vn air qui estoit alors en vsage, & qui commençoit: *Dolor, pianto, e penitenza*, &c.

Ce Char estoit suivi de plusieurs personnes déguisées en formes de Morts, & montez sur des chevaux les plus maigres qu'ils avoient pû rencontrer. Ces chevaux estoient couverts de

ET SVR LES OVVRAGES DES PEINTRES. 245

houffes noires avec des croix blanches ; Et cha- PIERRE DE COSIMO.
cun des cavaliers avoit autour de luy quatre
eſtafiers auſſi déguiſez en façon de Morts, qui
portoient d'vne main vn flambeau, & de l'autre
vn étendar de taffetas noir rempli de croix blanches, d'os & de teſtes de mort.

De ce Char ſortoient dix autres grands drapeaux noirs qui trainoient juſqu'à terre. Aprés que cette troupe avoit fait vne poſe, & pendant qu'elle marchoit, tous ceux de la ſuite chantoient d'vne voix égale & tremblante, le Pſeaume *Miſerere*.

Vous pouvez bien vous imaginer qu'vn triomphe de cette nature mit l'épouvente dans la ville. Car la premiere fois qu'il parut, on ne s'imagina pas qu'vn ſujet ſi triſte & ſi lugubre puſt eſtre vn divertiſſement de carnaval. Toutefois la nouveauté de l'invention & la maniere ingenieuſe avec laquelle toutes choſes eſtoient conduites, ne laiſſerent pas de plaire à beaucoup de monde, qui admira l'eſprit & le caprice de l'Inventeur.

C'eſt, dit Pymandre, que comme il y a certaines choſes aigres & ameres où le gouſt prend quelquefois autant de plaiſir, qu'à celles qui ſont douces & délicates; de meſme dans les paſſe-temps il ſe trouve certains ſujets qui quoy que tristes, donnent du plaisir, lors qu'ils sont conduits avec jugement. Ainsi quoy que les tragedies representent des actions funestes & fascheuses, elles ne laissent pas de divertir les spectateurs ; Et mesme pour demeurer dans des exemples de Peinture, j'ay souvent veu des Tableaux où il n'y avoit rien que d'affreux & de difforme, qui arrestoient agreablement les yeux, parce que ces sortes de choses estoient representées avec beaucoup d'art.

Il y en a qui ont dit, repris-je, que ce Triomphe si lugubre cachoit vn sens mysterieux, & n'avoit esté fait que pour signifier le retour des Medicis, qui alors estoient bannis de Florence. Car il y avoit déja quelques années que Pierre de Medicis n'ayant ny l'esprit ny la prudence de son pere & de ses ayeux, avoit perdu par sa mauvaise conduite cette grande autorité que les Cosmes & les Laurens s'estoient si avantageusement conservée dans la ville de Florence ; De sorte mesme qu'au passage que le Roy Louis XII. fit en* Italie, les Florentins obligerent Pierre de Medicis à sortir de leur Estat, & à se sauver avec ses deux freres, Iean Cardinal & Iulien. Or leurs amis souffrant avec douleur vn si long exil, se servirent à ce qu'on pretend

pretend de ce trifte fpectacle, pour fignifier que les Medicis eftant morts civilement devoient bien-toft reffufciter, & c'eftoit dans ce fens qu'ils vouloient qu'on expliquaft ces paroles qui eftoient dans la chanfon.

Morti fiam', come vedete,
Così morti vedrem' voi:
Fummo già, come voi fete;
Voi farete come noi, &c.

Comme fi par là on euft marqué leur retour dans leur maifon, & la difgrace de leurs ennemis. Ce qui en effet devoit eftre vne efpece de mort pour ceux-cy, & vne refurrection pour les autres.

Mais à vous dire vray, je croy plûtoft que comme naturellement les hommes font portez à rechercher dans les chofes paffées, des pronoftics de ce qu'ils voyent arriver. Auffi aprés le retour des Medicis, leurs amis furent bien-aife de rencontrer dans cette action vne efpece de prophetie, qui euft predit le reftabliffement de leur autorité. Car en 1512. Iean Cardinal de Medicis, par la faveur du Pape Iule II. rentra dans Florence, dépofa Soderin de fa dictature, regla les affaires de la Republique à fa volonté, & en donna l'adminiftration à fon frere Iulien.

248 ENTRETIENS SVR LES VIES

PIERRE DE COSIMO.

Ie pourrois en vous parlant de Pierre de Cosimo, rapporter plusieurs autres compositions de Mascarades, dont il fut l'inventeur ; Et pour vous faire voir combien il estoit fecond en imaginations , vous décrire des Tableaux où il ne peignoit que des monstres & des choses grotesques, qu'il faisoit mieux qu'aucun autre Peintre : mais quelque soin que j'apportasse à vous en faire vn recit bien exact, cela ne vous divertiroit pas.

Ie m'imagine, dit alors Pymandre, qu'vn homme dont l'esprit estoit rempli de caprices si étranges, devoit mener vne vie bien extraordinaire.

Il est vray aussi, repartis-je, qu'il vivoit d'vne maniere fort particuliere, & si je vous avois fait vne image de ses principales actions, vous connoistriez que c'estoit vn homme dont l'humeur n'estoit pas moins bisarre que les Ouvrages. Mais je me contenteray de vous dire qu'aprés avoir vécu 80. ans, on le trouva mort au pied de son escalier. Le plus considerable de ses Eleves fut André del Sarte.

L'an 1521.

RAPHAELINO DEL GARBO. Il mourut l'an 1524. âgé de 58. ans.
RAPHAEL D'VRBIN.

Ie ne vous diray rien d'vn autre Peintre que l'on nommoit RAPHAELINO DEL GARBO, qui vivoit en ce temps-là, je veux à present vous entretenir du grand RAPHAEL, & vous parler de cet homme celebre, qui a surpassé tous ceux qui l'ont précedé, & qui n'a point eu d'égal parmy ceux qui l'ont suivy. RAPHAEL D'VREIN.

De la maniere, dit Pymandre, qu'on parle de luy, je ne doute pas qu'il n'ait esté le plus grand de tous les Peintres. Cependant j'ay souvent oüy dire à plusieurs personnes, & à vous-mesme, que Michel-Ange a esté le plus sçavant desseignateur qui ait jamais esté, qu'il n'y a point de Coloris pareil à celuy du Titien, & que personne n'a si bien peint que le Corege. Ainsi Raphael n'a donc pas possedé ces autres parties aussi excellemment, que les Peintres que je viens de nommer.

Il me semble, répondis-je, que quand je vous ay parlé d'Appelle qui a passé pour le premier Peintre de l'Antiquité, je vous ay fait remarquer qu'il cedoit à Asclepiodore dans les proportions, & qu'Amphion le surpassoit dans l'ordonnance. Toutefois Appelle estoit encore dans vne autre consideration que ces sçavans hommes, par tant d'autres parties qu'il possedoit, ne se trouvant personne qui l'égalast dans ce grand sçavoir & cette haute suffisance, qui le rendoient incomparable. De mesme l'on ne peut pas dire que Michel-Ange n'ait esté vn excellent desseignateur, que le Titien & le Co-

RAPHAEL D'VRBIN.

rege ne fuſſent admirables dans l'entente des couleurs, & dans la beauté du pinceau : Mais Raphael s'eſt tellement élevé au deſſus de tous par la force de ſon genie, qu'encore que les couleurs ne ſoient pas traitées dans ſes Tableaux avec vne beauté auſſi exquiſe, que dans ceux de Titien, ny qu'il n'ait pas eu vn pinceau auſſi charmant que celuy du Corege ; toutefois il y a tant d'autres parties qui rendent ſes Ouvrages recommandables, que ſans avoir égard à tout ce que les autres Peintres ont fait de mieux, il faut confeſſer qu'il n'y en a point eu de comparable à luy : Car ſi quelques-vns ont excellé en vne partie de la Peinture, ils n'ont ſceu les autres que fort mediocrement, & l'on peut dire que Raphael a eſté admirable en toutes.

Pour ce qui eſt de Michel-Ange, bien que je ne ſois pas de ceux qui ont vne averſion ſi forte contre luy, qu'ils ne le croyent pas meriter le nom de Peintre, mais qu'au contraire je l'eſtime vn des grands hommes qui ayent eſté, il faut avoüer neanmoins que quelque grandeur & quelque ſeverité qu'il y ait dans ſon deſſein, il n'eſt point ſi excellent que celuy de Raphael, qui exprimoit toutes choſes avec vne douceur & vne grace merveilleuſe.

ET SVR LES OVVRAGES DES PEINTRES. 251

Il ne luy échapoit jamais rien de ce qui pou- RAPHAEL D'VRBIN.
voit servir à l'embellissement & à la perfection
de ses Peintures. Il sçavoit si bien mettre ses
figures en leur place, que dans la composition
de ses Tableaux on y voyoit vne beauté d'ordonnance qui ne se rencontre point ailleurs.
Il peut bien estre qu'il n'ait point desseigné vn
nud plus doctement que Michel-Ange, mais
son goust de desseigner est bien meilleur, &
plus pur. Ie sçay bien encore, comme je viens
de vous dire, que sa maniere de peindre n'est
pas si excellente ny si grande que celle du Corege; & quoy qu'il ait fort bien entendu la force des lumieres & la beauté des couleurs, il n'a
point eu vn contraste de clair & d'obscur, ny
vn choix de teintes aussi fier & aussi net que
le Titien. Mais si Raphael ne possedoit pas
ces parties aussi parfaitement que ces Peintres, il en avoit tant d'autres rares & admirables, que le defaut de celles-là ne paroist point
parmy vn si grand nombre de beautez qui brillent dans ses Ouvrages. Il sçavoit faire choix
de ce qu'il y a de plus parfait dans les corps
pour en former ses figures ; & quoy qu'il ne recherchast pas tant à y faire paroistre de la fierté & de la force, que de la grace & de la douceur, il observoit neanmoins certaines choses,

RAPHAEL D'VRBIN.

qui les rendoient grandes & nobles : en sorte que dans ce qui regarde l'élection des sujets, la composition des ordonnances, le choix des attitudes, les airs de teste, les accommodemens des drapperies, & tous les ornemens qui peuvent enrichir vn Ouvrage, il y apportoit tant de soin & y travailloit avec tant d'art & de jugement, que c'est par là qu'il a surpassé tous les autres Peintres.

Comme il y a des beautez qui ne consistent pas seulement dans la proportion des parties, mais aussi dans la varieté & dans le contraste de ces parties les vnes auprés des autres, c'est de cette varieté agreable & de ce contraste si élegant, que les Tableaux de Raphael reçoivent vn éclat merveilleux. Mais outre ces belles qualitez qu'on y remarque, on y voit encore vne expression qu'on ne peut assez admirer. Et comme cette partie est composée du geste & de l'action de tous les membres du corps, & particulierement des passions qui paroissent sur le visage, on voit dans toutes ses figures les actions du corps & les mouvemens de l'ame si bien exprimez, qu'il n'y a personne qui ne connoisse d'abord tout ce qu'elles veulent representer. Et ce qui est tout particulier à cet excellent homme, c'est qu'on ne voit rien de luy où l'on

ET SVR LES OVVRAGES DES PEINTRES. 253

ne puisse remarquer vne sage conduite, vne Raphael d'Vrbin. force de jugement, vne beauté, & vne grace admirable, de sorte que non seulement tout y paroist naturel, mais dans vn beau naturel.

Ie trouve que celuy qui a dit que les hommes se peignent eux-mesmes dans leurs Ouvrages, a parfaitement bien rencontré à l'égard de Raphael. Car on rapporte de luy qu'il sembloit qu'à sa naissance les Graces fussent descenduës du ciel pour le suivre par tout & luy servir de fidelles compagnes pendant sa vie ; ayant toûjours paru gratieux dans ses actions & dans ses mœurs, aussi-bien que dans ses Tableaux ; De sorte que la douceur, la politesse & la civilité, ne rendoient pas sa personne moins chere à tout le monde, que ses Peintures rendoient son nom celebre par toute la terre.

Comme je n'ay pas entrepris de faire exactement la vie de tous ces grands Peintres : mais de remarquer seulement la suite & le progrés de la Peinture ; Ie ne m'étendray pas à parler de Raphael, autant qu'vn si beau sujet semble le desirer ; Ie vous diray sa naissance, quelque chose de ses Ouvrages, & enfin sa mort précipitée.

Raphael estoit originaire de la ville d'Vrbin,

RAPHAEL D'VRBIN. où il vint au monde le jour du Vendredy saint, de l'année 1483. Il eut pour pere Iean de Santi Peintre de profession : mais qui jugeant bien n'estre pas assez capable pour instruire son fils, dont la beauté de l'esprit parut dés ses premieres années, le mit avec Pietre Perugin qui estoit alors en grande estime. Ce nouveau disciple ne fut pas long-temps avec son maistre, que non seulement il l'égala dans la science de son Art, mais qu'il le surpassa de beaucoup. Il commençoit de donner des marques de la grandeur de son genie, lors que le Pinturicchio, qui estoit son amy, le mena à Sienne, où il travailloit dans la Librairie dont je vous ay parlé. Neanmoins Raphael ny demeura guere, & ne fit pas les cartons de tous les Tableaux, comme le Pinturicchio eust bien desiré, parce qu'il s'en alla à Florence pour voir ce que & Michel-Ange & Leonard de Vinci y faisoient alors. Comme le sejour de Florence ne luy parut pas moins agreable, que les desseins de ces deux grands hommes luy semblerent excellens, il resolut d'y demeurer quelque temps, pendant lequel il fit plusieurs Tableaux. Ensuite il retourna à Vrbin, & de là passa à Perouse où il fit quantité d'Ouvrages, & puis revint encore à Florence. Ce fut alors qu'il commença à changer

de

ET SVR LES OVVRAGES DES PEINTRES. 255

de maniere en voyant les Peintures de Michel- Ange & de Leonard. RAPHAEL D'VRBIN.

Ie ne doute pas, interrompit Pymandre, que Raphael ayant l'esprit aussi beau que vous le dites, ne profitast beaucoup des exemples de tant d'excellens Peintres qui estoient alors à Florence, & que ces deux grands hommes qui travailloient à l'envy l'vn de l'autre, ne luy servissent d'vn puissant éguillon pour l'exciter à bien faire.

Il est vray aussi, poursuivis-je, qu'il ne perdit point de temps, & que de jour en jour il s'avança de telle sorte, que quittant tout-à-fait sa premiere maniere, il fit des Tableaux d'vn goust beaucoup meilleur que ses premiers. Aussi à mesure qu'il excelloit dans son Art, sa reputation augmentoit par toute l'Italie.

Pendant qu'il peignoit tantost à Perouse, tantost à Florence, Bramante son parent & l'vn des fameux Architectes de ce temps-là, estoit employé à Rome par Iule II. Ce Pape faisant travailler plusieurs Peintres, Bramante luy proposa Raphael pour peindre au Vatican; ce que le Pape ayant agreé, Bramante l'écrivit à Raphael qui partit aussi-tost pour se rendre à la Cour du Pape, où il fut receu avec beaucoup de caresses. Il trouva quantité d'Ouvrages

RAPHAEL D'VRBIN.

* Pietro della Francesca, Luc de Cortone, Pietro della Gatta, Abbé de S. Clement, & le Bramantin, Milanois.

256   ENTRETIENS SVR LES VIES
commencez dans le Palais, où plusieurs Peintres * travailloient alors. Il se mit à peindre comme eux, & le premier Tableau qu'il fit fut celuy qu'on appelle l'Ecole d'Athenes, qui est dans la chambre de la signature. Ensuite il en peignit vn autre dans le mesme lieu, où l'on voit IESVS-CHRIST, la Vierge, & plusieurs Saints assis sur des nuages, & au dessous des Docteurs & des Evesques qui sont à l'entour d'vn Autel sur lequel le S. Sacrement est exposé.

D'vn autre costé il representa l'Empereur Iustinien qui donne les loix à des Docteurs pour les examiner. Et dans vn autre Tableau, il a peint le Pape Gregoire IX. qui donne les Décretales. C'est dans ce Tableau qu'il a representé au naturel Iules II. le Cardinal Iean de Medicis, qui fut le Pape Leon X. & plusieurs autres personnes qui vivoient alors.

Ie ne vous décriray point plus particulierement toutes ces Peintures, je me souviens du plaisir que vous preniez autrefois à les voir, lors que nous passions si agreablement des heures entieres dans ces sales du Vatican.

Ie vous avoüe, dit Pymandre, que la pensée m'en est encore tout-à-fait douce, & à present que vous m'en parlez, il me semble que je voy devant moy ces beaux Ouvrages, où tout ignorant que je fuis, je trouvois tant de charmes que bien fouvent je vous y arreſtois, peut-eſtre plus long-temps que vous n'euſſiez voulu.

Tant s'en faut, repartis-je, je ne les voyois qu'à demy, & il me reſte vn ſecret déplaiſir de ne les avoir pas encore aſſez bien confiderez.

Cependant, continua Pymandre, quoy que je les aye encore comme devant les yeux, je n'ay pas aſſez de lumiere pour y découvrir toutes les choſes que vous m'y faiſiez remarquer. J'attens donc que vous recommenciez tout de nouveau, & comme ſi nous étions encore aſſis ſur les bancs qui entourent ces ſales, que vous en obſerviez toutes les beautez.

Noſtre entretien ſeroit trop-long, repris-je, s'il faloit m'arreſter comme nous faiſions en ce temps-là, ſur toutes les diverſes choſes que nous regardions. Ne vous ſouvient-il pas du ſoin que vous aviez de confiderer juſqu'aux lambris & aux feneſtres de ces chambres?

J'avoüe, dit Pymandre, que j'admirois cette menuiſerie, non ſeulement parce qu'elle eſt de marqueterie & faite de pieces de rapport, mais à cauſe que dans tous les panneaux, il y a des perſpectives & vne infinité de choſes que vous-mesme estimiez assez.

Il est vray aussi, poursuivis-je, que cet Ouvrage est fort bien travaillé : Car le Pape qui vouloit que la beauté de la menuiserie répondist à l'excellence des Peintures, fit pour cela venir de Veronne vn Religieux nommé frere Iean, qui pour lors n'avoit point de pareil à bien couper le bois.

C'estoit dans cette mesme chambre dont je viens de parler, que vous regardiez vn jour si attentivement les portraits des Anciens Poëtes qui sont dans ce Tableau où le Parnasse est representé ; & qu'en considerant particulierement Homere, Virgile, le Dante, Petrarque, & quelques autres, vous nous fistes vn sçavant discours sur la differente maniere d'écrire de ces grands personnages.

Aprés que Raphael eut achevé cette chambre, il travailla à d'autres Ouvrages pour quelques particuliers. Il fit cette celebre Galathée pour vn marchand de Sienne nommé Augustin Ghisi, à qui appartenoit le lieu où elle est encore à present. Il travailla à ce Prophete qui est dans l'Eglise des Augustins ; & ce mesme Ghisi luy fit faire ces belles Peintures qui sont à Nostre-Dame de la Paix.

Sont-ce pas, dit Pymandre, ces Prophetes

& ces Sybilles que l'on voit à main droite en entrant dans l'Eglise, & qu'on dit que Raphael avoit faites ou imitées d'aprés Michel-Ange? C'est de ces mesmes figures dont je parle, répondis-je; Et il est vray qu'en ce temps-là les ennemis de Raphael publierent par tout qu'il ne les avoit peintes qu'aprés avoir veu ce que Michel-Ange avoit fait au Vatican. Car on sçavoit bien que Michel-Ange s'estant retiré à Florence, pour les raisons que je vous diray en parlant de luy, Bramante qui favorisoit Raphael en toutes choses luy donna la clef de la Chapelle Sixte, pour voir ce que Michel-Ange avoit commencé d'y peindre. Ce qui donna lieu de dire qu'il en avoit tiré beaucoup d'instruction; parce qu'en effet il changea tout d'vn coup de maniere, & donna à ses figures plus de force & plus de grandeur qu'auparavant. Et Michel-Ange ayant sceu que c'estoit par le moyen de Bramante que Raphael avoit veu & examiné ses Peintures, il en fut fasché contre luy, croyant qu'il l'avoit fait pour luy nuire. Mais quoy qu'il en soit, il est vray que les figures qui sont à Nostre-Dame de la Paix, sont des plus belles que Raphael ait peintes.

M'estant vn peu arresté, Pymandre me dit, Pour moy je trouve Raphael bien loüable de s'eſtre ſi heureuſement ſervy des choſes qu'il avoit veuës. Et quand meſme il auroit dérobé la ſcience de Michel-Ange, c'eſt vne eſpece de larcin, qui bien-loin d'eſtre puni, meritoit vne recompenſe. Car quoy qu'on laiſſe à cette heure toutes les chambres du Vatican ouvertes, je ne croy pas qu'il y ait beaucoup de larrons aſſez habiles, pour faire à l'endroit de Raphael, ce dont on l'accuſoit à l'égard de Michel-Ange, & qui au ſortir de ces lieux aillent faire ailleurs des Tableaux qui ſurpaſſent en beauté ceux qui ornent ces grandes ſales. Les Amis de Michel-Ange diront ce qu'il leur plaira au desavantage de Raphael: mais pour moy je le tiens en cela vn homme merveilleux, s'il eſt vray que pour avoir regardé en paſſant les Ouvrages de ſon competiteur, il en ait ſi bien profité, qu'auſſi-toſt il en a fait d'autres encore plus excellens. Non, non, on peut dire dans vne telle rencontre, que l'imitateur eſt plus à priſer que celuy qu'on imite. He quoy! Michel-Ange avoit peut-eſtre travaillé cinquante ans aprés l'antique & le naturel, & s'eſtoit rendu vn excellent homme, cela eſt digne d'vne grande loüange, je l'avoüe. Mais Raphael n'a fait que découvrir la toile qui cachoit les Ouvrages de Michel-Ange, & à l'heure meſme en le voulant imiter il l'a surpassé de beaucoup, c'est ce qui est digne d'admiration & quasi incroyable. Et pour moy je trouve que la plainte de Michel-Ange estoit vn éloge pour Raphael, qui faisoit paroistre par là l'excellence de son jugement, & la force de son esprit.

{RAPHAEL D'VRBIN.}

Comme Pymandre eut fini ce discours qu'il poussoit avec chaleur, je me mis à soûrire, & luy dis: Ie voy bien que vous prenez le party de celuy dont je parle presentement, & que vous donneriez volontiers vn Arrest décisif contre Michel-Ange, si l'on vous prenoit pour juge de ces deux Peintres. Mais quand je vous diray vne autre fois les excellentes parties de celuy-cy, ne serez vous point alors pour luy contre Raphael? Ie feray, repliqua-t-il, pour celuy qu'il vous plaira; car j'auray toûjours de l'estime pour tous ceux dont vous me direz du bien, & ainsi vous porterez mon esprit de quel costé vous voudrez.

Il faut donc, repartis-je, vous laisser maintenant bien persuadé du merite de Raphael, qui en effet estoit alors l'admiration de tout le monde. Car ce fut en ce temps-là que s'élevant encore plus haut qu'il n'avoit fait, il acheva cette chambre qui est la seconde aprés la grande sale. Il y fit l'histoire miraculeuse du saint

Sacrement d'Orviette, le Tableau où faint Pierre est representé lors que l'Ange le délivre des prisons ; cette autre grande histoire d'Eliodore, qui pilla le Temple de Ierusalem par le commandement d'Antiochus ; & les autres Tableaux qui sont dans la voûte de cette chambre.

Il sembloit que la mort de Iule II. qui arriva pour lors, deust interrompre le cours de ces beaux Ouvrages. Mais Leon X. qui luy succeda, n'ayant pas moins d'amour pour les Arts, que son prédecesseur, obligea Raphael de continuer son travail. Ce fut au commencement de son Pontificat qu'il se mit à peindre ce beau Tableau qui est dans la chambre qui suit celle dont nous avons parlé, où il a representé l'histoire d'Atila. Cet Ouvrage passe pour estre tout peint de la main de Raphael, & vn des plus beaux qu'il ait faits dans le Vatican. En effet, non seulement l'ordonnance en est admirable, mais toutes les parties de cette composition sont si convenables au sujet, & l'expriment si dignement, qu'il n'y a rien qui ne serve à le perfectionner. La situation du lieu, la Cour du Pape, celle qui accompagne Atila, leurs habits, leurs chevaux, & generalement tout ce qui paroist dans ce Tableau est executé avec vn soin & vne conduite merveilleuse. Ie croy

croy que vous vous souvenez-bien encore de ces deux figures qui sont en l'air, avec l'épée à la main. Ce sont celles, me dit Pymandre, qui representent comme S. Pierre & S. Paul s'opposent à Attila, & dont le Peintre a enrichi son Ouvrage par vne licence qu'il a creu luy estre permise.

RAPHAEL D'VRBIN.

Quand ce seroit, poursuivis-je, vne liberté qu'il auroit prise, je ne croy pas que personne y pûst trouver à redire, puis qu'elle est tres-conforme à son sujet, & de celles qui donnent de l'ornement & de la grace à de semblables Ouvrages. Mais ce n'est pas vne chose que Raphael ait inventée, puis qu'il y a des historiens qui l'autorisent. Car ils rapportent qu'Attila ayant traversé les Alpes, descendit en Italie avec vne armée si furieuse, que comme vn torrent elle ravageoit tous les lieux par où elle passoit. Il n'y avoit que quarante ans qu'Alaric avoit saccagé Rome, lors que ce nouveau fleau de Dieu se disposoit à faire la mesme chose, sans que l'Empereur Valentinien qui regnoit alors, pûst resister à vn si puissant ennemy. Mais Dieu qui par des moyens secrets & invisibles prend plaisir à renverser les puissances qui paroissent les plus formidables, se servit alors de ce qui sembloit le plus foible & le moins propre

Ll

pour arrester les progrés d'vn Conquerant si redoutable. Les prieres & les soûmissions de saint Leon furent les seules armes qui abatirent l'Orgueil d'Attila, & qui surmonterent cet ennemy qui se croyoit invincible. Car Dieu ayant fait connoistre en songe à l'Empereur, que le salut de Rome estoit reservé au Pape Leon, qui seul pouvoit s'opposer à la fureur de ce cruel Tyran; Valentinien alla trouver ce saint Pontife, qui se disposa aussi-tost d'obeïr aux volontez divines.

Il sort de la ville sans penser au peril où il s'exposoit, & accompagné d'vn petit nombre d'Eclesiastiques & de Citoyens Romains, s'achemina vers l'armée d'Attila. Ce Pape venerable par sa vieillesse & par la sainteté de sa vie, s'estant presenté devant ce Roy, se jetta à ses pieds, & les larmes aux yeux & les sanglots à la bouche, le supplia avec tant d'instance de ne passer pas plus outre, que ce Prince qui vn peu devant portoit la terreur de toutes parts, demeura luy-mesme tout épouvanté; se sentant touché interieurement par vne puissance secrette, il s'adoucit de telle sorte à la voix de ce grand Saint, qu'il arresta son armée, & content d'vn petit tribut qui luy fut accordé, retourna sur ses pas, comme si les larmes de Leon eussent formé devant luy vne mer capable d'empescher son passage.

Vn changement si prompt surprit tous ceux de sa suite, qui ne pouvoient comprendre comment ce Prince s'arrestoit de la sorte à la priere d'vn Prestre, aprés avoir surmonté tant d'obstacles, & dans le temps où ils croyoient tous aller jouïr dans Rome de la gloire & des tresors qu'ils avoient recherchez, & comme acquis par tant de sanglantes victoires. Et parce qu'ils ne pûrent s'empescher de luy témoigner leur étonnement, il leur dit: Qu'il avoit veu à costé du Pape deux vaillans Chevaliers, dont la voix & les regards n'avoient rien d'vn homme mortel, lesquels tenant chacun vne épée nuë à la main l'avoient menacé de le faire perir, si resistant davantage aux prieres de Leon, il prétendoit passer outre. Ce fut ce qui fit croire aux Chrestiens que ces deux genereux Combattans estoient S. Pierre & S. Paul, qui parurent alors pour la défense de l'Eglise, & de la ville de Rome.

Cependant admirez je vous prie, quel estoit l'endurcissement de ce Prince. Cette vision l'épouvente & l'arreste, & neanmoins elle ne touche point son ame & ne change point sa mauvaise vie. Au contraire lors qu'il s'en retournoit, & que les principaux de sa Cour luy reprochoient, comme vne action honteuse, la paix qu'il avoit accordée au Pape, il leur répondit, se mocquant de luy, qu'ils ne devoient pas s'estonner s'il avoit deferé quelque chose au Roy des bestes, pour qui tous les autres animaux, parlant des Catholiques, avoient de la crainte & de la veneration. Mais cette raillerie pleine d'impieté, & tant de sang qu'il avoit si cruellement répandu, ne demeurerent pas long-temps impunis ; car aussi-tost qu'il fut de retour en Hongrie, il épousa vne fort belle Dame nommée Hildide, & dés la premiere nuit de ses nopces, comme il s'estoit rempli de viande & de vin, il luy prit vn seignement de nez qui le suffoqua.

Or pour revenir à la Peinture que Raphael a faite sur le sujet d'Attila, on y voit S. Pierre & S. Paul soûtenus en l'air, & l'on remarque sur le visage de ces Apostres vne certaine fierté & vne hardiesse que le zele de la gloire de Dieu répand d'ordinaire sur le front de ceux qui sont émeus d'vne sainte colere. Pour Attila on le voit tout surpris & tout épouvanté, ayant devant luy des ennemis si redoutables. Il les regarde avec vn visage effrayé, & se détournant le corps en levant en mesme-temps les mains en haut, il semble qu'il veüille fuïr & parer leurs coups. Il ne paroist pas moins d'ef-

ET SVR LES OVVRAGES DES PEINTRES. 267
froy dans l'action que fait son cheval. Raphael a pris plaisir de bien peindre ce cheval, & quelques autres qui sont dans ce Tableau. Il y en a vn isabel & blanc qui semble s'emporter. On voit comme le Cavalier qui est dessus s'efforce de le retenir. Ce Cavalier est vestu de ces sortes d'habits faits en forme d'écailles, & tels qu'il y en a dans la colomne Trajane. Car ce sçavant Peintre ne manquoit jamais de faire servir les choses que l'antiquité luy fournissoit, quand il trouvoit occasion de les placer à propos & qu'elles convenoient bien à son sujet.

RAPHAEL D'VRBIN.

La plus grande liberté que Raphael a prise, est de n'avoir pas peint dans ce Tableau l'humilité avec laquelle S. Leon alla trouver Attila : car il est bien vray qu'il n'avoit pas vn appareil aussi pompeux qu'il le represente. Il estoit vestu de ses habits Pontificaux, il avoit sa Mitre sur sa teste, & faisoit porter devant luy vne Croix d'argent ; mais ces grands manteaux, cette pourpre, & cette suite d'estafiers n'estoit point alors en vsage.

Bien que dés le temps du Pape Pontien, il y eust trente-six Prestres dans Rome que l'on nommoit Cardinaux, toutefois le titre de Cardinal n'estoit pas vne qualité éminente comme elle est aujourd'huy ; Ce ne fut que sous Ser-

L'an 234.

Ll iij

RAPHAEL D'VRBIN.

gius IV. que les Cardinaux commencerent à recevoir de plus grands honneurs, encore n'ont-ils esté dinstinguez dans l'Eglise par ces titres & ces marques extraordinaires, que du temps d'Innocent IV. qui ordonna que dans les ceremonies ils iroient à cheval, & porteroient des chapeaux rouges pour signifier qu'ils étoient prests de répandre leur sang pour la défense de l'Eglise. Mais Paul II.* qui a surpassé tous ses predecesseurs en magnificence dans son train, dans ses habits & dans sa thiare enrichie de perles, de diamans, & d'autres pierreries d'vn prix inestimable, voulant aussi augmenter la pompe des Cardinaux leur fit porter la robe rouge avec cette sorte de cape qu'ils mettent par dessous leurs chapeaux dans les cavalcades. Comme Raphael pour representer S. Leon a peint Leon X. & plusieurs Cardinaux qui vivoient alors, il a voulu les faire paroistre avec leur éclat & leur magnificence ordinaire, & non pas dans cette premiere simplicité chrestienne où estoit le Pape S. Leon & les Prestres qui l'accompagnoient.

C'estoit en ce temps-là que Raphael fit cette Vierge que vous avez veuë dans le Palais Farnese, ce beau portrait de Leon X. accompagné du Cardinal Iule de Medicis, & du Car-

* Creé Pape l'an 1464.

dinal de Rossi, & vne infinité d'autres Tableaux que l'on transportoit en plusieurs lieux d'Italie. Et comme ses biens augmentoient de même que sa reputation, il fit bastir sa maison qu'on voit *in borgo*.

RAPHAEL D'VRBIN.

Mais le merite de cet excellent homme n'étoit pas renfermé seulement dans l'Italie, le bruit de son nom avoit passé les Alpes & s'étoit répandu en France, en Flandre, & en Allemagne. Ce fut ce qui porta Albert Dure, tres-excellent Peintre Allemand, à rechercher son amitié, & pour gage de la sienne luy envoya son portrait avec toutes les pieces qu'il avoit gravées.

Raphael ayant veu les Estampes d'Albert resolut de faire aussi graver quelques-vns de ses desseins, connoissant bien qu'il n'y a rien de plus avantageux, pour monstrer à tout le monde ce qu'vn sçavant homme peut produire, & mesme pour multiplier ses Ouvrages presque à l'infini.

Il fit donc apprendre à graver à Marc-Antoine de Boulogne, qui sous sa conduite mit au jour le martyre des Innocens, vn Neptune, vne Cene, & plusieurs autres pieces. On vit ensuite vn autre Marc de Ravenne, & Augustin Venitien, qui graverent aussi d'après Raphael. Et Vgo da Carpi homme ingenieux

& plein de belles inventions, s'eftant mis à graver fur le bois trouva le fecret de faire paroiftre dans les Eftampes, les demy teintes, les ombres & la lumiere, comme dans les deffeins qui font lavez de clair & d'obfcur. Nous fommes redevables à ces premiers Inventeurs de la graveure de tant de chofes que l'on a mifes au jour depuis ce temps-là, & que nous n'aurions jamais euës, puis que dans ce beau recueil d'Eftampes que M. de Marolles Abbé de Villeloin, a pris foin de faire avec vne dépenfe confiderable; il en compte jufqu'à 740. qui ont efté gravées feulement aprés les Tableaux ou les deffeins de Raphael.

Il peignit encore alors vn Chrift portant fa croix, qui fut envoyé en Sicile; Et quoy qu'il s'occupaft à divers Tableaux particuliers, cela ne l'empefchoit pas de continuer les Ouvrages du Vatican, où il travailloit à la chambre qu'on nomme de *Torre Borgia*.

Comme dans l'autre chambre dont je vous ay parlé, il avoit reprefenté le grand S. Leon, dans celle-cy il peignit Leon IV. qui fut vn Pape tres-illuftre en fainteté, & que fes vertus * éleverent à cette dignité fouveraine aprés la mort de Sergius II. Son Pontificat fut recommandable par fes belles actions & par les miracles

L'an 846.

ET SVR LES OVVRAGES DES PEINTRES. 271
racles que Dieu luy fit operer. Il y en eut deux RAPHAEL D'VRBIN.
entre autres tres-confiderables, & par lefquels
il ne fauva pas la vie à vne feule perfonne, mais
à vne infinité de peuples.

Il y avoit dans la voûte de l'Eglife de Ste Luce
vne efpece de Bafilic, dont l'haleine répandoit
vn venin fi fubtil qu'elle infectoit tous les lieux
circonvoifins, & portoit la mort dans le cœur
de tout le monde. Comme l'on ne trouvoit
point de remede à vn mal fi funefte, S. Leon
implora le fecours du ciel, & s'eftant mis en
priere chaffa ce ferpent & délivra le peuple de
Rome des maux qu'il fouffroit tous les jours de
ce dangereux animal.

L'on connut encore quelle eftoit la vertu
de ce grand Saint, lors qu'vn furieux incendie arriva dans vn quartier de Rome appellé
borgo vecchio. Le feu avoit déja reduit en cendre plufieurs maifons, & menaçoit l'Eglife
de faint Pierre, fans qu'on pûft s'oppofer à
vn fi horrible embrafement. C'eft ce dernier
miracle que Raphael a reprefenté dans l'vn des
coftez de cette chambre, où S. Leon eft aux
loges de fon Palais qui efteint le feu en donnant fa benediction.

Avec combien de plaifir confiderions-nous
autrefois les belles expreffions qui font dans ce

M m

Tableau. On y voit vn jeune homme qui porte vn vieillard sur ses épaules, qui paroist tel que Virgile décrit Anchise, lors qu'Enée le sauva de la fureur des Grecs. Le corps de ce vieillard est vne des parties les plus considerables de ce Tableau, car tous les nerfs & les muscles y sont exprimez avec vne science & vne force de dessein si admirable, que cette seule figure peut faire connoistre combien Raphael estoit sçavant dans l'Anatomie. Vasari & ceux de l'Ecole de Florence ne veulent pas avoüer qu'elle soit desseignée avec autant de force que celles de Michel-Ange. Mais je ne feray pas difficulté de dire qu'il y a bien vn autre art dans les figures de Raphael, que dans celles qu'ils vantent si fort. Et cet art est d'autant plus merveilleux, qu'il est plus caché que celuy des tous les autres Peintres.

On voit dans la mesme chambre le port d'Ostie assiegé par les Sarazins. Leon IV. s'occupoit dans Rome aux soins dignes d'vn veritable Chef de l'Eglise, quand il apprit que ces Infidelles estoient en mer avec vne puissante armée, à dessein de descendre en Italie & de venir saccager Rome. Il partit aussi-tost pour se rendre à Ostie, où il les attendit en resolution de les combattre ; ce qu'il fit, en effet, avec

ET SVR LES OVVRAGES DES PEINTRES. 273
le peu de gens qu'il avoit conduits, & le se- RAPHAEL D'VRBIN.
cours des Napolitains & des peuples voisins,
qui n'estoit pas fort considerable; Mais il est
vray que la seule presence de ce grand Saint
valoit beaucoup mieux que des legions de soldats, puis qu'il avoit de son costé l'assistance
du Dieu des batailles, dont le bras est invincible.

Lors qu'on vit paroistre les voiles de ces peuples barbares, le Pape se mit à la teste de toutes ses troupes, & par vn discours plein d'éloquence & de pieté anima leurs courages &
remplit leurs cœurs d'vne vaillance toute Chrêtienne. Ensuite il leur distribua le pain des forts,
en leur faisant recevoir le corps de I. C. Aprés
avoir fait sa priere à Dieu il donna la benediction à toute l'armée, & le signe qu'il fit de la
sainte Croix fut le signal du combat & l'heureux présage de la victoire qu'il remporta.

On vit donc aussi-tost les Chrestiens se joindre & s'attacher aux infideles; & c'est cette
sanglante bataille que Raphael a representée
dans ce Tableau, où l'on peut remarquer les
vaisseaux des deux armées qui se font vne cruelle guerre.

Ie ne m'arresteray pas à vous faire vne description exacte de cette Peinture : mais je vous

Mm ij

RAPHAEL D'VRBIN.

diray qu'en penfant à cet Ouvrage, je ne puis affez admirer combien Raphael eftoit habile à reprefenter toutes fortes de fujets. Dans ceux où il ne faut que de la grace & de la douceur, il furpaffe tous les autres Peintres; Et quand il traite des compofitions d'hiftoires qui demandent des actions plus fortes & plus fieres, perfonne ne l'égale.

Car fi d'vn cofté l'on confidere dans le Tableau dont je parle, avec quelle valeur les Chreftiens attaquent les infideles, fi l'on obferve les diverfes poftures des foldats qui traînent des prifonniers, leurs mines, & leurs habits differens de ceux des matelots. Et que de l'autre on regarde comme il a bien reprefenté la crainte, la douleur, & la mort mefme fur le vifage des vaincus, on avoüera que l'art ne peut aller plus loin qu'il l'a porté.

Raphael s'eft fervy du portrait de Leon X. pour reprefenter Leon IV. comme il avoit fait dans le Tableau d'Attila pour peindre Leon I.

Il y a encore dans ce mefme lieu deux Tableaux; dans l'vn on voit comme Leon X. facre le Roy François I. & dans l'autre comme il le couronne. Le Pape, le Roy, les Cardinaux, les Ambaffadeurs, & plufieurs Seigneurs & Officiers y font peints au naturel, & veftus à la mode de ce temps-là.

Ie ne voy pas, interrompit Pymandre, pour- RAPHAEL D'VRBIN. quoy Raphael a traité ces deux fujets: car je n'ay pas remarqué que ces ceremonies ayent esté obfervées à Boulogne, lors que Leon X. & François I. s'y rencontrerent en 1515.

Bien que Vafari, pourfuivis-je, parle de ces Tableaux comme s'ils avoient efté faits pour reprefenter en effet le Sacre & le Couronnement de François I. je ne doute pas neanmoins qu'il ne fe foit trompé en cela, ainfi qu'il a fait en beaucoup d'autres chofes. L'on peut plûtoft préfumer que comme Raphael a reprefenté le Pape Leon X. dans les autres hiftoires que je vous ay rapportées; Il le peignit encore icy & fit le portrait de François I. qui vivoit alors, pour faire voir, non pas le Sacre de ce Roy, mais ce qui fe paffa autrefois dans l'Abbaye de S. Denis, lors que le Pape Eftienne II. ayant efté contraint de venir en France implorer le fecours de Pepin contre Aftulphe Roy des Lombards, qui le perfecutoit; il le facra de nouveau Roy de France, & difpenfa les L'an 753. François du ferment de fidelité qu'ils devoient à Childeric, auquel il fit en mefme-temps faire les vœux pour eftre moine.

Dans la Peinture qui eft de l'autre cofté, il a peut-eftre voulu peindre la ceremonie

Mm iij

faite à Rome le jour de Noel, quand le Pape Leon III. couronna Charlemagne & le déclara Empereur des Romains. Car comme l'Eglise de Rome & les Papes en particulier ont receu des Rois de France, non seulement la plus grande partie des biens qu'ils possedent, mais encore toute leur autorité temporelle, & leurs plus beaux privileges, Leon X. fut bien aise de faire peindre ces deux actions si celebres & si glorieuses à ses prédecesseurs, dans vn temps où vn grand Roy de France* venoit encore de donner à l'Eglise des marques de sa pieté & de son obeïssance, & où le Peintre trouvoit occasion de le representer aussi luy-mesme en la personne d'vn saint Pape, dont il portoit le nom.

La voûte de cette chambre est de la main de Pietre Perugin. Raphael ne voulut jamais y toucher, croyant estre obligé de la conserver par l'amour & la reconnoissance qu'il devoit à son maistre.

Mais quoy qu'il fust alors dans vne haute fortune & dans vne reputation qui surpassoit celle de tous les Peintres qui avoient esté avant luy, toutefois il ne bornoit pas ses pensées à l'Estat present des biens & de l'estime qu'il possedoit; & se contentoit encore moins des connoissances qu'il avoit acquises dans son Art. Au

contraire comme il sçavoit que dans le chemin RAPHAEL D'VRBIN.
de la vertu celuy-là recule qui n'avance pas,
il s'efforçoit d'y faire tous les jours de nouveaux
progrés. Il employoit pour cela les biens qu'il
avoit gagnez par son travail, & les lumieres
qu'il avoit acquises par ses études. Ne pouvant
luy seul recueillir, comme il eust bien voulu,
tout ce qu'il y a de plus admirable dans les productions de la Nature, & dans les Ouvrages de
l'Art, dont la speculation est la principale nourriture de l'esprit, & dont l'estude est si necessaire à vn Peintre; il occupoit diverses personnes
à desseigner ce qu'il y avoit de plus beau en Italie, soit dans les differentes veuës des païsages, & des lieux les plus agreables, soit dans
les Temples & dans les Palais, soit dans les
Peintures anciennes, soit dans les bas reliefs &
les statuës antiques. Car alors on voyoit encore, non seulement dans Rome, mais dans les
ruïnes de la ville Adriane proche de Tivoly,
à Pouzzole au Royaume de Naples, & en plusieurs autres endroits, quantité de choses antiques, tant de Peinture que de Sculpture, qui
ne se trouvent plus, & qui estoient d'vne beauté excellente. L'on a mesme accusé Raphael &
d'autres Peintres de ce temps-là, d'avoir brisé
beaucoup de bas reliefs qui estoient dans les lo-

RAPHAEL D'VRBIN.

ges du Colisée & dans les anciens Palais, aprés en avoir fait des copies, afin d'estre les seuls possesseurs de ces richesses qui estoient comme enterrées sous les ruïnes de ces anciens monumens.

On dit mesme que Raphael envoyoit jusques dans la Grece desseigner ce qui restoit encore de beau & de considerable, ne voulant pas perdre la moindre des choses qu'il croyoit pouvoir contribuer à le rendre plus sçavant.

Il avoit auprés de luy Iean da Vdine, qui pour bien representer des animaux estoit le plus excellent de tous ses Eleves; il l'employoit à peindre des oiseaux fort rares, & d'autres bestes sauvages que le Pape faisoit nourrir.

Aussi quand Raphael eut fait le dessein des loges du Vatican, & qu'il eut fait achever ce que Bramante avoit commencé, & qui estoit demeuré imparfait par sa mort: ce fut Iean da Vdine qui entreprit tous les ornemens & les grotesques qui embellissent ces loges, dont la diversité ne fait pas vne des moindres beautez de tout ce grand Ouvrage. Les Tableaux, comme vous sçavez, sont du dessein de Raphael, & si dignement executez par ses Eleves, * qu'il n'y a rien qui ne concoure à vne mesme perfection.

* Iule Romain, Iean Francesque Penni, Perin del Vague, Peligrin de Modene, Vincent de san Geminiano, Polydore de Caravage, &c.

Aussi faut-il avoüer qu'encore que tant d'excellens

d'excellens Ouvriers ayent contribué à l'ac- RAPHAEL D'VRBIN.
compliſſement de tant de grands travaux que
l'on faiſoit dans le Palais du Pape, l'on en doit
pourtant attribuer la gloire à Raphael, qui
ayant l'intendance generale de toutes choſes,
les diſpoſoit chacune en leur place, & en donnoit l'execution aux perſonnes qu'il croyoit les
plus capables.

Car non ſeulement il avoit la conduite des
Peintures, mais il ordonnoit encore de tous
les ornemens de ſtuc, il fourniſſoit les deſſeins
pour la menuiſerie, enfin il n'y avoit point
d'Ouvriers ſur leſquels il n'euſt vne entiere direction. Auſſi comme il eſtoit le chef de ces divers membres, il les faiſoit agir de telle maniere, que n'ayant tous qu'vne meſme intention de bien faire, il ſembloit qu'il n'y euſt
qu'vn ſeul homme qui travaillaſt; parce qu'en
effet c'eſtoit de l'eſprit de ce ſçavant maiſtre
que tous les autres tiroient leurs lumieres.
Comme ils avoient vne déference & vne eſtime particuliere pour luy, il n'y en avoit point
qui ne fiſt gloire de ſe conformer à ſes ſentimens, & d'executer ſes ordres avec plaiſir.

Pendant que Raphael conduiſoit tous ces
grands Ouvrages, il ne laiſſoit pas de faire d'autres Tableaux de moindre grandeur, dont il

RAPHAEL D'VRBIN. en envoya quelques-vns en France. Parmy ceuxlà on peut remarquer comme vn Ouvrage admirable le S. Michel qu'il acheva pour le Roy François I. qui a huit pieds de haut; il fit aussi des portraits de femmes, entre autres celuy d'vne Dame qu'il aimoit. Car le seul defaut qu'on a remarqué en luy, est d'avoir esté trop adonné aux femmes; de sorte mesme que plusieurs personnes connoissant son inclination recherchoient les occasions de le servir dans ses débauches, employant de si lâches moyens pour luy plaire & pour devenir ses amis.

Augustin Ghisi l'ayant engagé à peindre cette loge que vous avez veuë dans la mesme vigne où est la Galathée, & voyant qu'il ne finissoit point son Ouvrage, parce qu'il estoit continuellement attaché auprés d'vne maistresse qu'il avoit alors, fit tant par ses prieres, qu'il l'obligea de loger avec elle dans le mesme lieu où il travailloit, ce qui fut cause qu'il finit tous les desseins de cette loge, où il peignit aussi luy-mesme quelques figures.

Dans le milieu du plafond il a feint deux pieces de tapisseries; en l'vne il a representé l'assemblée des Dieux, & c'est là qu'on peut remarquer dans les visages & dans les vestemens de toutes ces Divinitez, comment il sçavoit bien s'aider des figures antiques, & exprimer toutes choses selon la difference des sujets. Dans l'autre il a peint les nopces de Psiché, où Iupiter est servy par Ganimede, par les Graces, & par les Heures, qui répandent des fleurs & des parfums sur la table.

RAPHAEL D'VRBIN.

Il n'est pas besoin que je m'arreste à vous parler des autres Peintures qui embellissent cette loge, nous les avons veuës tant de fois ensemble, que je ne croy pas qu'elles soient effacées de vostre souvenir. Les festons de fleurs & de fruits, & les autres ornemens qui accompagnent les figures, sont de la main de Iean da Vdine.

Cependant Leon X. qui avoit vne amitié & vne estime toute particuliere pour Raphael & pour ses Ouvrages, l'obligea de travailler dans la grande sale du Vatican à l'histoire de Constantin. Il commença quelques-vns des Tableaux, & le reste a esté fait sur ses desseins par Iule Romain. Il peignit encore de grands Cartons que le Pape envoya en Flandres pour faire des Tapisseries qui furent richement executées.

Il seroit à souhaiter, dit alors Pymandre, que les grands Peintres fissent beaucoup de ces desseins, puis qu'il n'y a rien qui se conserve mieux que les Tapisseries, & qu'on voit dans celles que le Roy fait faire vne beauté & vne fraicheur que la Peinture mesme a peine à surpasser.

Il n'y a, luy répondis-je, que des Rois ou de grands Princes qui puissent faire travailler à des Ouvrages d'vne si grande dépense, encore faut-il que ce soient des Princes & des Rois qui aiment les Arts, & il faut pour cela rencontrer des Peintres sçavans & des Ouvriers capables de bien executer les desseins qu'on leur donne. Il y avoit alors en Flandre des Tapissiers, non seulement tres-habiles à bien employer les laines, mais qui desseignoient parfaitement; & ils estoient si capables qu'il se voit beaucoup de Tapisseries dont les couleurs sont de leur invention, & qu'ils ont fabriquées sur des desseins qui n'estoient pas mesme bien arrestez.

Ie vous avoüe que c'est le moyen le plus asseuré pour conserver long-temps, & mesme pour multiplier les Tableaux des plus sçavans hommes, c'est l'ornement le plus riche & le plus commode dont on puisse parer les dedans d'vn Palais, & c'est par là que nous possedons en France plusieurs Ouvrages magnifiques, & d'vne composition excellente.

ET SVR LES OVVRAGES DES PEINTRES. 283

Il y a dans la grande Eglise de Chartres dix pieces de Tapisseries * qui autrefois ont esté faites en Flandre sur les desseins que Raphael fit pour les loges du Vatican, où l'histoire de l'ancien Testament est representée. Ces Tapisseries sont admirablement executées, les bordures en sont riches, les laines tres-fines, & toutes relevées de soye. Ce fut M. de Thou Evesque de Chartres, qui les donna à cette Eglise, & l'on peut dire que hors celles du Roy, il n'y en a point de plus belles.

<small>RAPHAEL D'VRBIN.
Faisant 40 aunes de cours.</small>

Vous avez veu ces Ouvrages merveilleux qui sont dans le garde-meuble de S. M. & que l'on expose souvent aux grandes festes; Ie ne parle à present que des Tapisseries du dessein de Raphael, & je vous demande s'il y a rien de plus beau que les 8. pieces* de l'histoire de Iosué. Quels Tableaux sont comparables à celle de Psiché representée en * 26. pieces ; Les actes des Apostres* ne vous surprennent-ils pas quand vous les voyez ? Et combien de fois vous ay-je oüy parler* de l'histoire de S. Paul, comme d'vn travail que vous ne pouviez assez admirer.

<small>* 43. aulnes.
* 106. aulnes.
* En 10 pieces contenant 53. aulnes.
* En 7. pieces faisant 42. aulnes.</small>

Pymandre m'interrompant en cet endroit, I'ay remarqué, dit-il, dans les memoires de M. de Brantome, que François I. acheta cette Tapisserie pour parer sa Chapelle, aprés avoir eu

N n iij

RAPHAEL D'VRBIN. celle du Triomphe de Scipion qu'on estime de Iule Romain. Il dit parlant de celle-cy, que c'estoit le chef-d'œuvre des Ouvriers Flamans, qui aimerent mieux la presenter au Roy de France qu'à l'Empereur Charles Quint, connoissant la magnificence & la liberalité de ce grand Prince, qui en paya vingt-deux mille écus, somme alors tres-considerable.

Ces Ouvrages, repris-je, sont des Ouvrages sans prix. Quoy qu'ils soient tout étoffez de soye & d'or, la grandeur du dessein & la beauté du travail surpasse infiniment la richesse de la matiere.

Mais M. de Brantome s'est trompé s'il a dit que ce fut le Triomphe de Scipion que François I. acheta : car cette Tapisserie a esté faite pour Henry II. dont mesme le portrait se reconnoist dans toutes les figures qui representent Scipion. Ce fut des batailles de ce fameux Romain dont François I. fit l'acquisition. Vous pouvez voir dans le cabinet de M. Iabac les desseins de ces deux tentures * qui sont de la main de Iule.

* Elles sont ensemble 110. aulnes de cours en 22. pieces.

Pour ce qui est des Tableaux de Raphael, cotinuay-je, on sçait bien que pendant qu'il vivoit, les Cardinaux & les Princes d'Italie retenoient presque tout ce qui sortoit de sa main.

Et quoy que le Cardinal Iule de Medicis euſt fait faire ce beau Tableau qui eſt à S. Pierre *in Montorio*, à deſſein de l'envoyer en France, nous n'avons pas pourtant eſté aſſez heureux pour le poſſeder, parce que Raphael mourut auſſi-toſt qu'il l'eut achevé, & comme c'eſt aſſeurément le chef-d'œuvre de ce grand Peintre, on ne voulut pas priver Rome du plus bel Ouvrage qu'il euſt jamais fait.

Vous ſouvient-il pas de cette riche compoſition où l'on voit vn poſſedé au pied d'vne montagne avec les Diſciples de N. S. On ne peut ſans quelque ſentiment de douleur regarder ce jeune enfant que le Demon tourmente, mais qu'il tourmente de telle ſorte que tous ſes membres patiſſent ; On l'entend, s'il faut ainſi dire, crier de toute ſa force ; on luy voit les yeux renverſez & preſque hors de la teſte. Ses veines enflées & ſa peau tenduë d'vne maniere & d'vne couleur toute extraordinaire, ſont des marques des grands efforts qu'il fait, & des peines qu'il endure. Ce Vieillard qui le ſoûtient eſt d'vne expreſſion admirable, car ſi l'on apperçoit ſur ſon viſage qu'il n'eſt pas exemt de crainte auprés de ce poſſedé, l'on remarque auſſi qu'il employe toutes ſes forces à le bien tenir. Il regarde fixement les Apoſtres qui ſont prés

RAPHAEL D'VRBIN.

de luy, comme s'il recevoit toute sa vigueur de leur presence. Cette femme qui est sur le devant du Tableau & l'vne des principales figures, semble-t-elle pas en se tournant vers eux & en estendant les bras du costé de cet enfant, leur en monstrer le miserable estat? Et ne semble-t-il pas qu'ils en ayent compassion; Il y a dans cette Peinture des figures si belles & des airs de testes si differens & si extraordinaires, que ce n'est pas sans raison qu'elle a esté estimée de tous les sçavans pour la plus parfaite qui soit sortie de la main de Raphael.

Peut-on s'imaginer l'humanité du Fils de Dieu dans sa gloire d'vne maniere plus divine qu'elle est representée dans cet Ouvrage? On y voit I. C. si rempli de lumiere, que Moyse & Elie qui sont à ses costez, paroissent comme penetrez de cette grande clarté; Les trois Disciples bien aimez sont prosternez contre terre, éblouïs des rayons de cette lumiere éclatante qui environne leur Maistre. Et ce Divin Maistre vestu d'vne robe plus blanche que la neige, les bras ouverts & les yeux élevez en haut, semble dans cette action merveilleuse faire voir l'essence & la divinité de toutes les trois Personnes vnies en luy, mais si bien exprimées par le pinceau de ce Peintre incomparable, qu'il a

employé

employé tout son sçavoir dans la representa-tion de cette image du Divin Sauveur, où il a fait vn dernier effort pour monstrer la puissance de son Art dans les choses mesme qui ne se peuvent exprimer. Et comme s'il se fust épuisé pour achever cet Ouvrage, il ne travailla plus depuis qu'il l'eut fini; La mort ostant de ce monde vn si excellent homme, fit voir que quand vne fois on est arrivé au plus haut degré de perfection, l'on ne peut plus demeurer icy-bas.

On attribuë la cause de sa mort à vne débauche de femme, & l'on dit que n'ayant pas découvert son mal aux Medecins, ils le traiterent comme d'vne pluresie & le firent trop seigner.

Quelque-temps auparavant il s'estoit engagé d'épouser vne niece du Cardinal de Bibienne, toutefois esperant que le Pape le feroit Cardinal, & d'ailleurs n'ayant pas beaucoup d'inclination pour le mariage, il en retardoit tous les jours l'accomplissement.

Comme il vit que sa maladie augmentoit, & que ses forces diminuoient, il fit son testament, & aprés avoir obligé la femme qu'il entretenoit de sortir de sa maison, il luy donna dequoy vivre honnestement le reste de ses jours. Il partagea son bien entre ses Eleves, dont Iule Romain estoit celuy qu'il aimoit le plus. Enfin aprés s'estre reconcilié avec Dieu, & avoir donné des marques d'vne veritable contrition, il sortit du monde à pareil jour qu'il y estoit entré, qui fut vn Vendredy Saint. Il n'estoit âgé que de 37. ans, & sa mort précipitée causa vne affliction si generale dans Rome, qu'il n'y eut personne qui n'en ressentist vne extrême douleur.

Son corps ayant esté exposé dans la sale où il travailloit pendant sa vie, l'on mit tout proche, ce beau Tableau de la Transfiguration qu'il avoit achevé nouvellement. Et comme l'on vit cet illustre mort auprés de ses figures, qui toutes paroissoient vivantes, il n'y eut personne qui n'eust le cœur rempli de tristesse à la veuë de ce spectacle, où l'on connoissoit encore plus par l'excellence de ces Peintures, quelle perte l'on faisoit dans la mort de ce sçavant homme.

Outre qu'il estoit, comme je vous ay dit, beau & bien fait de corps, il avoit vne grace, vne bonté, & vne douceur qui gagnoit le cœur de tous ceux qui le voyoient, particulierement des Peintres qui avoient pour luy vn respect & vne amitié toute extraordinaire. C'estoit à qui luy feroit le mieux sa cour, & jamais on ne le voyoit fortir qu'il n'en euft plufieurs avec RAPHAEL D'VRBIN. luy, qui tenoient à grand honneur de l'accompagner. Il eft vray auffi que cette déference qu'ils avoient pour fa perfonne ne le portoit point à s'élever au deffus d'eux; il les traitoit comme s'ils euffent efté fes égaux, & cette belle maniere d'agir faifoit que fes Eleves mefme vivoient tous enfemble avec beaucoup d'vnion & d'amitié. Il prenoit vn fingulier plaifir à obliger tous ceux de fa profeffion, & s'ils defiroient quelque chofe de fa main, il quittoit auffi-toft fes autres Ouvrages pour leur rendre fervice.

Comme il donnoit liberalement fes deffeins à fes Eleves & à plufieurs Peintres, qui eftans fort habiles s'efforçoient de l'imiter autant qu'ils pouvoient, il s'eft répandu parmy le monde, & dans les cabinets des curieux beaucoup d'Ouvrages qu'on a fait paffer pour eftre de fa main.

Ce qui eft digne de remarque dans cet excellent homme, eft le progrés inconcevable qu'il a fait dans fon Art pendant le peu de temps qu'il a vécu. Car auffi-toft qu'il eut commencé de travailler fous Pietre Perugin, il fe rendit capable de le bien imiter. Mais comme il avoit trop de lumiere pour ne pas

O o ij

discerner les divers degrez de perfection qui se trouvent dans la Peinture, il n'eut pas si-tost veu les Tableaux de Leonard, qu'il reconnut les defauts de sa premiere maniere, & en prit vne autre beaucoup meilleure. Enfin se sentant assez fort pour ne plus s'arrester à suivre les pas des autres Maistres, on le vit, non seulement comme vne Abeille prendre l'essort pour amasser de tous costez ce qu'il rencontroit de meilleur dans les Ouvrages des Anciens, & dans ce que la veuë peut découvrir de plus beau pour s'en faire vne nourriture particuliere : mais il parut comme vne Aigle genereuse s'élever au dessus de toutes les choses visibles, pour contempler des Idées plus parfaites dont il formoit ses Ouvrages; Aussi l'on y voit des traits semblables à ceux des Anciens Grecs, parce qu'ils ont tous puisé dans vne mesme source & se sont servis d'exemples pareils, lors qu'ils ont voulu travailler à ces rares chef-d'œuvres de l'Art, où la Nature est representée dans vne beauté & vne perfection, qu'elle semble n'avoir jamais fait voir qu'à ces grands hommes.

Raphael connoissoit pourtant bien que l'esprit de l'homme a ses bornes; qu'il est comme renfermé dans certains sujets, & que quelque

ET SVR LES OVVRAGES DES PEINTRES. 291
peine qu'on prenne pour acquerir toutes les Raphael d'Vrbin.
parties de la Peinture, il est difficile qu'il n'y
en ait quelqu'vne qui échape, & de laquelle
vn autre ne se rende possesseur. C'est pourquoy
il travailla autant qu'il put à les acquerir toutes,
afin au moins que si quelqu'vn excelloit en vne
chose, il eust cet avantage de n'estre surmonté qu'en vne partie, & de surpasser les autres
en tout le reste.

En effet on voit qu'il desseignoit parfaitement, qu'il estoit fecond en belles inventions
& sçavant à bien ordonner ; qu'il a peint avec
beaucoup d'amour, mais sur tout qu'il n'a point
eu d'égal pour donner de l'expression & de la
grace à ses figures. Il a toûjours conservé de la
force & de la douceur dans tout ce qu'il a representé, il a sceu traiter ces sujets avec toute
la convenance necessaire, soit en representant
les coûtumes differentes des nations, soit dans
les habits, dans les armes, dans les ornemens,
dans le choix des lieux, & enfin dans tout ce
qui regarde cette partie de bien-seance, que
Castelvetro nomme dans sa Poëtique *il costume*,
& qui doit estre commune aux grands Poëtes
& aux sçavans Peintres.

Vous sçavez à quel prix l'on met ses Ouvrages, & vous pouvez considerer ceux qui sont au Louvre; il y a deux petits Tableaux sur bois qui sont de sa premiere maniere, l'vn represente vn S. Michel qu'il fit pour François I. & l'autre vn S. Georges qu'il peignit pour Henry VIII. Roy d'Angleterre. Vous y verrez encore vne Vierge assise dans vn païsage avec le petit Iesus devant elle & S. Iean à costé, ce Tableau est de sa seconde maniere. Celuy où il a representé la Vierge, N. S. saint Iean, & sainte Elisabeth, que le Roy a eu depuis peu de M. l'Abbé de Brienne, est d'vne maniere plus forte.

Est-ce pas, me dit Pymandre, ce Tableau que j'ay veu autrefois chez M. le Duc de Rouanez, & qu'on disoit n'estre que la copie d'vn autre que M. le Marquis de Fontenay apporta de Rome lors de sa premiere Ambassade, & dont il fit present à M. le Cardinal Mazarin. Il est vray que cette copie ne laisse pas d'estre considerable, puis qu'on la croit de Iule Romain; il y a mesme quelque petite difference dans le païsage & dans les figures.

Pymandre ayant cessé de parler, Il n'y a point de Tableaux, repris-je, dont l'on ne fasse quelque histoire, & lors qu'il s'en rencontre deux à peu prés semblables, aussi-tost chacun prend parti pour faire que l'vn soit l'original & l'autre la copie. Mais il faut que je vous dife ce que j'ay appris d'vn fçavant homme en cet Art touchant ceux-cy, aprés toutefois que je vous auray rapporté ce que je fçay de leur origine.

RAPHAEL D'VRBIN.

Celuy dont je vous parle & qui eſt prefentement dans le cabinet du Roy, a eſté long-temps dans la maifon de Boifi, où il avoit eſté laiſſé par Adrien Gouffier Cardinal de Boifi, à qui Leon X. donna le chapeau l'an 1515. & qu'il envoya Legat en France en 1519. On dit que ce fut vn prefent que Raphael luy fit en reconnoiſſance des bons offices qu'il luy avoit rendus auprés du Roy François I. Quoy qu'il en foit ce Cardinal le gardoit cherement, & Raphael luy-mefme avoit pris foin qu'il fuſt bien conſervé, car il eſt couvert d'vn petit volet de bois peint & orné d'vne maniere auſſi agreable que fçavante.

Quand à celuy qui eſt aujourd'huy dans le cabinet de M. le Duc de Mazarin, le Chevalier *del Pozzo* que vous avez connu à Rome, le fit acheter par M. de Fontenay pendant qu'il eſtoit Ambaſſadeur auprés d'Vrbin VIII. prétendant que c'eſtoit l'original que Raphael avoit commencé, & fur lequel celuy dont j'ay parlé avoit eſté copié par Iule Romain. Mais ce que j'ay fceu depuis, c'eſt que Raphael fur les derniers temps estant accablé d'ouvrages faisoit ce que beaucoup d'autres Peintres pratiquent souvent, qui est d'arrester vn dessein fort correct, de le donner à leurs Eleves pour le peindre, & lors qu'ils l'ont fini autant qu'ils ont pû, ils le retouchent eux-mesmes & en font vn Ouvrage qui passe pour estre de leur main. Il en a esté ainsi dans cette rencontre. Raphael a desseigné ces deux Tableaux & les a fait peindre par deux de ses Eleves. Mais ayant eu plus d'inclination à finir celuy qui est dans le cabinet du Roy, il l'acheva entierement & laissa l'autre imparfait.

Cet Ouvrage n'est pas le seul où il se soit conduit de la sorte, celuy qui me l'a fait remarquer, garde chez luy vn dessein à la plume de la main de Raphael; ce dessein est admirablement bien touché, & represente Venus, Vulcain & plusieurs petits Amours. Ce mesme sujet se trouve entre les mains de M. Iabac, peint sur bois par Iule Romain, de la mesme grandeur que celuy de Raphael, qui s'en servit aussi pour peindre de blanc-noir la façade d'vne maison qu'il avoit fait bastir pour ses Eleves.

Mais ce qu'il faut observer, est que Raphael avoit des hommes si sçavans qui travailloient sous luy, que bien-loin de gaster ses desseins,
ils

ils y ajoûtoient souvent de nouvelles beautez. Raphael d'Vrbin.
Car Iule Romain ayant beaucoup plus de feu
que Raphael, inspiroit à toutes ses Peintures
certaine vie & certaine action qui manquoit aux
desseins de son Maistre. Estant tres-vray que
Raphael luy-mesme a beaucoup appris de Iule,
& que ses figures estoient moins animées, qu'elles n'ont esté depuis que cet Eleve travailla
sous luy.

Ie vous diray encore en passant vne chose considerable touchant les Tableaux qu'on
croit estre de Raphael, & où l'on voit bien en
effet qu'il y a de sa composition & de sa maniere. C'est que ceux qui sont bien peints, mais
moins corrects dans le dessein, peuvent-estre
de Timothée d'Vrbin ou de Pellegrin de Modene, qui ont fort bien imité son coloris, mais
qui n'ont pas desseigné correctement. Ceux
dont le dessein est plus arresté, & qui sont
moins agreables dans la couleur, peuvent-estre
de Francesque Penni, aussi l'vn de ses Eleves.
Pour les Tableaux où Iule Romain a touché,
on y voit plus de vie dans les actions, & plus
de noir dans tout ce qui represente la chair.
Perin del Vague est vn de ceux qui a encore
bien imité Raphael; mais dans ce qu'il a fait, il
y a plus de douceur & plus de tendresse, que de

Pp

force & de grandeur; l'auray vne autre fois lieu de vous parler de luy plus amplement.

Ce que vous devez donc confiderer, ou plûtoft admirer au Louvre, comme eftant de la feule main de Raphael, de fa plus grande maniere, & des plus belles chofes qu'il ait faites, c'eft cette belle figure de faint Michel dont je vous parlois à cette heure, où ce que l'Art a jamais pû produire de plus parfait, eft expofé aux yeux de tout le monde. C'eft encore cet autre Tableau fi merveilleux où la Vierge & le petit Iefus font environnez de S. Iofeph, de faint Iean, de fainte Elifabeth, & de deux Anges qui répandent des fleurs. Cette ordonnance eft fi noble & d'vne maniere fi forte & fi admirable, que je diminuerois de fon excellence fi je prétendois vous la décrire.

Ie vous diray feulement qu'entre tant d'excellentes parties qu'on y peut remarquer, on voit fur le vifage de la Vierge cette pudeur & cette fageffe qu'il a toûjours fi bien exprimée dans tous les Tableaux qu'il en a faits. Auffi perfonne n'a peint comme luy cette modeftie & cette retenuë fi bien-feante aux femmes, les ayant toûjours reprefentées dans des attitudes, & avec des airs de tefte & des mouvemens qui n'infpirent que du refpect & de la

ET SVR LES OVVRAGES DES PEINTRES. 297
veneration à ceux qui les regardent. RAPHAEL D'VRBIN.

Outre ces Tableaux il y a encore dans le cabinet du Roy quelques portraits de la main de ce grand Peintre, & à Fontainebleau vne sainte Marguerite qui est aussi da sa bonne maniere.

Pour les autres Ouvrages de Raphael qui sont en divers cabinets de cette ville, vous aurez veu sans doute celuy de M. le Marquis de Sourdis, c'est vn S. Georges de la mesme grandeur & maniere que celuy du Roy, le nom de Raphael est écrit en lettre d'or au poitrail du cheval, il vient du Roy d'Angleterre.

Celuy de M. le President Tambonneau que vous avez veu autrefois chez M. de la Noüe, est de la seconde maniere de Raphael; Vous sçavez bien qu'il appartenoit autrefois au Comte de Cheverny, & que ce fut Madame la Marquise d'Aumont qui le vendit à M. de la Noüe moyennant 5000. livres, & vne copie qu'il en fit faire par vn excellent Peintre, pour mettre dans l'Eglise de port Royal. M. Champagne.

M. le Duc de S. Simon a aussi vne Vierge de la main de Raphael qu'il conserve avec soin. Ie vous ay fait voir vn Tabeau de sa premiere maniere, & du temps qu'il travailloit à Perouse. Il peut y en avoir encore d'autres en quelques endroits de Paris, sans compter ceux qu'on fait passer pour estre de luy.   P p ij

RAPHAEL D'VRBIN.

Avant Raphael on ne parloit que de l'Ecole de Florence, mais il mit celle de Rome à vn si haut degré de perfection, que depuis elle a toûjours esté considerée comme la premiere de toutes. Il laissa plusieurs Eleves, entre lesquels, comme je vous ay dit, il y en eut de tres-sçavans, & dont je vous parleray dans la suite.

M'estant arresté, Pymandre me dit, Aprés ce que vous avez rapporté de Raphael, je ne croy pas que vous puissiez nommer aucun Peintre qui en approche: car vous avez remarqué en luy tant de belles qualitez, qu'il est comme impossible qu'il y en ait qui puisse luy estre comparé.

Ie ne prétends pas aussi, continuay-je, vous entretenir doresnavant d'aucun autre qui l'égale, puis qu'il a paru comme le Maistre de tous. Mais cela n'empeschera pas que je ne vous nomme beaucoup d'excellens hommes qui l'ont survécu, & qui ont fait de tres-beaux Ouvrages.

Car si Raphael a esté le Maistre de l'Art, & qu'il en ait découvert les tresors, on peut dire aussi qu'il a donné moyen à ses Disciples & à ceux qui l'ont suivy, de s'enrichir de sa découverte.

Ce fut de son temps que tous les Arts qui dépendent du dessein se perfectionnerent. Celuy

ET SVR LES OVVRAGES DES PEINTRES. 299

de peindre sur le verre & qui estoit fort en vsa- RAPHAEL D'VRBIN.
ge en France, fit vn progrés considerable.

Comme il n'y avoit personne en Italie qui sceust employer les couleurs dont on se sert dans cette sorte de travail, & les faire recuire & calciner sur le verre aussi-bien qu'on faisoit icy, Bramante eut ordre du Pape Iule II. de faire venir de Marseille vn nommé CLAVDE fort CLAVDE habile en cet Art, & qui mena avec luy vn Religieux de l'Ordre de S. Dominique nommé FRERE GVILLAVME, encore plus ex- FRERE GVILLAVME. cellent Ouvrier que luy. Ils travaillerent d'abord aux vitres du Vatican, & Claude estant mort incontinent aprés qu'il fut arrivé à Rome, frere Guillaume travailla seul, & fit divers Ouvrages en plusieurs Eglises.

Ensuite il alla à Cortone, puis à Arezzo, où vivant doucement d'vn Prieuré que le Pape luy avoit donné, & s'appliquant davantage qu'il n'avoit fait à bien desseigner, il acheva des choses encore plus belles que ce qu'il avoit fait à Rome. Il mourut âgé de 62. ans l'an 1537.

Aprés ce que je viens de rapporter du plus grand de tous les Peintres, je ne vous satisferois pas beaucoup si je m'arrestois à vn DOMINIQVE PVLIGO * Florentin, & Disciple de Guir- * Il mourut l'an 1525. landaï. Ie ne vous diray rien de TIMOTHE'E TIMOTHEE

P p iij

<small>TIMOTHÉE DA VRBINO.</small> DA VRBINO qui travailla fous Raphael aux Sybilles qui font à Noftre-Dame de la Paix : Il le quitta bien-toft pour retourner dans fon païs, <small>Il mourut âgé de 54. ans, l'an 1524.</small> où s'eftant étably il tâcha autant qu'il put d'imiter fa maniere, mais il ne deffeignoit pas auffi-bien qu'il peignoit.

<small>VINCENT DA SAN GEMINIANO.</small> Ie ne vous parleray pas non plus de VINCENT DA SAN GEMINIANO, quoy qu'il fuft Difciple de Raphael, qu'il ait travaillé dans les fales du Vatican, & qu'il ait fait plufieurs Ouvrages à fraifque dans les ruës de Rome. Il finit fa vie l'an 1527.

<small>* L'an 1510. LORENZO DI CREDI.</small> Peu de temps aprés mourut * LORENZO DI CREDI de Florence, âgé de 78. ans, il eftoit Difciple d'André Verrochio, & avoit travaillé fous luy avec Pietre Perugin, & Leonard de Vinci. Mais ayant connu la beauté des Ouvrages de Leonard, il quitta la maniere de fon premier maiftre pour les imiter, & il fe mit à les copier avec vne exactitude fi grande, qu'on prenoit fouvent les copies pour les originaux ; Ce qui eft caufe, comme je vous ay déja remarqué, qu'il y a bien des Tableaux qu'on croit de la main de ces grands Maiftres, qui ne font que des copies. Car comme le temps en efface les traits & en ofte les couleurs, & que d'ailleurs ils font faits par d'habiles

ET SVR LES OVVRAGES DES PEINTRES. 301
gens, il est assez mal-aisé de ne s'y pas trom- LORENZO DI CREDI.
per, & c'est où les demy-sçavans sont bien
attrapez. Car ceux qui ne regardent qu'à la
toile & au bois, ny trouvent point de difference.

Quoy que Lorenzo ait beaucoup vécu, il
n'a laissé que peu d'Ouvrages, parce qu'il estoit
long-temps sur vn Tableau prenant plaisir à le
bien finir. Il eut quelques Disciples qui n'ont
pas esté assez fameux pour m'obliger à vous en
parler.

Encore que BALTHAZAR PERVZZI BALTHAZAR PERVZZI.
Siennois, n'ait pas fait des Tableaux qui meritent d'estre remarquez, toutefois comme il
a passé pour vn grand desseignateur, principalement dans les choses qui regardent l'Architecture, il me semble que je ne dois pas le retrancher du nombre des grands hommes, dont
vous voulez que je vous entretienne. Ie ne vous
diray rien de tout ce qu'il a peint dans des ruës
de Rome, dans plusieurs Eglises, & dans la
maison d'Augustin Ghisi, où il a fait des Ouvrages de blanc & noir qui ont esté tres-esti-
mez. Vous sçavez seulement qu'il sceut fort
bien les Mathematiques, & qu'il entendit parfaitement l'Architecture civile & militaire.
Leon X. se servit de luy en plusieurs choses,
& lors qu'il voulut faire achever l'Eglise de

BALTHAZAR PERVZZI.

S. Pierre, que Iules II. avoit fait commencer sur les desseins de Bramante, il le choisit pour en faire vn nouveau modelle, parce que le premier luy sembloit trop grand & trop vaste. Balthazar en fit vn tres-magnifique, dont ceux qui ont achevé l'Eglise de saint Pierre se sont aidez.

Ce fut luy qui rétablit les anciennes décorations de theatre, dont l'vsage estoit comme perdu il y avoit long-temps. Et lors que le Cardinal de Bibienne* fit representer devant Leon X. sa comedie intitulée *la Calandra*, qui est vne des premieres comedies Italiennes qu'on ait recitée sur le theatre ; Balthazar en composa les Scenes, & les orna de tant de diverses sortes de bastimens, de ruës, de places publiques, & d'vne infinité d'autres objets fort bien mis en perspectives, que cette representation fut admirée de tout le monde ; Il prit luy-mesme le soin de la conduite & de tous les changemens des machines ; Il ordonna des differentes lumieres, & toutes choses reüssirent si heureusement, que ce spectacle surpassa encore de beaucoup ceux où il avoit travaillé auparavant. Ainsi l'on peut dire que c'est luy qui a ouvert le chemin à tous les Ingenieurs & Machinistes, qui depuis ce temps-là se sont meslez

* Bernardo Divitio.

ET SVR LES OVVRAGES DES PEINTRES. 303
meflez de faire de pareilles décorations.

BALTHAZAR
PERVZZI.

Aprés la mort de Leon X. & d'Adrien VI. qui ne tint le Siege que vingt mois, Iule de Medicis cousin de Leon & fils naturel de ce Iulien qui fut tué à Florence dans cette horrible conspiration dont je vous ay parlé, fut creé Pape & nommé Clement VII. Balthazar Peruzzi estant reconnu pour vn des plus excellens Architectes, on le choisit pour ordonner du magnifique appareil que l'on fit pour solemniser le couronnement du nouveau Pontife. Et ensuite il travailla à divers Ouvrages dans l'Eglise de S. Pierre & ailleurs.

En l'année 1527. les troupes de l'Empereur Charles Quint ayant assiegé Rome & mis cette grande ville au pillage, Balthazar fut pris par des soldats Espagnols, qui aprés luy avoir osté tout ce qu'il possedoit, le tourmenterent encore pour tirer de luy vne grosse rançon, parce qu'à sa bonne mine ils le prenoient pour quelque riche Prelat qui s'estoit travesti. Mais enfin ayant sceu qu'il estoit Peintre, ils l'obligerent de faire le portrait de Charles de Bourbon qui avoit esté tué à l'assaut de la ville; Et soit qu'il le peignit sur leur relation ou d'aprés ce Prince mort, ce fut par ce moyen qu'il se tira de leurs mains.

Qq

Auſſi-toſt il alla s'embarquer à *Porto-Hercole* pour paſſer à Sienne, où il arriva dans vn eſtat fort fâcheux : car ayant rencontré des voleurs ſur le chemin, ils le dépoüillerent tout nud ne luy laiſſant que ſa chemiſe. Cependant ſes amis le receurent avec joye ; Et ce fut ſur luy que ceux de Sienne ſe repoſerent pour la conduite des fortifications de leur ville, dont ils le prierent de prendre le ſoin. Il y demeura donc quelque temps, & lors que Clement VII. eut fait ſa paix avec l'Empereur, & que leurs troupes allerent aſſieger Florence, le Pape voulut l'employer en qualité d'Ingenieur, mais il refuſa de ſervir contre ſon païs, ce qui luy attira l'indignation de Clement. Toutefois aprés que ceux de Florence eurent eſté contraints de ſe rendre & de recevoir les Medicis qu'ils avoient chaſſez, & meſme de reconnoiſtre pour Prince Souverain Alexandre de Medicis, que l'Empereur inſtala ; Balthazar voyant toutes choſes en paix retourna à Rome, où par l'entremiſe de ſes * amis il trouva moyen d'appaiſer le Pape & de rentrer en ſes bonnes graces.

Alors il fit le deſſein de la maiſon des Maſſimi qui eſt dans Rome, & de deux Palais que les Vrſins firent baſtir proche de Viterbe. Il commença auſſi ſon livre des Antiquitez de

marginalia:
BALTHAZAR PERVZZI.
L'an 1530.
* Les Cardinaux Salviati, Trivulce, & Ceſarini.

Rome, & vn Commentaire fur Vitruve dont il faifoit les figures à mefure qu'il travailloit fur cet Auteur. Mais il n'acheva pas ce qu'il avoit entrepris ; car il tomba malade, & l'on dit que quelques-vns de fes ennemis, jaloux de fa fortune, employerent le poifon pour avancer la fin de fa vie, qui arriva l'an 1536. aprés avoir vécu 36. ans. Il fut enterré dans la Rotonde auprés de Raphael.

Quoy qu'il euft beaucoup travaillé, il avoit neanmoins amaffé fort peu de bien, & mefme il ne joüit pas durant fa vie de toute la reputation qu'il a euë aprés fa mort, eftant affez ordinaire qu'on eftime les perfonnes de merite que quand on ne les poffede plus ; Auffi quand Paul III. voulut faire achever l'Eglife de faint Pierre, on s'apperceut bien de la perte qu'on avoit faite de Balthazar, par le befoin qu'on avoit de fon Confeil. Car encore que Antonio da fan Gallo y travaillaft alors & fuft en reputation d'excellent Architecte, on ne doutoit pas neanmoins que les avis de Balthazar ne luy euffent efté d'vn grand fecours. Sebaftien Serlio herita de fes écrits & de fes deffeins, dont il s'eft beaucoup fervy dans les livres d'Architecture qu'il a donnez au public.

Mais de crainte d'oublier quelqu'vn de ceux

qui ont contribué à ces belles Peintures du Vatican, & de les priver par ce silence de l'honneur qui leur est deu ; Ie vous diray pendant qu'il m'en souvient que IEAN FRANCESQVE PENNI surnommé IL FATTORE, est vn de ceux qui avec Iule Romain travailla toûjours sous Raphael chez qui ils demeuroient, & qui les aimoit aussi tendrement que s'ils eussent esté ses enfans.

 Iean Francesque estoit fort jeune lors qu'il entra avec Raphael, & comme il eut cet avantage d'apprendre d'abord les principes de son Art sous vn si sçavant Maistre, il se fit, en l'imitant, vne excellente maniere de desseigner; il est vray aussi qu'il y prit plus de soin & de plaisir qu'à bien peindre. Il n'avoit point encore manié le pinceau ny employé de couleurs quand il travailla aux *loges avec Iean da Vdine & Perin del Vague.

 Cependant il estoit vniversel en toutes choses : car il sçavoit fort bien faire les ornemens, il peignoit les païsages avec beaucoup d'entente, les embellissant de bastimens & d'autres choses qui les rendoient agreables. Il travailloit à fraisque, à huile & à détrempe, & en toutes ces manieres il y reüssissoit également bien. Il avoit vne connoissance si parfaite de

son Art & vne facilité si promte & si expedi- IEAN FRAN-CESQVE PENNI.
tive, que ce fut pour cela qu'on le nomma *il Fattore*. Et de cette grande pratique qu'il avoit à faire toutes choses, Raphael tira vn secours considerable, soit pour des desseins de Tapisseries, soit pour les autres Ouvrages ausquels il l'employoit.

Il peignit de clair-obscur la façade d'vne maison qui est à * *Monte Iordano*. Il travailla *C'est vn quartier dans Rome ainsi nommé.
aussi à Ghise, où il fit le plafond des loges sur les Cartons de Raphael ; Aprés la mort de ce grand homme, Iules Romain & luy estant demeurez toûjours ensemble, ils acheverent l'histoire de Constantin dans la grande sale du Vatican, dont veritablement vne partie des desseins avoit esté faite par Raphael.

Pendant ce temps-là Perin del Vague qui avoit aussi peint sous Raphael, épousa vne sœur de Iean Francesque. Cette alliance leur donna occasion de travailler ensemble tous les trois. Et mesme ils eurent ordre du Pape Clement VII. de copier ce beau Tableau de Raphael qui est à S. Pierre *in Montorio*, pour envoyer la copie en France. Mais ils ne la firent que commencer, car s'estant separez les vns des autres aprés avoir partagé ce que Raphael leur avoit laissé, Iule Romain s'en alla à Mantouë

Iean Francesque Penni. où il fit plusieurs choses considerables dont je vous entretiendray. Iean Francesque le suivit peu de temps aprés, soit que l'amitié qu'il avoit pour luy l'obligeast à cela, soit qu'il y fust attiré par l'esperance d'y trouver aussi de l'employ. Toutefois Iule ne l'ayant pas si bien receu qu'il avoit esperé, il le quitta aussi-tost; & aprés avoir passé par la Lombardie il s'en retourna à Rome, où ayant fini la copie du Tableau de S. Pierre *in Montorio*, il la porta à Naples au Marquis del Vaste, pour lequel il fit d'autres Ouvrages pendant le peu de temps qu'il vécut : car incontinant aprés il demeura malade & mourut âgé seulement de 40. ans, environ l'an 1528.

Luca Penni. Il eut vn frere nommé LVCA, qui aprés avoir travaillé à Gennes, à Luques, & en d'autres lieux d'Italie avec Perin del Vague son beaufrere, s'en alla en Angleterre où le Roy Henry VIII. l'employa, & où il fit quantité de desseins qui furent gravez en Flandre, & dont les Estamples se sont répanduës de tous costez.

Pellegrin de Modene. Il y avoit encore alors PELLEGRIN DE MODENE qui fut grand amy de Iean Francesque, & qui ayant demeuré avec Raphael s'en retourna aprés sa mort à Modene, où il fit plusieurs Tableaux.

GAVDENCE Milanois vivoit aussi en ce temps-là, il avoit vne grande facilité à peindre; & vous pouvez voir dans le Palais Mazarin vn Tableau de sa façon, où il a representé la descente du S. Esprit sur les Apostres. Ie ne m'arresteray pas maintenant à vous rien dire de ses autres Ouvrages, afin de vous entretenir d'vn autre Peintre Florentin dont le nom ne vous est pas inconnu.

C'est D'ANDRE' DEL SARTE, ainsi nommé à cause que son pere estoit Tailleur. Il y a long-temps, dit Pymandre, que je l'attendois. Comme j'ay sceu qu'il estoit venu icy sous le Roy François I. j'estois sur le point de vous interrompre pour vous en demander des nouvelles.

Ie n'avois garde, repartis-je, de le laisser separé de ces grands hommes dont je vous parle, puis qu'il a tenu parmy eux vn rang assez considerable. En effet il a sceu la Peinture & l'a mise en pratique autant qu'vn homme de son temperament estoit capable de faire. Vous vous estonnez peut-estre de ce que j'attribuë à sa complexion, ce qu'il y a de beau dans ses Ouvrages, ou ce qui manque à leur perfection. Cependant il est vray en quelque sorte, que s'il n'a pas fait voir dans ses Tableaux encore plus de beauté, l'on en peut attribuer la cause à son humeur lente & tardive. Car si son dessein est correct & dans la maniere de Michel-Ange, s'il a inventé agreablement & ordonné les choses avec bien de l'esprit; Il n'a pas eu assez de cette chaleur & de ce beau feu si necessaire aux Peintres pour animer leurs figures, & pour leur donner cette fierté, cette force & cette noblesse qui fait admirer les Tableaux. Aussi l'on peut dire en quelque sorte que c'est ce qui manque dans les siens, & qu'on n'y voit pas vne diversité d'accommodemens, vne varieté d'expressions, & vne grandeur de pensées qui les auroient rendus infiniment plus recommandables.

Mais au reste si on les examine sans préoccupation, on verra que dans les femmes & les enfans il y a des airs de teste naturels & gratieux; Que les jeunes hommes & les vieillards y sont peints avec des expressions tres-vives & tres-belles, quoy qu'il n'y ait pas comme je viens de dire assez de varieté. Que les draperies sont disposées avec vne façon agreable. Que le nud y est bien entendu & bien desseigné, & qu'encore que sa façon de desseigner soit simple & ne tienne rien de ce grand goust & de cette forte maniere que l'on admire en d'autres Peintres,

ET SVR LES OVVRAGES DES PEINTRES. 311
Peintres, neanmoins tout ce qu'il a fait est ANDRÉ DEL SARTE.
assez étudié.

André nâquit à Florence l'an 1478. Auſſi-toſt qu'il ſceut lire & écrire, ſon pere le mit en apprentiſſage chez vn Orfevre, quil quitta pour apprendre à peindre. Son premier Maiſtre fut vn Iean Baſile Peintre aſſez mediocre, mais enſuite il demeura avec Pierre de Coſimo, & aprés il s'aſſocia pour travailler en la compagnie de Francia Bigio auſſi Peintre Florentin, & Diſciple de Mariotto Albertinelli.

Pendant qu'ils demeurerent enſemble ils entreprirent pluſieurs Ouvrages, & ce fut dans ce temps-là qu'André peignit à fraiſque & de clair-obſcur douze Tableaux de la vie de ſaint Iean Baptiſte qui ſont à Florence dans vn Cloiſtre, & qui ſervirent à le mettre en credit. Car aprés les avoir achevez, il en fit vn entre autres pour mettre dans vne Chapelle de l'Egliſe de *ſan Gallo, où l'on vit vne beauté & vne vnion de couleurs ſi grande, au prix de ce que les autres Florentins peignoient alors, que tous ceux qui le virent en furent ſurpris.

* Où ſont les Freres de l'Obſervance de l'Ordre de S. Auguſtin.

Enſuite de cela il fit dans le Convent des Freres Servites de l'Annonciade, l'hiſtoire du Bien-heureux Philippe de Neri. Et comme il ſe perfectionnoit toûjours de plus en plus, cha-

R r

cun tâchoit d'avoir de ſes Ouvrages.

Il travailla à vn Tableau d'vne Vierge pour envoyer en France, mais lors qu'il l'eut fini il parut ſi beau à tous ceux qui le virent, que le Marchand qui l'avoit fait faire le garda pour luy. Neanmoins comme du coſté de France ſes correſpondans le preſſoient de leur envoyer quelques Peintures des meilleurs Maiſtres, il pria André de luy en faire encore vn, ce qu'il executa auſſi-toſt.

Dans celuy-cy il repreſenta vn Chriſt mort environné de quelques Anges qui le ſoûtiennent, & qui ſont dans vne action pleine de douleur. Pluſieurs de ſes amis l'ayant prié de le graver, il ſe ſervit pour cela d'Auguſtin Venitien qui eſtoit à Rome auquel il l'envoya; mais il fut ſi mal ſatisfait de ſon travail, qu'il reſolut de ne plus rien faire graver.

Ce Tableau eſtant arrivé en France, ne fut pas moins agreable à tous ceux qui le virent, qu'il l'avoit eſté aux yeux des Florentins; de ſorte que le Roy ſouhaitant plus qu'auparavant d'avoir des Ouvrages de ce Peintre, commanda aux Marchands d'en faire venir encore d'autres. Ce qui fut cauſe qu'André par l'avis de ſes amis reſolut de faire vn voyage en France.

Comme il eſtoit dans ce deſſein, ceux de Flo-

ET SVR LES OVVRAGES DES PEINTRES. 313
rence apprirent que le Pape Leon X. vouloit les honorer de sa presence & revoir son païs; pour cela ils se disposerent à luy faire vne magnifique entrée.

ANDRE' DEL SARTE.

Il y avoit alors parmy eux des hommes excellens en Architecture, en Peinture, & en Sculpture plus qu'il n'y en avoit jamais eu. Ils furent tous invitez à construire des Arcs de Triomphe, à élever des Statuës, à bâtir des Temples, à décorer les places publiques, & à orner tous les lieux par où le Pape devoit passer, d'vne infinité de bas-reliefs, de Tableaux, & de tout ce qui pouvoit contribuer à l'embellissement de la ville.

Les Italiens sont fort habiles & fort ingenieux, comme vous sçavez, dans ces sortes de décorations, ausquelles naturellement ils prennent grand plaisir: mais comme d'ailleurs ceux qui furent employez à ces travaux estoient d'excellens hommes, ils rendirent cette feste la plus éclatante & la plus somptueuse qui eust paru jusques alors.

Il y avoit à la porte appellée *di san Pietro Gattolini*, vn arc où Giacomo di Sandro & Baccio di Montelupo avoient representé diverses histoires. Iulien Tasse en fit aussi vn à *san Felice*, qui est dans la place & proche la

R r ij

Trinité. Il dreſſa des Statuës dans le Marché-neuf, & dans vn autre endroit il éleva vne colomne ſemblable à la colomne Trajane.

Antoine frere de Iulien de ſan Gallo, l'vn des Architectes qui a travaillé à l'Egliſe de S. Pierre de Rome, bâtit vn Temple à huit faces dans la place qu'on appelle *de' Signori*. Baccio Bandinelle Sculpteur renommé parmy les Florentins, & dont vous regardiez dernierement ſon* portrait qu'il a fait luy-meſme, repreſenta la figure d'vn Geant. Le Granaccio, & Ariſtote de ſan Gallo éleverent vn Palais entre l'Abbaye & la maiſon du Podeſta. Maiſtre Roux qui a travaillé à Fontainebleau, en fit auſſi vn qu'il enrichit de pluſieurs figures.

* Il eſt dans le cabinet du Roy.

Mais de tous ces Ouvrages il n'y en eut point qui fuſt tant eſtimé que la façade de l'Egliſe de *ſancta Maria di Fiore*. Iacques Sanſovin en conduiſit toute l'Architecture, & comme elle eſtoit ornée de pluſieurs ſtatuës & de quantité de bas-reliefs qu'André del Sarte peignit de clair-obſcur, ce travail parut ſi beau & ſi bien entendu, que Leon X. qui avoit beaucoup de connoiſſance en ces ſortes de choſes, l'eſtima bien davantage que s'il euſt eſté de marbre.

Ce meſme Sanſovin avoit encore repreſenté dans la place de *ſancta Maria Novella* vn

ET SVR LES OVVRAGES DES PEINTRES. 315
cheval semblable à celuy de Marc Aurelle qui ANDRÉ DEL SARTE.
est dans Rome. Enfin toutes les ruës, les places, & la sale mesme du Palais, estoient remplies de tant de beaux Ouvrages, qu'on ne peut rien imaginer de plus magnifique que ce qui parut le jour que le Pape entra dans Florence. Le 3. Septembre 1515.

Mais pour retourner à André del Sarte, comme il eut ordre de faire encore quelques Tableaux pour le Roy, il en acheva vn où il representa vne Vierge qu'on envoya en France. Le Roy en fut fort satisfait. Ce qui donna occasion à quelqu'vn qui sçavoit bien la disposition où estoit André, de faire entendre à ce Prince que s'il vouloit on pourroit le faire venir en France, ce que S. M. agrea volontiers, & commanda qu'on luy fist donner les choses necessaires pour son voyage.

André apprit cette nouvelle avec d'autant plus de joye, qu'encore qu'il travaillast beaucoup chez luy, il n'estoit pas bien payé de ses Tableaux. Ainsi il creut qu'estant appellé par vn Roy liberal & magnifique, & dans vn païs où l'on traite les Estrangers avec estime & civilité, il y seroit receu avec honneur, & trouveroit moyen de mettre sa famille à son aise.

Ayant donné ordre à ses affaires domestiques, il partit de Florence & se rendit à la Cour. Il n'y

R r iij

ANDRÉ DIL SARTE. fut pas si-tost arrivé qu'il receut de François I. des marques de sa liberalité ; On luy meubla vn logement ; on pourveut à sa dépense & à ses autres besoins, les tresoriers luy compterent de l'argent, le Roy luy-mesme donna ordre qu'il ne luy manquast rien, & ainsi il n'avoit d'autre soin que celuy de travailler.

Il commença donc de peindre, & se voyant favorisé du Roy & caressé de tous les Grands de la Cour, qui ne manquent jamais d'aplaudir à ceux qui sont bien auprés du Prince, il connut bien qu'il estoit sorti d'vne condition fort pauvre & fort miserable, pour entrer dans vn estat commode & plein de bon-heur. Vn des premiers Tableaux qu'il fit fut le portrait du Dauphin qui estoit né depuis peu de mois & qui estoit encore dans les langes ; il le presenta au Roy, qui pour marque de l'estime qu'il en faisoit luy fit vn present considerable.

Ce Tableau est dans le cabinet de S. M. Aprés cela il acheva vne Charité qui plut beaucoup à ce Monarque qui ne se lassoit point de luy faire du bien, tâchant de l'obliger sans cesse par de nouvelles graces à travailler toûjours avec plus de plaisir.

Aussi estoit-il fort content des bienfaits du Roy & des caresses de tous les principaux Seigneurs qui prenoient plaisir à le voir peindre

& à l'entretenir, parce qu'il eſtoit fort agrea- ANDRE' DEL SARTE.
ble & fort civil, ne manquant jamais de té-
moigner ſa reconnoiſſance des faveurs qu'il recevoit.

Et certes s'il euſt toûjours eu devant les
yeux l'eſtat preſent de ſa fortune, & qu'il n'euſt
point oublié les mauvaiſes années qu'il avoit
paſſées en Italie, il ſeroit demeuré le reſte de
ſes jours en France, où il auroit acquis beaucoup
de bien & d'honneur. Mais comme dans la pro-
ſperité on perd aiſément le ſouvenir des miſe-
res qu'on a endurées; Auſſi parmy les douceurs
que la fortune luy faiſoit goûter, il ne ſongea
pas à conſerver ſa faveur & à prévoir ſes diſ-
graces.

Car vn jour comme il travailloit à faire vn
S. Ierôme pour la Reine mere du Roy, il receut des lettres de ſa femme qui luy donnerent
auſſi-toſt envie de retourner à Florence. Il demanda permiſſion au Roy d'aller faire vn voyage en ſon païs pour quelques affaires domeſti-
ques qui l'y appelloient, luy promettant avec
ſerment d'eſtre bien-toſt de retour & meſme
de faire venir ſa femme avec luy, afin de n'a-
voir plus d'autre attache qu'en France, où il
travailleroit en repos le reſte de ſes jours; Et
voyant que ce Prince avoit beaucoup d'amour

pour toutes les belles choses, il luy fit entendre que dans son voyage il prendroit occasion de chercher des Statuës & des Tableaux des meilleurs Maistres pour les apporter à son retour.

Le Roy se confiant à la parole d'André luy accorda ce qu'il demandoit, & mesme luy fit donner de l'argent pour l'achapt des choses qu'il proposoit. Ainsi estant parti de France il arriva heureusement chez luy, où il commença à se réjoüir avec sa famille & ses amis, & à passer agreablement le temps. Ensorte que le terme qu'il avoit pris pour demeurer à Florence s'estant écoulé à se divertir & à ne rien faire, il se trouva avoir dépensé, non seulement l'argent qu'il avoit receu des liberalitez du Roy, mais encore celuy qu'on luy avoit confié pour acheter des Tableaux.

Nonobstant cela il voulut se mettre en estat de revenir, mais sa femme & ses amis s'y oposerent, & les larmes de l'vne & les prieres des autres ayant plus de force sur son esprit que l'interest de sa fortune, & la parole qu'il avoit donnée à vn grand Roy, il demeura à Florence. Fançois I. en fut si fort touché qu'il témoigna sa colere aux Peintres Florentins qui estoient alors en France, & mesme fut long-temps sans vouloir

vouloir les voir, proteftant que fi jamais André luy tomboit entre les mains il le feroit reffentir de fon ingratitude & de fon manque de foy.

ANDRE' DEL SARTE.

Mais il n'eftoit pas befoin que le Roy employaft ny fa juftice ny fon autorité pour punir ce parjure. Le changement de fortune où il fe trouva reduit bien-toft aprés, luy fut vn fupplice d'autant plus douloureux, qu'il le reffentit le refte de fes jours, pendant lefquels il fouffrit les remords de fa mauvaife conduite, & les incommoditez d'vne vie miferable. Car quoy qu'il fift vne infinité de Tableaux à Florence, neanmoins comme il n'en eftoit pas payé comme de ceux qu'il avoit faits en France, il regretta plufieurs fois les douceurs & les avantages qu'il y avoit receus, & tâcha par toutes fortes de moyens de rentrer dans les bonnes graces du Roy ; mais comme il vit que les paffages luy en eftoient fermez, il refolut d'aller travailler en divers lieux d'Italie, où il perfectionna encore beaucoup fa maniere.

Lors que le Duc de Mantoüe alla à Rome fous le Pontificat de Clement VII. il paffa par Florence, où ayant veu le * portrait de Leon X. fait par Raphaël, il en fut fi charmé qu'eftant à Rome il pria le Pape de luy en faire prefent,

*C'eft celuy qui eft dans le Palais Farnefe, où le Cardinal de Roffi & le Cardinal de Medicis, qui fut depuis Clement VII. font reprefentez.

ce que Clement luy accorda, & fit écrire en mesme-temps à Octavien de Medicis, de le mettre dans vne caisse & de l'envoyer à Mantoüe. Mais comme Octavien regardoit ce Tableau avec beaucoup d'amour & d'estime, il luy sembla que Florence feroit vne trop grande perte si on enlevoit vn si rare Ouvrage. Pour l'empescher il prit prétexte d'y faire mettre vne bordure plus riche, & pendant qu'on y travailloit il fit copier secrettement ce Tableau par André del Sarte, qui prit tant de soin à le bien imiter, & y reüssit si heureusement qu'il n'y avoit personne qui pûst remarquer de difference entre l'original & la copie. Cette copie fut portée à Mantoüe, & lors que Iules Romain la vit, il y fut trompé luy-mesme, quoy qu'il eust veu faire l'original ; & n'eust jamais esté desabusé, si Vasari qui l'avoit veu peindre par André, ne l'eust asseuré que ce n'étoit qu'vne copie, & ne luy en eust monstré des marques qu'on y avoit mises exprés. Iugez aprés cela si les meilleurs connoisseux peuvent se méprendre, principalement lors que les copies sont faites dans le mesme-temps des originaux, & par des gens fort habiles.

Ie ne m'arresteray pas davantage à vous parler des Ouvrages d'André dont le nombre est

trop grand, il en a fait vne infinité en plu- ANDRE' DEL SARTE.
sieurs lieux de la Toscane, principalement lors
qu'il sortit de Florence avec sa famille pendant le temps de la peste, dont il ne put se
sauver. Car quoy qu'il s'en fust garenti la premiere fois que ce mal affligea cette ville, neanmoins ne s'estant pas toûjours si bien précautionné, il en mourut vn peu de temps aprés
que le siege qui estoit devant la ville eut
esté levé en 1530. & lors qu'il pensoit encore
à retourner en France. Il n'estoit âgé que de
42. ans, & comme il se perfectionnoit tous les
jours, chacun esperoit beaucoup de son travail
& de ses études.

En effet ceux qui s'avancent ainsi peu à peu,
& qui raisonnent sur ce qu'ils font, n'executent
pas les choses avec ce beau feu qui surprend les
yeux d'abord, mais aussi ils marchent avec bien
plus de seureté dans le chemin de l'Art ; Et
comme ils en ont surmonté par leur patience
toutes les difficultez, ils y sont plus affermis
que ceux qui ont prétendu d'abord forcer la
Nature, & vaincre tout d'vn coup par la vivacité de leur esprit les obstacles qui se rencontrent dans le travail. Car ces derniers n'ayant
pas acquis vne connoissance assez grande de
tout ce qui regarde la science de la Peinture,

ANDRÉ DEL SARTE.

il se trouve que cette lumiere qui les éclairoit au commencement de leur entreprise vient à s'éteindre, & que leur esprit demeurant comme au milieu des tenebres, ils ne voyent plus à se conduire, & ainsi ne produisent rien de raisonnable.

Si André del Sarte eust demeuré à Rome & qu'il se fust donné la patience d'y étudier quelque temps, on ne doute pas qu'il ne s'y fust beaucoup perfectionné; Car bien que naturellement il n'eust pas l'imagination promte & vive, toutefois on croit qu'il auroit acquis cette belle disposition, cette expression, cette force, & cette élegance qui ne se trouvent pas dans ses figures ; puis que d'ailleurs il est comme je vous ay dit assez correct dans le dessein. Mais comme il estoit d'vn naturel plus timide que hardi, il y a quelque apparence qu'il manqua de courage dans le commencement de sa course, & que les Ouvrages qu'il vit à Rome, & les excellens hommes qui y travailloient alors l'étonnerent & le firent resoudre à retourner à Florence, pour suivre son inclination & son seul genie.

Il laissa plusieurs Eleves entre lesquels fut Giacomo da Punturmo, Andrea Squazzella, qui l'imita beaucoup & qui a travaillé en France,

Giacomo Sandro, Francesco Salviati, Giorge Vasari, & plusieurs autres. *ANDRE DEL SARTE.*

Alors ayant cessé de parler, & Pymandre s'appercevant que le jour finissoit : Ie ne me lasserois jamais avec vous, me dit-il, mais de peur de vous lasser vous-mesme, je croy qu'il vaut mieux remettre à vne autre fois ce qui reste à dire de ces grands Peintres.

Nous aurons tout loisir, luy répondis-je, de continuer nos entretiens, puis que vous voulez bien que nous employïons les beaux jours de cette saison à faire quelques promenades ensemble. Aprés cela Pymandre s'étant levé sortit de ma chambre, & en s'en allant me témoigna que nous ne serions pas long-temps sans nous revoir.

FIN.

TABLE.

A

ACademie de Peinture & Sculpture, établie par le Roy. page 10.
Admirables effets de la Peinture. 95
Aglaophon. 65
Agnolo Gaddi. 152
Albert Dure recherche l'amitié de Raphael. 269
Alexandre aime la Peinture. Sa réponse à Dinocrate qui luy proposoit de faire sa Statuë du mont Athos. 31. 34. Il fait dresser des Statuës aux soldats, qui perirent au passage du Granique. 97
Alexandre III. éleu Pape. 178 Il est chassé par l'Empereur Frederic Barberousse.
Alexandre Boticello. 190
Alexandre VI. peint par Pinturicchio. 107. 238.
Ambrogio Lorenzetti. 128
L'Amour Inventeur de la Peinture. 61
Amedée Duc de Savoye, éleu Pape & nommé Felix. 202
André Mantegne de Padouë. 195.
André Orgagna. Ses Ouvrages. 133
André Taffi Florentin, apprend à peindre de Mosaïque. 116
André Salario. 222
André del Sarte. 309. Il envoye des Tableaux en France; Travaille à Florence aux décorations qui s'y firent pour l'entrée de Leon X. Vient en France sous François I. Son retour à Florence, où il copie le portrait du Pape Leon X. fait par Raphael. Sa mort.
André del Castagno Florentin apprend à peindre à huile de Dominique Venitien qu'il assassina par aprés. Il peignit à Florence la conjuration de Pazzi contre les Medicis. fut surnommé *Andrea de gl'impicati..* 168
André Gobbe Milanois. 235
André Verochio, qui eut pour Eleves Pietre Perugin & Leonard de Vinci. 193. Il quitta la Peinture & fut à Venise pour jetter en bronze vne figure équestre. 194
Anthoride. 83

TABLE.

Antonio Vinitiano. 153
Antonello da Meßina, apprend l'Art de Peindre à huile de Iean de Bruge Flamand, & enfuite l'enseigne en Italie. 164.
Antonio da Coregio. 233
Antonio de san Gallo Architecte. 305
Appelle. Sa naissance. 72. excellence de ses Ouvrages. 73
Appollodore Athenien. 65
Appollonius Peintre Grec, enseigne la Mosaïque à André Taffi Florentin. 116
Ardée, ville prés de Rome. 62
Ardices Corinthien. 61
Arts, en quel temps ils florissoient le plus chez les Grecs & chez les Romains. 93
Art de Peindre & son origine. 57. Combien il embrasse de choses. 45. Quand on a commencé de peindre à huile. 164
Art de peindre sur le verre. 299
Art de bien bastir, comment s'acquiert. 15
L'Architecte doit avoir deux fins dans ce qu'il fait. 17
L'Architecture ne consiste pas en vains caprices. 29. La belle Architecture n'a esté connuë en France qu'vn peu avant François I. 9
Aristide. 71. 80

Aristide fils de Nicomaque. 82
Aristocle. ibid.
Aristodenus. ibid.
Aristippe. 83
Asclepiodore. 82
Athenion. 84
Attila peint par Raphael dans les sales du Vatican. 262

B

Babylone. 15. Rebastie par Semyramis : les murailles en estoient peintes.
Les Babyloniens firent de grands Ouvrages. 59
Baccanale peinte par Iean Bellin. 189
Baccio, autrement *Frere Barthelemy de S. Marc.* Il fut Disciple de Rossi, imita la maniere de Leonard, & fut grand amy de Savonarole, aprés la mort duquel il se fit Religieux. 235. &c.
Bartholomeo Abbé de S. Clement. 193
Balthazar Peruzzi de Sienne, grand desseignateur, excellent Architecte, & sçavant dans les décorations de theatre. 301. 302. Il peignit Charles de Bourbon. 303
Bataille de Constantin, du dessein de Raphael, & peinte par Iule Romain. 281
Bataille de Marathon, peinte par Panœus. 63

TABLE.

Bataille d'Alexandre, peinte par Philoxene. 83
Beauté. En quoy elle consiste. 35
Belus pere de Nynus. 58
Berna de Sienne. 153
Bernard Loüino. 222
Bernardin Pinturicchio. 199
Bramante Architecte. 255
Bruno. 127
Buffalmacco. ibid.
Bularchus. 63

C

Calandrino. 127
Cardinaux, en quel temps ils ont commencé à porter des chapeaux & des manteaux rouges. 268
Catherine de Medicis fait bâtir les Thuilleries. 12
Candaule. 63
Cavallini. 128
Cene de Leonard à Milan. 222
Cesar Cesto. ibid.
Cephissodorus. 65
Chapelle de Fresne. 25. 43
Charmas. 62
Charle d'Anjou Roy de Ierusalem, va voir les Ouvrages de Cimabué. 115
Cimabué. 89. Sa naissance & ses Ouvrages. 112
Cimon Cleonien. 63
Le Sieur de Clagni a conduit le bastiment du Louvre. 12
Claude, excellent Peintre sur verre. 299

Cleante de Corinthe. 61
Clelie representée à cheval. 98
Cleophante. 61
Clesides peint la Reine Stratonice d'vne maniere offensante pour se venger d'elle. 85
Clement V. creé Pape, couronné à Lion, & ce qui s'y passa. 122
Commode. 104
De la Composition d'vn Tableau. 46
Du Coloris. 50
Conjuration contre les Medicis. 176
Corege. 234. 249. 250. 251.
Cosme Rosselli peignit dans la Chapelle de Sixte IV. 190
Le corps de l'homme peut servir de modelle aux Architectes. 21
Crucifix qui parla à sainte Catherine de Sienne, fait par Cavallini. 129

D

Dante Poëte fameux banni de Florence. 123
Defauts des Architectes ignorans. 26
Demetrius aima mieux lever le siege devant la ville de Rhodes, que de perdre vn Tableau de Protogene. 78
Demon Athenien, vaincu par Thimante. 70
Du Dessein. 48
Desseins

TABLE.

Desseins de Leonard de Vinci. 219
Difference entre la Beauté & la Grace. 36
Dinias. 62
Dinocrate Architecte, proposa à Alexandre de faire sa statuë d'vne montagne. 31
Dominique Ghirlandai Florentin. 192
Dominique Puligo. 299
Donatelle Sculpteur. 155
Duccio Siennois. 159

E

Ecce Homo d'André Salario. 223.
Ecole de Rome la plus excellente. 298
Eglise de S. Louis de la ruë S. Antoine. 25. 29
Eglise du Noviciat des Iesuites au Fauxbourg saint Germain. *ibid.*
Egyptiens ont esté des premiers à posseder les Sciences & les Arts. 60. Pourquoy sçavans dans les Arts. 98
Echion. 72
Eleves de Raphael. 278
Emblême d'vn Architecte. 30
L'Empereur Frederic peint aux pieds d'Alexandre III. 186
Enos fils de Seth, fut le premier qui forma des images. 58
Entrée de Leon X. dans Florence l'an 1515.
Esope. Les Atheniens luy dresserent vne statuë. 97
Estampes de M. de Maroles Abbé de Villeloin. 270
Euenor. 65
Eumarus. 63
Eupompe. 71
Euphranor donna des regles pour les proportions. 83
Euxenidas. 71
Faction des Guelfes & des Gibellins. 110
François Francia, mourut de déplaisir aprés avoir veu vn Tableau de Raphael qui est à Boulogne. 209
François Melzi. 222
François I. achete la Gioconde de Leonard. 225
François Turbido, dit le More. 216.
Frere Iean Angelic da Fiesole, Dominiquain. 159. Il peignit pour le Pape Nicolas V. refusa l'Evesché de Florence, & vécut saintement.
Frere Antonin nommé à l'Evesché de Florence à la recommandation de Frere Iean Angelic. 160
Frere Philippe Carme. Est pris sur mer par les Mores. Son Maistre luy rend la liberté. 167.
Frere Martel-Ange Iesuiste. 29
Frederic Barberousse. 178
Frere Guillaume de Marseille, peint sur le verre. 299

Tt

TABLE.

G

Gaddo Gaddi. 116
Galathée de Raphael. 280
Gaston de Foix. 231
Gautier de Bréne Duc d'Athenes, chassé de Florence. 138
Gerardo Starnina.. 154
Gibelin, & l'origine de ce nom. 110
Gioconde de Leonard. 224
Giotto Disciple de Cimabué. 117.
Giovami da Ponte. 152
Giottino peignit à Florence contre le Palais du Podesta. 137.
Giorgion. 230
Gozzoli. 176
Le Sieur Goujon. 14
La Grace enquoy elle consiste. 35
Gentile da Fabriano. 176
Gentil Bellin. 177
Grande gallerie du Louvre. Par qui bastie. 12
Les Grecs s'attribuent l'invention de la Peinture. 60
Gregoire XI. transporte le siege à Rome. 157
Guelfes. Que signifie. 110
Guelfon Duc de Baviere. *ibid.*
Guerre entre le Pape Gregoire IX. & l'Empereur Frederic. 109

H

Henry II. fait bastir le Louvre. 11

L'Hercule de Farnese. 103
Hostel de Carnavalet. Par qui basty & raccommodé. 14
Histoire d'Alexandre III. peinte à Venise. 178
Histoire d'vn Roy de Chipre. 95
Histoire de l'O de Giotto. 118
Histoire d'Eneas Sylvius qui fut Pie II. peinte à Sienne. 199.
Hygienontes. 62

I

Iacobo Cassentiono. 153
Iacques Bellin. 177
Iacques Squaccione. 195
Idoles abatuës par les Chrestiens. 100
Iean da Vdine Eleve de Raphael. 278. 281
Iean Francesque Penni. 295.306
Iean Bellin. 177. Fait plusieurs Ouvrages dans la sale du Conseil de Venise, avec son frere Gentil.
Injure faite par ceux de Milan à l'Imperatrice femme de Frederic. 180
Innocent IV. ordonna que les Cardinaux iroient à cheval & porteroient des chapeaux rouges. 268
Iule Romain travaille à l'histoire de Constantin. 281
Iulie Farnese peinte en Vierge. 207

TABLE.

L

Laocoon. 103
S. Leon peint dans les fales du Vatican par Raphael. 264
Leon X. 262
Leon IV. défait les Sarazins. 272.
Leonard de Vinci. 102. 216
Lippo. 133
Lippo. 154
Loges du Vatican. Par qui peintes. 278
Les loges de Ghifi peintes par Raphael.
Lorentino d'Angelo Aretin. 160
Lorenzo di Bicci. 154
Lorenzo Religieux de Camaldoli. ibid.
Lorenzo Costa. 176
Lorenzo di Credi. 237. A parfaitement imité la maniere de Leonard de Vinci.
Louis Sforce Duc de Milan, amateur des Sciences & des Arts. 218
Le Louvre. Comment a esté bâty. 11
Luc Signorelli. 216
Luca Penni travaille en Angleterre. 308
Ludius fut en vogue du temps d'Auguste. 87
Lyfippe excellent Sculpteur, mort de pauvreté. 94

M

Le Maistre des Ceremonies du Pape. Comment peint par Michel-Ange. 86
Manufactures de Tapisseries établies en France. 10
Le Sieur Manfart Architecte. 14.
Marc Antoine de Boulogne, grave pour Raphael. 269
Marc de Ravenne graveur. ibid.
Margaritone Aretin, peignit pour Vrbain IV. 106
Mariotto Albertinelli. 235
Mafaccio. Son Epitaphe par Annibal Caro. 156
Mafcarade extraordinaire & furprenante, faite à Florence. 243.
Maffolino. 155
Mathias Corvinus Roy de Hongrie, amateur des Arts. 197.
Melanthius Difciple de Pamphile. 72
Michel-Ange. 86. 222. 249. 259
Milan rafée par l'Empereur Frederic. 179
Mosaïques apportées en Italie. 113.
Murs de Babylone peints. 59
Mycon. 64
Myron fçavant en fculpture. ibid.

N

Neacles. Comment il reprefenta l'écume d'vn cheval. 78
Niceros. 83
Nicomaque. 82
Nicophane. 83

Nicias. 84
Nicolas V. éleu Pape, fit faire plusieurs beaux Ouvrages. 157. 158
Nynus a le premier mis les statuës en vogue. 58

O

Observation sur la Beauté & sur la Grace. 39. Pourquoy il n'y a pas vne parfaite ressemblance dans les visages de cire quoy que moulez sur le naturel. 40
Origine de la Peinture. 57
Origine de la guerre des Guelfes & des Gibelins. 110
Otton fils de l'Empereur Frederic, pris prisonnier par les Venitiens. 182

P

Pamphile Maistre d'Appelle. 71
Panœus frere de Phidias. 69
Pharrhasius observa le premier la Symmetrie. 69
Parties necessaires pour bien composer vn Tableau. 46
Paolo Vccello fut des premiers a observer la perspective. 154
Paul Lamazze. 222
Paul II. magnifique en habits. Ordonna que les Cardinaux porteroient la robe rouge. 268.
Pausias fut le premier qui peignit les lambris & les voûtes des Palais. 84
Peinture & son commencement. 57. Le premier qui dessigna fut contre vne muraille. 60. Admirables effets de la Peinture. 95. Comment elle a esté relevée par Raphael & Michel-Ange. 101. En quel temps elle a commencé à paroistre de nouveau. 108. Peinture à huile trouvée en Flandre. 163. & portée en Italie par Antonello da Messina. 164
Peinture antique representant vn mariage. 88
Les Peintres & les Sculpteurs anciens se rendoient sçavans à bien representer le nud. 105
Peintres Grecs apportent pour la seconde fois la peinture en Italie. 113. Enseignent aux Italiens à travailler de Mosaïque. *ibid.*
Pellegrin de Modene. 308
Perin del Vague. 295. 307
Persée Disciple d'Appelle. 83
Petrarque, ce qu'il écrit de Giotto. 126
Philbert de l'Orme a basty les Thuilleries. 12
F. Philippe Carme. Voyez Fre-Philippe.
Philippe fils de Frere Philippe. 197
Philocles d'Egypte. 61
Philoxene peignit la défaite de Darius. 83
Phrilus. 65

Pietre Perugin. 190. Comme il se mit à étudier. Son extrême avarice. Ses Ouvrages. 213
Pietro della Francesca. 159
Pietro Cavalini. 128
Pierre de Cosimo, bizarre en Inventions. 241
S. Pierre & S. Paul representez au Vatican par Raphael. 263. 266.
Pinturicchio a peint à Sienne l'Histoire d'Eneas Sylvius. 199.
Pirrichus surnommé *Rhyparographos.* 87
Polygnotus & ses Ouvrages. 64
Portraits de Iean & de Gentil Bellin dans le cabinet du Roy. 188
Promethée fils de Iaphet inventa les images de terre. 58
Proportion necessaire à garder dans les bâtimens. 22
Protogenes. 76. Ses Ouvrages estimez par Appelle. 77 Sa réponse au Roy Demetrius. 79
Pyramides d'Egypte sont les marques de la grandeur des Rois qui les ont fait faire. 7
Pythius Architecte. 17

R

Raphaelino del Garbo. 248
Raphael d'Vrbin. Ses excellentes qualitez. 248. Sa naissance. 254. Il travaille sous Pietre Perugin. *ibid.* Il va voir les Tableaux de Leonard de Vinci & de Michel-Ange, qui peignoient à Florence. Il change sa premiere maniere. 254. Est appellé par Bramante pour travailler au Vatican pour Iule II. 255. Il peint les Prophetes & les Sybilles qui sont dans l'Eglise de Nostre Dame de la Paix. 158. Aprés la mort de Iule, Leon X. luy fait continuer les Ouvrages du Vatican. 262 Il fait le portrait de Leon qui est dans le Palais Farnese. 268. Albert Dure recherche son amitié. 269. Il fait graver de ses desseins, *ibid.* Il peint dans la chambre de Torce Borgia deux histoires de Leon IV. 274. Et dans deux autres Tableaux il represente François I. 274. Il conserve par respect les Ouvrages de son Maistre. 276. Il envoye desseigner jusques en Grece ce qui restoit de plus considerable des Ouvrages anciens. 278. Il travaille pour Augustin Ghisi. 286. Il commence l'histoire de Constantin dans la grande sale du Vatican. 281. Il fait le Tableau de la Transfiguration pour envoyer en France, qui est son dernier

Ouvrage & fon chef-d'œuvre. 283. Sa mort. 288
Retour des Medicis à Florence en 1512.
Les Rois & les Miniftres doivent faire choix de ce qui peut davantage éternifer leur memoire. 31. 34

S

Salario. 222
Savonarolle prefche à Florence contre les defordres de la Cour Romaine. 236
Les Sculpteurs anciens n'ont pas efté également fçavans. 104.
Sebaftien Serlio. 305
Semiramis fait rebaftir Babylone. 59
Simon Memmi. 129
Spinello s'imagina voir le Diable tel qu'il l'avoit peint. 153
Statuë de Commode. 104
Statuës dreffées à Efope, aux foldats d'Alexandre, à Clelie. 97. &c.
Statuës renverfées par les premiers Chreftiens. 99
Stratonice femme du Roy Anthiocus peinte par Clefides. 85

T

Tableaux de Georgeon dans le cabinet du Roy. 231
Tableaux de Corege. 234
Tableaux de Raphael qui font dans le cabinet du Roy. 292. 296.
Tableaux d'André del Sarte.
Tableau de S. Pierre *in Montorio*, fait pour envoyer en France. 285
Tableau de Gaudence au Palais Mazarin.
Taddeo Bartolo. 154
Taddeo di Gaddo Gaddi. 133
Tapifferies faites en Flandre fur les deffeins de Raphael. 282
Tapifferies faites fur les deffeins des loges de Raphael, données à l'Eglife de Noftre Dame de Chartres par M. de Thou. 283
Tapifferies du Roy faites fur les deffeins de Raphael & de Iule Romain. *ibid.*
Telephanes. 61
Theomneftus. 82
Therimachus. 72
Thimomachus peignit pour Iule Cefar. 87
Thimante. 70
Les Thuilleries. Par qui elles ont efté bafties. 12
Timothée d'Vrbin a peint fous Raphael. 299
Titien. 232. 233. 249. 250. 251.
Traité de Peinture divifé en trois parties. 46

V

Val de Grace bafti par la Reine mere du Roy. 4
Venus de Medicis. 103. 104

TABLE.

Vgo da Carpi graveur en bois. 269.
Vigne Aldobrandine. 88
Ville Adriane. 100
Vincent da san Geminiano a peint au Vatican. 300
Vitruve se plaint des mauvais Ouvriers de son temps. 28
Vittore Pisano. 174

Vivarino peignit à Venise dans la sale du Conseil. 185

Z

Zeuxis. 65
Ziano Doge de Venise, Mediateur entre le Pape Alexandre III. & l'Empereur Frederic. 182. Comment il épouse la mer. 184

PRIVILEGE DV ROY.

LOVIS PAR LA GRACE DE DIEV ROY DE FRANCE ET DE NAVARRE. A nos Amez & Feaux Conseillers les Gens tenans nos Cours de Parlement, Maistres des Requestes ordinaires de nostre Hostel, Baillifs, Seneschaux, Prevosts ou leurs Lieutenans, & autres nos Officiers & Iusticiers, & à chacun d'eux qu'il appartiendra, Salut. Nostre cher & bien-amé ANDRE FELIBIEN Sieur des Avaux nous a fait remonstrer qu'il auroit cy-devant fait vn *Traité de l'Origine de la Peinture, & des plus excellens Peintres Anciens & Modernes, ensemble les Lettres & les Entretiens contenans la description de plusieurs Tableaux, & autres discours concernans la Peinture, la Sculpture, & l'Architecture*; Toutes lesquelles pieces il donneroit volontiers au public, s'il nous plaisoit de luy accorder nos Lettres sur ce necessaires. A CES CAVSES nous luy avons permis & permettons par ces presentes, de faire imprimer, vendre & debiter ledit Livre en tous les lieux de nostre obeïssance, par tel imprimeur ou Libraire qu'il voudra choisir, en vn ou plusieurs volumes, conjointement ou séparement, avec figures, en telles marges & caracteres & autant de fois que bon luy semblera, durant l'espace de vingt ans entiers & accomplis, à compter du jour que chaque Volume sera achevé d'imprimer pour la premiere fois. Et faisons tres-expresses défenses à toutes personnes de quelque qualité & condition qu'elles soient, d'imprimer ou faire imprimer, vendre ou distribuer durant ledit temps ledit Livre ou partie d'iceluy, ny graver, copier, ou faire graver & copier, ny vendre séparement ou conjointement sous autres titres & déguisemems lesdites figures en aucun lieu de nostre obeïssance, sous pretexte d'augmentation, correction, changement de titre, fausses marques ou autrement, en quelque sorte & maniere que ce puisse-estre, sans le consentement de l'exposant ou de ceux qui auront droit de luy, à peine de deux mille livres d'amende, payable par chacun des contrevenans, & applicable vn tiers à nous, vn tiers à l'Hoſtel-Dieu de Paris, & l'autre tiers à l'expoſant ou au Libraire qui aura droit de luy, de confiſcation des exemplaires contrefaits, & de tous dépens dommages & intereſts. A condition qu'il ſera mis deux exemplaires de chacun deſdits Livres en noſtre Bibliotheque publique; vn en celle de noſtre Chaſteau du Louvre, & vn en celle de noſtre tres-cher & feal le Sieur Seguier Chevalier Chancelier de France, avant que de l'expoſer en vente, à peine de nullité des preſentes. Nous vous mandons que vous faſſiez joüir pleinement & paiſiblement l'expoſant & ceux qui auront droit de luy, ſans qu'il leur ſoit donné empeſchement, & que ces preſentes ſoient regiſtrées gratuitement dans le livre de la Communauté des Marchands Libraires de noſtre bonne ville de Paris à peine de nullité. Voulons auſſi qu'en mettant à la fin ou au commencement deſdits Livres vn extraict des preſentes elles ſoient tenuës pour deuëment ſignifiées, & que foy y ſoit ajoûtée & aux copies collationnées par vn de nos Amez & Feaux Conſeillers & Secretaires comme à l'Original. Mandons au premier de nos Huiſſiers ou Sergens ſur ce requis, de faire pour l'execution des preſentes tous exploits neceſſaires ſans demander autre permiſſion. CAR tel eſt noſtre plaiſir, nonobſtant clameur de Haro, Chartres Normande, & autres Lettres à ce contraires. DONNÉ à Paris le neufiéme jour d'Octobre l'an de grace mil ſix cens ſoixante trois, & de noſtre regne le vingt-vn. Signé, Par le Roy en ſon Conſeil, HERVÉ.

Regiſtré ſur le livre de la Communauté le 8. Octobre 1666. Et ledit Sieur Felibien a cedé le Privilege cy-deſſus à Pierre le Petit Imprimeur ord. du Roy.

Fautes à corriger.

Page 3. ligne 10. ſuſpend *liſez* ſuſpens. p. 5. l. 15. accomplies *liſez* accomplis. p. 11. l. 19. de atisfaire *liſez* à ſatisfaire. p. 18. l. 12. effacez donc. ço. 33. l. 12. & pris *liſez* & ayant pris. p. 45. l. 3. vtiles *liſez* ſolides. p. 48. l. 1. décrite *liſez* décrites. p. 82. l. 22. Scicyonne *liſez* Scicyone. p. 85. l. 21. croyoit de effacez de. p. 88. l. 7. d'Italie *liſez* dans l'Italie. Id. l. 7. termes *liſez* thermes. p. 96. l. 15. effacez comme. p. 99. l. 3. de Sculpture & de Peinture *liſez* de la Sculpture & de la Peinture. p. 100. l. 7. tous les Idoles *liſez* toutes. Id. l. 19. qu'on euſt *liſez* qu'on n'euſt. p. 103. l. 18. peut-on *liſez* ne peut on. p. 103. l. 13. ils les euſſent commiſes *liſez* ils euſſent commis ces fautes. p. 108. l. 8. de Goths & Vandales *liſez* de Goths & de Vandales. Id. l. 18. & dans tous les autres endroits où il y a Federic *liſez* Frederic. p. 119. l. 10. du S. Siege *liſez* de Benoiſt. p. 122. l. 3. appeller *liſez* nommer. p. 138. l. 7. & 11. l'Eſcalle *liſez* l'Eſcale. p. 144. l. 14. ſes craintes *liſez* ſa crainte. Id. l. 17. peu d'heure *liſez* peu d'heures. p. 150. l. 18. metteray *liſez* mettray. p. 151. l. 3. *liſez* d'vne mine. p. 155. apoſtille, *liſez* Antonio Vinitiano. p. 156 l. 24. del *liſez* il. p. 175. l. 4. *liſez* le meſme ſupplice. p. 175. l. 24. le dernier *liſez* le penultième. Id. l. 24. vn air grave *liſez* & vn air. Id. l. 25. effacez en riant. p. 187. l. 14. ombraſelle *liſez* ombrelle. p. 189. dern. l. celle Florence *liſez* de Florence. p. 191. l. 4. Roſſi *liſez* Roſſelli. p. 195. l. 22. figure equeſtre *liſez* ſtatuë equeſtre. p. 197. lc 16. Bellegrade *liſez* Belgrade. p. 199. l. 18. & ailleurs, Sienne *liſez* Siene. p. 200 l. 3. partiſſoit *liſez* paroiſt. p. 201. l. 10. couverts *liſez* couvertes. p. 206. l. 4. Roüiere *liſez* Rovere. p. 217. l. 20. l'Anathomie *liſez* l'Anatomie. p. 234. l. 11. pluſieurs *liſez* quelques. p. 242. l. 23. balet *liſez* balets. p. 244. l. 21. vn air qui eſtoit alors en vſage, *liſez* vn air qui fut fait exprés. p. 250. l. 7. ny qu'il *liſez* & qu'il. p. 251. l. 5. y voyoit *liſez* y voit. p. 254. l. 18. ce que, & , effacez &. p. 262. l. 16. & 24. Atila *liſez* Attila. p. 263. l. 20. effacez nouveau. p. 284. l. 25. cotinuuay-je *liſez* continuay-je. p. 294 l. 13. blanc noir *liſez* blanc & noir. p. 305. l. 14. qu'on eſtime *liſez* qu'on n'eſtime. p. 308. l. 22. Eſtamples *liſez* Eſtampes. p. 311. l. 15. de le graver *liſez* de le faire graver. p. 314. l. 10. ſon portrait *liſez* le portrait. p. 317. l. 25. d'autre atache *liſez* d'attache. p. 321. l. 22. effacez d'abord.

www.ingramcontent.com/pod-product-compliance
Lightning Source LLC
Chambersburg PA
CBHW052237220526
45471CB00001B/87